Marvin Harris

Fauler Zauber

Unsere Sehnsucht nach
der anderen Welt

———————

Aus dem Amerikanischen
von Ulrich Enderwitz

Klett-Cotta

Klett-Cotta
Die Originalausgabe erschien 1974
unter dem Titel „Cows, Pigs, Wars and Witches.
The Riddles of Culture"
im Verlag Random House, Inc., New York 1974
© 1974 by Marvin Harris
Für die deutsche Ausgabe
© J. G. Cotta'sche Buchhandlung Nachfolger GmbH, gegr. 1659
Stuttgart 1993
Fotomechanische Wiedergabe nur mit Genehmigung
des Verlages
Printed in Germany
Schutzumschlag: Klett-Cotta-Design
Gesetzt aus der 10 Punkt Palatino
von Peter & Partner, Höchberg bei Würzburg
Auf säure- und holzfreiem Werkdruckpapier gedruckt
und gebunden von Ebner Ulm

Die Deutsche Bibliothek – CIP-Einheitsaufnahme
Harris, Marvin:
Fauler Zauber : unsere Sehnsucht nach der anderen Welt /
Marvin Harris. Aus dem Amerikan. von Ulrich Enderwitz. –
Stuttgart : Klett-Cotta, 1993
Einheitssacht.: Cows, pigs, wars and witches <dt.>
ISBN 3-608-93132-5

Inhalt

Vorwort

Gerade hatte ich meine Bemühungen abgeschlossen, eine Gruppe von Erstsemestern davon zu überzeugen, daß es für das hinduistische Verbot, Rinder zu schlachten, eine rationale Erklärung gibt. Ich war mir sicher, jedem denkbaren Einwand zuvorgekommen zu sein. Strahlend vor Selbstzufriedenheit wollte ich wissen, ob noch jemand Fragen habe. Ein aufgewühlter junger Mann hob die Hand: „Aber was ist mit dem jüdischen Schweinefleischtabu?"

Einige Monate später machte ich mich daran, herauszufinden, warum sowohl Juden als auch Muslime Schweinefleisch verabscheuen. Ich brauchte etwa ein Jahr, bis ich mich gerüstet fühlte, meine Überlegungen vor einer Reihe von Kollegen zur Diskussion zu stellen. Kaum hatte ich meine Ausführungen beendet, fragte ein mit mir befreundeter Fachmann für südamerikanische Indiokulturen: „Aber was ist mit dem Tabu, mit dem die Tapirapé Wildbret belegen?"

Und so ist es mir mit jedem Rätsel ergangen, für das ich mich bemüht habe, eine praktische Erklärung zu finden. Kaum habe ich die eine, bis dahin unverständliche Sitte oder Lebensweise erklärt, schon hält mir jemand die nächste entgegen.

„Das mag ja für das Potlatch bei den Kwakiutl zutreffen, aber wie erklären Sie sich die kriegerischen Konflikte bei den Yanomamo?"

„Ich denke, daß dort Proteinknappheit herrscht ..."

„Aber was ist mit den Cargo-Kulten auf den Neuen Hebriden?" Auf die Erklärung von Lebensweisen reagieren die Menschen wie auf den Genuß von Kartoffelchips. Bevor die Tüte leer ist, gibt es kein Halten.

Das ist einer der Gründe, warum dieses Buch von einem Thema zum nächsten wandert: von Indien zum

7

Amazonas und von Jesus zu Castaneda. Aber es gibt ein
paar Unterschiede zwischen meinem Erklärungspaket
und der üblichen Chipstüte. Zum einen warne ich davor,
einfach nach dem ersten Stück zu greifen, das einen reizen
mag. Meine Erklärung für Hexen hängt von der Erklärung
für Heilsbringer ab, und die Erklärung für Heilsbringer
hängt von der Erklärung für „Große" ab, die wiederum
von der Erklärung für Sexismus abhängt, die ihrerseits
von der Erklärung für die Liebe zum Schwein abhängt,
die ihrerseits von der Erklärung für den Haß aufs Schwein
abhängt, die ihrerseits von der Erklärung für die Liebe
zum Rind abhängt. Nicht daß die Welt mit der Liebe zum
Rind angefangen hätte – die war nur der Punkt, an dem
ich mit meinem Versuch anfing, die Gründe für Lebensweisen zu verstehen. Also bitte nicht einfach wahllos
zulangen!

Es ist wichtig, die Kapitel in diesem Buch als etwas zu
sehen, das aufeinander aufbaut und eine kumulative Wirkung entfaltet. Andernfalls bin ich schutzlos den Knüffen
und Püffen ausgeliefert, die mir Fachleute aus einer Vielzahl von Bereichen und Disziplinen mit Sicherheit versetzen möchten. Ich habe Respekt vor Fachleuten und lerne
gern von ihnen. Aber wenn man auf mehrere von ihrer
Sorte gleichzeitig angewiesen ist, können sie genauso sehr
ein Klotz am Bein wie eine Hilfe sein. Hat der Leser je versucht, von einem Fachmann für Hinduismus etwas über
die Begeisterung der Stämme Neuguineas für das
Schwein oder von einer Kapazität auf dem Gebiet der
Kulturen Neuguineas etwas über den Abscheu der Juden
gegen Schweinefleisch oder von einem Judaisten etwas
über die Heilsbringer Neuguineas zu erfahren? (Es liegt in
der Natur dieser Spezies, daß sie ihr Leben lang nach
jeweils nur einem bestimmten Kartoffelchip giert.)

Meine Rechtfertigung dafür, daß ich mich querbeet
durch die Disziplinen, Kontinente und Jahrhunderte schla-
ge, besteht in der Tatsache, daß auch die Welt sich nicht an
die Grenzen der Disziplinen, Kontinente und Jahrhunder-

te hält. In der Wirklichkeit gibt es nichts, was so säuberlich getrennt wäre wie die Maulwurfshügel der Fachwissenschaften.

Ich achte die Arbeit des einzelnen Gelehrten, der seine Kenntnisse über ein bestimmtes Jahrhundert, einen Stamm oder einzelnen Menschen geduldig erweitert und komplettiert, aber ich meine, daß dergleichen Bemühungen empfänglicher für die Probleme im größeren Zusammenhang und im vergleichenden Maßstab sein müssen. Die augenscheinliche Unfähigkeit unseres überspezialisierten wissenschaftlichen Apparats, über die Ursachen von Lebensweisen etwas Kohärentes zu äußern, hat ihren Grund nicht in irgendeiner naturgegebenen Regellosigkeit dieser Phänomene. Vielmehr halte ich sie für das Ergebnis eines Systems, durch das Spezialisten dafür belohnt werden, daß sie den Fakten nie mit einer Theorie zu Leibe rücken. Setzt man die umfangreiche Sozialforschung, die seit geraumer Zeit betrieben wird, zu der tiefen sozialen Desorientierung in Beziehung, die seit ebenso langer Zeit herrscht, dann kann das Mißverhältnis zwischen beidem nur eines bedeuten: Summa summarum besteht die soziale Funktion dieser ganzen Forschung darin, die Menschen von einem Verständnis der Bestimmungsgründe ihres gesellschaftlichen Lebens abzuhalten.

Die Experten des wissenschaftlichen Apparats geben unverdrossen mangelnder Forschung die Schuld an der Desorientierung. Nicht lange, so werden wir Seminare abhalten, die auf zehntausend neuen Feldforschungsarbeiten fußen. Aber wenn diese Form der Gelehrsamkeit sich durchsetzt, werden wir am Ende weniger statt mehr wissen. Ohne eine Strategie, die Kluft zwischen den Spezialdisziplinen zu schließen und das vorhandene Wissen im Rahmen kohärenter Fragestellungen zu organisieren, können wir so viel Forschung treiben, wie wir wollen, wir werden nicht zu einem besseren Verständnis der Ursachen von Lebensweisen gelangen. Wenn wir ernsthaft fallspezifische Erklärungen suchen, müssen wir mindestens eine vage Vorstellung davon mitbringen, wo in der potentiell unerschöpflichen Sammlung natürlicher und kultureller Fakten wir danach suchen sollen. Ich hoffe, meine eigenen Arbeiten werden eines Tages Anerkennung als ein Beitrag zur Entwicklung einer solchen Strategie finden – einer Strategie, die zeigt, wo man suchen muß.

Prolog

Dieses Buch handelt von den Ursachen scheinbar irrationaler und unerklärlicher Lebensweisen. Einige dieser rätselhaften Sitten trifft man bei schriftlosen oder „primitiven" Völkern an – etwa die prahlerische Angewohnheit indianischer Häuptlinge, ihre Besitztümer zu verbrennen, um zu zeigen, wie reich sie sind. Andere findet man bei Entwicklungsgesellschaften, darunter mein Lieblingsthema: die Weigerung der Hindus, Rindfleisch zu essen, und ihre Bereitschaft, eher Hungers zu sterben. Wieder andere haben mit Heilsbringern und Hexen zu tun, die dem zentralen Strang unserer eigenen Zivilisation angehören. Um den Leser zu überzeugen, habe ich bewußt bizarre und umstrittene Fälle gewählt, die den Eindruck unlösbarer Rätsel machen.

Wir leben in einer Zeit, die von sich behauptet, überintellektualisiert zu sein. Von Ressentiment erfüllte Wissenschaftler sind eifrig bemüht nachzuweisen, daß die Unterschiede in der Lebensweise der Menschen durch Wissenschaft und Vernunft nicht zu erklären seien. Und deshalb ist es heute schick, die Rätsel, die in diesem Buch ergründet werden sollen, für unlösbar zu erklären. Den Grund für diese derzeitige Einstellung gegenüber den Rätseln der Lebensweise hat nicht zuletzt Ruth Benedict mit ihrem Buch *Urformen der Kultur* gelegt. Um auffällige Unterschiede zwischen den Kulturen der Kwakiutl, der Dobuans und der Zuni zu erklären, griff Benedict auf einen Mythos zurück, den sie den Digger-Indianern zuschrieb. Diesem Mythos zufolge „gab Gott jedem Volk einen Becher, einen Becher aus Ton, und aus diesem Becher tranken sie ihr Leben ... Sie schöpften allesamt Wasser, aber ihre Becher waren verschieden." Für viele Menschen bedeutet das seitdem, daß Gott allein weiß, warum die Kwakiutl ihre Häuser verbrennen. Desgleichen, warum die Hindus sich weigern, Rindfleisch zu essen, oder warum die Juden und Muslime Schweinefleisch verabscheuen oder warum manche Menschen an Heilsbringer, wieder andere an Hexen glauben. Lange Zeit über hatte diese Haltung den praktischen Effekt, die Suche nach möglichen anderen Erklärungen zu verhindern. Denn so viel ist sicher: Wenn man nicht glaubt, daß ein Rätsel eine Auflösung hat, dann findet man sie auch nicht.

Wer unterschiedliche Kulturformen erklären will, muß von der Voraussetzung ausgehen, daß das menschliche Leben nicht einfach nur ein Produkt des Zufalls oder der Willkür ist. Ohne diese feste Voraussetzung wird man rasch versucht sein, die Flinte ins Korn zu werfen, wenn eine Sitte oder Einrichtung sich hartnäckig ihrer Aufklärung widersetzt. Im Lauf der Jahre habe ich immer wieder feststellen können, daß Lebensweisen, die andere für völlig undurchschaubar hielten, klar bestimmte und unschwer einsehbare Ursachen hatten. Diese Ursachen wurden vor allem deshalb so lange übersehen, weil jedermann der Devise huldigte „Gott allein weiß, warum".

Daß viele Sitten und Einrichtungen so geheimnisvoll scheinen, hat noch einen weiteren Grund darin, daß wir alle gelernt haben, hochgestochenen „geistigen" Erklärungen kultureller Phänomene größeren Wert beizumessen als nüchternen, materiellen Begründungen. Ich behaupte, daß die Lösung aller in diesem Buch untersuchten Rätsel in einem besseren Verständnis der jeweiligen Lebensverhältnisse liegt. Ich werde zeigen, daß auch scheinbar völlig abstruse Glaubensvorstellungen und Praktiken bei näherer Betrachtung als Folge ganz gewöhnlicher, banaler, fast könnte man sagen „ordinärer" Umstände, Bedürfnisse und Handlungen erkennbar werden. Banal oder vulgär nenne ich eine Lösung, die ihr Fundament in der Realität hat und die sich aus Eingeweiden, Sexualität, Energie, Wind, Regen und anderen greifbaren alltäglichen Phänomenen zusammensetzt.

Das bedeutet nicht, daß die angebotenen Lösungen in irgendeiner Hinsicht simpel oder plump sind. Ganz im Gegenteil. Die wesentlichen materiellen Bestimmungsgründe im Gang der menschlichen Dinge herauszufinden ist stets eine schwierige Aufgabe. Das praktische Leben trägt viele Masken. Jede Lebensweise tritt eingehüllt in Mythen und Legenden auf, die das Augenmerk auf praxisferne oder übernatürliche Bedingungen lenken. Diese Hüllen verleihen den Menschen eine soziale Identität und vermitteln ihnen ein Gefühl sozialen Sinns, aber sie verdecken die nackten Tatsachen des gesellschaftlichen Lebens. Vorstellungen, die über die weltlichen Ursachen der Kultur hinwegtäuschen, lasten auf dem normalen Bewußtsein wie ein Mantel aus Bleischichten. Es ist niemals leichte Arbeit, an dieser drückenden Last vorbeizukommen, durch sie hindurchzudringen, sie wegzuschaffen.

In einer Zeit, die so begierig danach ist, alternative, nicht-alltägliche Bewußtseinszustände zu erleben, wird leicht übersehen, wie gründlich mystifiziert unser Alltagsbewußtsein selbst bereits ist – wie erstaunlich abgeschnitten von den praktischen Umständen unseres Lebens. Warum ist das so?

Schuld daran ist zum einen die Unwissenheit. Die meisten Menschen haben nur von einem kleinen Teil der Palette alternativer Lebensweisen Kenntnis. Damit an die Stelle von Mythen und Legenden ein reifes Bewußtsein treten kann, bedarf es eines Vergleichs der vollen Bandbreite vergangener und gegenwärtiger Kulturen. Dann ist da noch die Angst. Gegen Phänomene wie das Altwerden und den Tod stellt ein falsches Bewußtsein unter Umständen die einzige wirksame Abwehr dar. Und schließlich ist da noch das Interesse an der Konfliktvermeidung. Im normalen gesellschaftlichen Leben werden unvermeidlich die einen von den anderen beherrscht und ausgebeutet. Diese Ungleichheiten werden ebenso verschleiert, mystifiziert und weggeredet wie das Altern und der Tod.

Unwissenheit, Angst und Konfliktscheu sind grundlegende Elemente des Alltagsbewußtseins. Aus diesen Elementen fabrizieren Kunst und Politik das kollektive Traumgebilde, das die Menschen am Verständnis der tatsächlichen Bestimmungsgründe ihres gesellschaftlichen Lebens hindert. Das Alltagsbewußtsein kann sich folglich nicht selber auf den Grund kommen. Schließlich verdankt es seine Existenz ja gerade einer hochentwickelten Fähigkeit zur Verleugnung der Fakten, die seine Existenz begründen. Von Träumern erwarten wir nicht, daß sie ihre Träume erklären; ebensowenig sollten wir von denen, die an Lebensweisen partizipieren, eine Erklärung ihrer Lebensweisen erwarten.

Manche Ethnologen und Historiker sind der gegenteiligen Ansicht. Sie behaupten, die Erklärungen der Beteiligten bildeten eine nicht weiter rückführbare Realität. Sie warnen davor, das menschliche Bewußtsein wie ein „Objekt" zu behandeln, und meinen, die wissenschaftliche Methode, die in der Physik oder Chemie am Platz sei, habe für die Erforschung von Lebensweisen keine Geltung. Etliche Verkündiger einer modernen „Gegenkultur" geben sogar einem Zuviel an „Objektivierung" die Schuld an den Ungerechtigkeiten und den Katastrophen der jüngsten Geschichte. Einer von ihnen behauptet, das objektive Bewußtsein führe immer zu einem Verlust an „Moralgefühl", womit er das Streben nach wissenschaftlicher Erkenntnis mit dem Sündenfall gleichsetzt.

Nichts kann widersinniger sein. Hunger, Kriege, sexuelle Gewalt, Folter und Ausbeutung sind durch die ganze Geschichte und Vorgeschichte gang und gäbe gewesen – lange bevor jemand darauf verfiel, die menschlichen Verhältnisse zu „objektivieren".

Manche Menschen, denen die Nebenwirkungen der technischen Entwicklung Unbehagen bereiten, halten die wissenschaftliche Einstellung für die „bestimmende Lebensform unserer Gesellschaft". Das mag im Blick auf unsere Naturerkenntnis stimmen, aber in bezug auf unsere Kenntnis des Kulturellen ist es schrecklich falsch. Was die Kenntnis unserer Lebensweisen betrifft, kann von einem Sündenfall einfach deshalb keine Rede sein, weil wir uns immer noch im Stande ursprünglicher Unschuld befinden. Aber es sei mir erlaubt, die weitere Auseinandersetzung mit den Thesen der Gegenkultur auf das Schlußkapitel zu vertagen. Erst einmal möchte ich an einer Reihe wichtiger, rätselhafter Lebensweisen zeigen, wie sie sich wissenschaftlich erklären lassen. Über Theorien zu streiten, die nicht in angebbaren Fakten und Zusammenhängen gründen, ist wenig erfolgversprechend. Nur um eines möchte ich bitten. Man möge nicht vergessen, daß ich wie jeder Wissenschaftler wahrscheinliche und einleuchtende Lösungen, nicht jedoch unumstößliche Wahrheiten zu bieten beanspruche. Bei all ihrer Unvollkommenheit gebührt wahrscheinlichen Lösungen der Vorzug vor Lösungen, die gar keine sind – wie etwa der den Digger-Indianern entlehnte Mythos, den Ruth Benedict anführt. Wie jeder Wissenschaftler begrüße ich Erklärungsalternativen, solange sie die Anforderungen wissenschaftlicher Beweisführung besser erfüllen und genauso viel erklären. Und jetzt aber – auf zu den Rätseln!

1

Mutter Kuh

Wann immer ich mich in Diskussionen über den Einfluß praktischer und weltlicher Faktoren auf die Lebensweise verwickelt finde, taucht mit Sicherheit die Frage auf: „Aber was ist mit all den Kühen, deren Fleisch die hungrigen Bauern in Indien nicht essen wollen?" Das Bild vom zerlumpten Bauern, der neben einem großen fetten Rind Hungers stirbt, vermittelt westlichen Beobachtern das beruhigende Gefühl, vor einem echten Mysterium zu stehen. In zahllosen wissenschaftlichen und populärwissenschaftlichen Schriften beschworen, bestätigt es unsere tiefsten Vorurteile darüber, wie sich unergründliche Orientalen zu verhalten haben. Es ist tröstlich zu wissen, daß in Indien alles beim alten ist und spirituelle Werte sogar dem Leben vorgezogen werden. Und gleichzeitig stimmt es uns traurig. Wie können wir jemals Menschen zu verstehen hoffen, die so anders sind als wir? Uns im Westen irritiert der Gedanke, daß es für den hinduistischen Kuhkult eine praktische Erklärung geben könnte, mehr als die Hindus selbst. Die heilige Kuh – so muß ich es wohl ausdrücken – zählt eher zu *unseren* heiligen Kühen.

Die Hindus verehren das Rind, weil es Symbol alles Lebenden ist. Wie Maria für die Christen die Mutter Gottes ist, so ist die Kuh für die Hindus die Mutter des Lebens. Es gibt deshalb für den Hindu kein größeres Sakrileg, als ein Rind zu töten. Nicht einmal der Mord an Menschen hat die symbolische Bedeutung so unaussprechlicher Lästerlichkeit, wie sie der Tötung eines Rinds eignet.

Nach Ansicht vieler Fachleute ist der Rinderkult die Hauptursache für den Hunger und die Armut in Indien.

Einige Agronomen westlicher Schulung meinen, das Verbot, Rinder zu schlachten, habe zur Folge, daß einhundert Millionen „nutzlose" Tiere am Leben gehalten würden. Sie behaupten, der Rinderkult mindere die Leistungskraft der Landwirtschaft, weil die nutzlosen Tiere weder Milch noch Fleisch lieferten, während sie gleichzeitig den nützlichen Tieren und den hungrigen Menschen Ackerfläche und Nahrung wegnähmen. Eine von der Ford Foundation finanzierte Untersuchung kam 1959 zu dem Schluß, daß möglicherweise die Hälfte des indischen Rinderbestands im Verhältnis zur Viehfutterversorgung als überflüssig gelten könne. Und ein Ökonom der University of Pennsylvania stellte 1971 fest, in Indien gebe es 30 Millionen unproduktive Rinder.

Es sieht in der Tat so aus, als gäbe es eine ungeheure Menge überflüssiger, nutzloser und unwirtschaftlicher Tiere und als sei dieser Zustand die direkte Folge irrationaler hinduistischer Glaubenslehren. Touristen können bei ihren Fahrten durch Delhi, Kalkutta, Madras, Bombay und andere indische Städte staunend feststellen, welche Freiheiten streunendes Rindvieh genießt. Die Tiere wandern durch die Straßen, räumen Marktstände ab, brechen in Privatgärten ein, verteilen ihre Fladen auf sämtlichen Bürgersteigen und richten ein Verkehrschaos an, weil sie sich mitten auf belebten Kreuzungen niederlassen, um wiederzukäuen. Auf dem Land versammeln sich die Tiere entlang der Bankette der Überlandstraßen und vertreiben sich die Zeit damit, auf Eisenbahngeleisen spazierenzugehen.

Der Kult um die Kuh wirkt sich in vielfacher Hinsicht auf das Leben der Menschen aus. Von staatlichen Stellen werden Altersheime für Rinder unterhalten, wo Tiere, die keine Milch mehr geben und altersschwach sind, von ihren Besitzern kostenlos untergebracht werden können. In Madras sammelt die Polizei erkrankte streunende Rinder ein und päppelt sie auf kleinen Weiden neben der Polizeistation wieder hoch. Bauern betrachten ihre Kühe als Familienmitglieder, schmücken sie mit Kränzen und

Troddeln, beten für sie, wenn sie krank werden, und laden die Nachbarn und einen Priester ein, um die Geburt eines Kalbs zu feiern. Überall in Indien hängen Hindus Kalender an die Wand, auf denen schöne, juwelengeschmückte junge Frauen mit fetten weißen Kuhleibern zu sehen sind. Aus den Brustwarzen dieser göttlichen Kreuzungen aus Frau und Zeburind schießen Milchstrahlen.

Auch wenn man von den schönen menschlichen Gesichtern absieht, haben diese Pin-up-Kühe wenig Ähnlichkeit mit den normalen Rindern, wie sie draußen herumlaufen. An letzteren sind über den größten Teil des Jahres die Knochen das Auffälligste. Weit entfernt davon, daß aus ihren Eutern Milch spritzt, schaffen es die ausgemergelten Tiere kaum, ein einziges Kalb großzusäugen. Der durchschnittliche Vollmilchertrag der typischen indischen Zebu-Buckelrinder beläuft sich auf weniger als 250 Liter pro Jahr. Das normale amerikanische Milchvieh liefert über 2500 Liter, während bei Hochleistungs-Milchkühen 10000 Liter keine Seltenheit sind. Aber dieser Vergleich ist noch nicht einmal die ganze Wahrheit. Jahr für Jahr gibt rund die Hälfte der Zebukühe überhaupt keine Milch – keinen einzigen Tropfen.

Und was die Sache noch schlimmer macht: Die Liebe zur Kuh ist der Menschenliebe alles andere als förderlich. Da die Muslime Schweinefleisch verabscheuen, aber Rindfleisch essen, sehen viele Hindus in ihnen Rindermörder. Vor der Aufteilung des indischen Subkontinents in die beiden Staaten Indien und Pakistan kam es Jahr für Jahr zu blutigen lokalen Unruhen beim Versuch der Hindus, die Muslime davon abzuhalten, Rinder zu schlachten. Die Erinnerung an frühere Unruhen, die sich an der Kuh entzündeten – zum Beispiel in Bihar im Jahr 1917, als dreißig Menschen umkamen und 170 muslimische Dörfer dem Erdboden gleichgemacht wurden –, vergiftet nach wie vor die Beziehungen zwischen Indien und Pakistan.

Mahatma Gandhi beklagte zwar die Unruhen, aber auch er war ein eifriger Verfechter des Rinderkults und strebte ein absolutes Verbot des Schlachtens von Rindern an. Bei der Abfassung der indischen Verfassung wurde ein Rinderschutzgesetz mit aufgenommen, das ziemlich nahe daran war, jede Form des Rinderschlachtens zu kriminalisieren. Seitdem haben einige Bundesstaaten ein umfassendes Schlachtverbot erlassen, während andere immer noch Ausnahmen zulassen. Die Rinderfrage bleibt eine Hauptursache für Unruhen und Auseinandersetzungen, nicht nur zwischen Hindus und den Resten der muslimischen Gemeinde, sondern auch zwischen der herrschenden Kongreßpartei und hinduistischen Rinderkult-Extremisten. Am 7. November 1966 demonstrierte eine Menge von 120000 Menschen, angeführt von einer Gruppe singender nackter heiliger Männer, die mit Ringelblumenkränzen geschmückt und mit weißer Kuhmistasche beschmiert waren, vor dem indischen Parlament gegen das Rinderschlachten. Bei den anschließenden Gewalttätigkeiten kamen acht Menschen um, achtundvierzig wurden verletzt. Die Folge waren landesweite Fastenaktionen heiliger Männer unter Führung von Muni Shustril Kumar, dem Präsidenten des Allparteienkomitees für die Kampagne zum Schutz des Rindes.

Westlichen Beobachtern, die mit modernen industriellen Landwirtschafts- und Viehzuchtmethoden vertraut sind, kommt der Rinderkult unsinnig, ja sogar selbstmörderisch vor. Der Rationalisierungsfachmann giert geradezu danach, sich all diese nutzlosen Tiere zu schnappen und sie einem angemessenen Schicksal zuzuführen. Und doch stößt man auf gewisse Ungereimtheiten im Zusammenhang mit der Verurteilung des Kults um die Kuh. Als ich anfing zu überlegen, ob es vielleicht einen praktischen Grund für die Heiligkeit des Rindes gab, stieß ich auf einen hochinteressanten regierungsamtlichen Bericht. Darin stand zu lesen, Indien habe zu viele Kühe, aber zu wenig Ochsen. Wie konnte es bei so vielen Kühen einen Mangel an Ochsen geben? Ochsen und Wasserbüffelbullen stellen das Zugvieh, um den Großteil der Felder in

Indien zu pflügen. Ein bißchen Rechenarbeit läßt deutlich werden, daß es in dieser Hinsicht tatsächlich eher einen Mangel als einen Überschuß an Tieren gibt. In Indien gibt es 60 Millionen Bauernhöfe, aber nur 80 Millionen Zugtiere. Wenn jeder Hof im Schnitt zwei Ochsen oder Wasserbüffel hätte, müßte es 120 Millionen Tiere geben – 40 Millionen mehr, als tatsächlich vorhanden sind.

Der Mangel ist möglicherweise nicht ganz so gravierend, da manche Bauern bei ihren Nachbarn Ochsen mieten oder borgen. Aber die gemeinsame Nutzung von Zugtieren erweist sich oft als unpraktisch. Das Pflügen muß zeitlich mit den Monsunregen abgestimmt werden, und wenn die Pflugarbeit auf dem einen Hof beendet ist, kann für die Arbeit auf dem anderen Hof der beste Zeitpunkt schon verstrichen sein. Außerdem braucht ein Bauer auch nach dem Pflügen immer noch sein Paar Ochsen, da der Ochsenkarren überall im bäuerlichen Indien das Hauptvehikel für den Lastentransport darstellt. Sehr wohl möglich, daß das Privateigentum an Hof, an Vieh, an Pflügen und an Ochsenkarren die Leistungskraft der indischen Landwirtschaft mindert, die Liebe zur Kuh jedenfalls ist, wie ich bald erkannte, nicht schuld daran.

Der Mangel an Zugtieren ist eine furchtbare Bedrohung, die auf den meisten indischen Bauernfamilien lastet. Wenn ein Ochse krank wird, kann das für einen armen Bauern den Verlust des Hofes bedeuten. Hat er keinen Ersatz für den Ochsen, muß er sich zu Wucherzinsen Geld leihen. Millionen ländlicher Familien haben tatsächlich dank solcher Schulden ihren Landbesitz ganz oder teilweise verloren und Pachtverhältnisse auf der Basis von Ernteteilung eingehen oder sich als Tagelöhner verdingen müssen. Jahr für Jahr wandern Hunderttausende verzweifelter Bauern in die Städte ab, die bereits von Arbeits- und Obdachlosen überquellen.

Der indische Bauer, der seinen kranken oder verendeten Ochsen nicht ersetzen kann, ist ungefähr in derselben Situation wie ein Bauer bei uns, der seinen kaputten Traktor nicht ersetzen oder reparieren kann. Aber einen wichtigen Unterschied gibt es: Traktoren werden in der Fabrik produziert, Ochsen hingegen von Kühen hervorgebracht. Ein Bauer, der eine Kuh besitzt, besitzt eine Produktionsstätte für Ochsen. Er hat demnach guten Grund, sie nicht zu eilfertig an den Schlachthof zu verkaufen, ob er sie nun kultisch verehrt oder nicht. Man ahnt auch schon, warum indische Bauern bereit sind, sich mit Kühen abzufinden, die nur 250 Liter Milch pro Jahr geben. Wenn die wesentliche ökonomische Funktion der Zebukuh die Produktion von Zugochsen ist, hat es wenig Sinn, zum Vergleich hochgezüchtetes amerikanisches Milchvieh heranzuziehen, dessen Hauptfunktion in der Milchproduktion besteht. Dennoch spielt die von den Zebukühen gelieferte Milch in der Ernährung vieler armer Familien eine wichtige Rolle. Sogar kleine Mengen von Milchprodukten können bei Menschen, die am Rande des Hungertods leben müssen, gesundheitsdienlich sein.

Wenn indische Bauern ein Tier primär als Milchlieferanten brauchen, halten sie sich an Wasserbüffelkühe, bei denen die Säugezeit länger und der Butterfettgehalt höher ist als bei Zeburindern. Wasserbüffelbullen sind außerdem beim Pflügen in gefluteten Reisfeldern leistungsfähiger. Aber Ochsen können vielseitiger eingesetzt werden, und genießen bei der Trockenfeldbestellung und beim Lastentransport über Land den Vorzug. Vor allem aber sind die Zeburindzüchtungen bemerkenswert strapazierfähig und können die langen Dürrezeiten überstehen, von denen verschiedene Teile Indiens in Abständen heimgesucht werden.

Die Landwirtschaft ist Teil eines umfassenden Beziehungssystems der Menschen und der Natur. Beurteilt man einzelne Komponenten dieses „Ökosystems" nach Kriterien, die für die Techniken des amerikanischen agrar-industriellen Komplexes Gültigkeit haben, kommt man zu einigen sehr merkwürdigen Schlußfolgerungen. Rinder erfüllen im indischen Ökosystem Funktionen, die von

Beobachtern aus industrialisierten, energiereichen Gesellschaften leicht übersehen werden. Im Westen haben Chemikalien den Tiermist fast vollständig aus der Rolle des wichtigsten landwirtschaftlichen Düngemittels verdrängt. Die amerikanischen Bauern verwendeten keinen Tierdung mehr, als sie anfingen, mit Traktoren statt mit Maultieren oder Pferden zu pflügen. Da Traktoren eher Giftstoffe als Düngemittel absondern, ist der Übergang zur großflächigen Landbestellung auf der Basis einer mechanisierten Landwirtschaft fast zwangsläufig auch ein Übergang zum Einsatz chemischer Düngemittel. Und rund um die Erde ist heute tatsächlich ein riesiger zusammenhängender industrieller Komplex aus Petrochemie, Traktorenwerken und Lastwagenproduktion entstanden, der die landwirtschaftlichen Maschinen, die motorisierten Transportmittel, das Öl und Benzin, den Kunstdünger und die Schädlingsbekämpfungsmittel produziert, von denen unsere Hochleistungs-Produktionstechniken abhängen.

Die meisten indischen Bauern sind so oder so von der Teilnahme an diesem Komplex ausgeschlossen, nicht weil sie ihre Kühe kultisch verehren, sondern weil sie sich Traktoren nicht leisten können. Wie andere unterentwickelte Länder ist auch Indien weder zum Bau von Fabriken imstande, die mit den Produktionsanlagen der Industrienationen konkurrieren können, noch hat das Land genug Geld, um größere Mengen importierter Industriegüter zu bezahlen. Die Umstellung von Tieren und natürlicher Düngung auf Traktoren und petrochemische Produkte würde unvorstellbare Kapitalinvestitionen erfordern. Ersetzt man billige Tiere durch teure Maschinen, reduziert man außerdem unvermeidlich die Zahl der Menschen, die ihren Lebensunterhalt aus der Landwirtschaft gewinnen, und erhöht im Zusammenhang damit zwangsläufig die Durchschnittsgröße der Höfe. Es ist bekannt, daß die Entwicklung des agrarindustriellen Komplexes in den USA den kleinen Familienhof praktisch vernichtet hat. Heute leben in den USA weniger als 5 Prozent der Familien auf einem Bauernhof, während es vor ungefähr 100 Jahren noch 60 Prozent waren. Wenn die Agrarindustrie sich in Indien ähnlich entwickeln würde, müßten binnen kurzem für 250 Millionen verdrängter Bauern eine neue Beschäftigung und Bleibe gefunden werden. Da die durch Arbeitslosigkeit und Obdachlosigkeit verursachte Not in den Städten Indiens bereits ein unerträgliches Ausmaß erreicht hat, könnte ein weiterer massiver Zustrom vom Land nur unvorstellbare Unruhen und Katastrophen nach sich ziehen.

Wenn man sich das vor Augen hält, wird es leichter, Systeme zu verstehen, die mit geringem Energieaufwand auf der Basis kleiner Höfe und eines kleinen Viehbestands funktionieren. Daß Kühe und Ochsen einen energiesparenden Ersatz für Traktoren und Traktorenfabriken bieten, habe ich bereits erwähnt. Die Tiere haben aber außerdem auch noch den Vorteil, daß sie die Funktionen einer petrochemischen Industrie erfüllen. Das indische Rindvieh scheidet jährlich ungefähr 700 Millionen Tonnen wiederverwertbaren Dungs aus. Annähernd die Hälfte dieser Gesamtmenge wird als Dünger eingesetzt, während der Rest zum größten Teil zum Heizen und Kochen benutzt wird. Das jährliche Hitzequantum, das beim Verbrennen dieses Viehmists, des wichtigsten Brennstoffs in der indischen Küche, freigesetzt wird, entspricht der thermischen Energie von 27 Millionen Tonnen Petroleum oder 35 Millionen Tonnen Kohle oder 68 Millionen Tonnen Holz. Da Indien nur über kleine Erdöl- und Kohlevorräte verfügt und bereits unter den Folgen einer ausgedehnten Abholzung zu leiden hat, kommt keiner dieser Brennstoffe als praktischer Ersatz für den Kuhmist in Frage. Der Gedanke an Kuhmist in der Küche sagt dem Durchschnittsbürger westlicher Gesellschaften vielleicht nicht zu, aber die indische Hausfrau sieht in dem Dung einen hervorragenden Brennstoff für den Küchenherd, der ihren Bedürfnissen bestens entspricht. Die meisten indischen Gerichte werden mit *ghee*, einer geklärten Butter, zubereitet, für die Kuhmist eine bevorzugte Hitzequelle ist, da er mit sauberer, gemächlicher, beständiger Flamme brennt, die das Essen nicht verschmoren läßt. Dadurch wird es der indischen Hausfrau möglich, die Mahlzeit aufs Feuer zu setzen und stundenlang unbeaufsichtigt zu lassen, während sie nach ihren Kindern sieht, auf dem Feld mithilft oder andere Aufgaben erledigt. Die Hausfrauen bei uns erreichen Ähnliches mit Hilfe eines komplizierten Systems elektronischer Steuervorrichtungen, die bei Küchenherden neuester Bauart als teure Extras mitgeliefert werden. Der Kuhdung hat mindestens noch eine weitere wichtige Funktion. Mit Wasser vermischt und zu einem Brei verrührt, wird er im Haus als Bodenbelag verwendet. Schmiert man ihn auf den Fußboden und läßt ihn trocknen, so bildet er eine glatte Oberfläche, die den Staub bindet und sich mit einem Besen sauberkehren läßt.

Weil Kuhfladen so brauchbar sind, wird jedes Stück sorgfältig aufgesammelt. Das Kindervolk im Dorf erhält den Auftrag, sich der Familienkuh an die Fersen zu heften und den täglichen petrochemischen Ausstoß nach Hause zu bringen. In den Städten haben Straßenreinigerkasten das Monopol aufs Einsammeln der Fladen, die das streunende Vieh fallen läßt; sie verdienen sich ihren Lebensunterhalt mit dem Verkauf dieses Dungs an Hausfrauen.

Vom agrarindustriellen Standpunkt aus ist eine Kuh, die trockensteht und nicht kalbt, eine ökonomische Lästerung. Aber vom Standpunkt des indischen Kleinbauern aus ist diese gleiche trockenstehende und nicht kalbende Kuh unter Umständen der letzte verzweifelte Schutzwall gegen die Geldleiher. Es bleibt immer noch die Chance, daß ein günstiger Monsun auch das hinfälligste Tier wieder zu Kräften kommen läßt, so daß es Fett ansetzt, kalbt und wieder anfängt, Milch zu geben. Daß dies geschehen möge, darum betet der Bauer; manchmal werden seine Gebete erhört. Unterdes geht die Mistproduktion weiter. Und so beginnt man allmählich zu verstehen, warum eine häßliche alte Kuh, die nichts als Haut und Knochen ist, in den Augen ihres Besitzers immer noch schön sein kann. Zeburinder haben einen kleinen Körper, tragen Energiespeicher in Form eines Buckels auf dem Rücken und verfügen über große Regenerationskräfte. Dank dieser Eigenschaften sind sie gut an die besonderen Bedingungen der indischen Landwirtschaft angepaßt. Die landeseigenen Züchtungen können lange Zeiträume mit wenig Nahrung oder Wasser überstehen und beweisen große Widerstandsfähigkeit gegenüber Krankheiten, von denen andere Zuchtsorten unter tropischen Klimaverhältnissen befallen werden. Die Zebuochsen werden bis zum letzten Atemzug ausgebeutet. Stuart Odend'hal, ein Veterinär und früheres Mitglied der Johns Hopkins University, führte Autopsien an indischen Rindern durch, die bis wenige Stunden vor ihrem Tod noch normal gearbeitet hatten, obwohl ihre lebenswichtigen Organe massive Gewebsveränderungen aufwiesen. Wegen ihrer erstaunlichen Fähigkeiten, wieder auf die Beine zu kommen, werden diese Tiere nur selten als völlig „nutzlos" abgeschrieben, solange sie noch am Leben sind.

Aber früher oder später kommt der Zeitpunkt, an dem keine Hoffnung mehr besteht, daß das Tier sich noch einmal erholt, und an dem es nicht einmal mehr Dung produziert. Und doch weigert sich der indische Bauer immer noch, es für den Verzehr zu schlachten oder an ein Schlachthaus zu verkaufen. Ist das nicht ein unwiderleglicher Beweis für ein schädliches ökonomisches Verhalten, das keinen weiteren Grund hat als das religiöse Verbot, Kühe zu schlachten und Rindfleisch zu essen?

Niemand kann leugnen, daß der Kult um die Kuh Menschen dazu bringt, sich dem Rinderschlachten und dem Rindfleischessen zu widersetzen. Bestreiten aber möchte ich, daß die Tabus auf dem Schlachten und Essen zwangsläufig dem menschlichen Überleben und Wohlergehen zuwiderlaufen. Wenn der Bauer seine altersschwachen und hinfälligen Tiere schlachtete oder verkaufte, könnte ein Bauer sich zwar ein paar Rupien verdienen oder den Speiseplan seiner Familie zeitweilig aufbessern, aber auf lange Sicht mag seine Weigerung, das Schlachthaus zu beliefern oder den eigenen Tisch zu versorgen, sehr wohl segensreiche Folgen haben. Einem anerkannten Prinzip der ökologischen Analyse zufolge passen sich Gemeinschaften von Organismen nicht an den Normalzustand, sondern an Extremsituationen an. Die Situation in Indien, die in diesem Zusammenhang ins Gewicht fällt, ist das in Abständen wiederkehrende Ausbleiben der Monsunregen. Um die ökonomische Bedeutung des Schlachtverbots und des Tabus auf dem Genuß von Rindfleisch beurteilen zu können, müssen wir uns klarmachen, was diese Tabus im Rahmen periodischer Dürrezeiten und Hungersnöte bedeuten.

Das Schlachtverbot und das Verbot des Rindfleischgenusses ist unter Umständen ebensosehr ein Ergebnis natürlicher Auslese wie die kleinen Körper und die unglaubliche Regenerationsfähigkeit der Zebuzüchtungen. In Dürrezeiten und Hungerperioden sind die Bauern der ernstlichen Versuchung ausgesetzt, ihr Vieh zu schlachten oder zu verkaufen. Wer dieser Versuchung nachgibt, hat sein Schicksal besiegelt, selbst wenn er die Dürre überlebt; wenn nämlich die Regen kommen, kann er seine Felder nicht mehr bestellen. Ich möchte es noch unmißverständlicher ausdrücken: Wenn während der Hungersnot massiv Rinder geschlachtet werden, stellt das für das Gesamtwohl der Gemeinschaft eine viel größere Bedrohung dar, als wenn in normalen Zeiten einzelne Bauern sich in bezug auf die Verwendung ihrer Tiere falsch verhalten. Es spricht einiges dafür, daß die Empfindung, mit dem Schlachten von Rindern ein unaussprechliches Sakrileg zu begehen, in diesem quälenden Widerspruch zwischen unmittelbaren Bedürfnissen und langfristigen Überlebensinteressen ihre Wurzeln hat. Der Kult um die Kuh mit seinen sakralen Symbolen und geheiligten Lehren schützt den Bauern vor Verhaltensweisen, die nur unter kurzfristigen Gesichtspunkten „rational" sind. Für den westlichen Experten sieht es so aus, als verhungere der „indische Bauer lieber, als das Fleisch seiner Kuh zu essen". Die gleiche Art von Experte redet dann gern vom „unergründlichen Geist des Orientalen" und verkündet, „die asiatischen Massen" hingen „weniger am Leben". Solche Leute begreifen nicht, daß der Bauer lieber seine Kuh äße, als zu verhungern, daß er aber tatsächlich verhungern muß, wenn er es tut.

Trotz aller Hilfestellung durch religiöse Gesetze und Kuhkult erweist sich in der Zwangslage von Hungersnöten die Versuchung, Rindfleisch zu essen, manchmal als unwiderstehlich. Während des Zweiten Weltkrieges kam es, bedingt durch Trockenheit und die japanische Besetzung Birmas, in Bengalen zu einer furchtbaren Hungersnot. Im Sommer 1944 wurden Kühe und Zugochsen in so alarmierenden Mengen geschlachtet, daß die Briten Truppen einsetzen mußten, um den Gesetzen zum Schutz der Rinder Geltung zu verschaffen. Im Jahr 1967 berichtete die *New York Times*:

„In der von Dürre heimgesuchten Gegend des Bundesstaats Bihar schlachten Hindus angesichts des drohenden Hungertodes Rinder und essen das Fleisch, obwohl die Tiere der hinduistischen Religion als heilig gelten."

Den Beobachtern zufolge war „das Elend der Menschen unvorstellbar".

Daß in normalen Zeiten eine bestimmte Anzahl von absolut nutzlosen Tieren bis ins hohe Alter überlebt, ist der Preis dafür, daß in Notzeiten die nützlichen Tiere dagegen geschützt sind, geschlachtet zu werden. Ich frage mich allerdings, wieviel aufgrund des Schlachtverbots und des Eßtabus tatsächlich verloren geht. Aus Sicht der westlichen Agrarindustrie wirkt es irrational, daß Indien keine fleischverarbeitende Industrie hat. Aber in einem Land wie Indien sind die Möglichkeiten für solch eine Industrie sehr begrenzt. Ein wesentlicher Anstieg in der Rindfleischproduktion würde das gesamte Ökosystem strapazieren, und zwar nicht wegen des Rinderkults, sondern infolge thermodynamischer Gesetzmäßigkeiten. In jeder Nahrungskette hat die Einführung zusätzlicher animalischer Glieder eine schroffe Abnahme in der Effizienz der Nahrungserzeugung zur Folge. Der Kalorienwert des Futters, das ein Tier verzehrt, ist immer sehr viel höher als der Kalorienwert seines Körpers. Das bedeutet, daß pro Kopf der menschlichen Bevölkerung mehr Kalorien zur Verfügung stehen, wenn unmittelbar pflanzliche Nahrung verzehrt wird, als wenn diese zur Fütterung von Haustieren verwendet wird.

Wegen des hohen Niveaus des Rindfleischverzehrs in den USA dienen dort drei Viertel der Anbaufläche nicht der Versorgung der Menschen, sondern der Tierfütterung. Da in Indien die Kalorienaufnahme pro Kopf der Bevölkerung sich bereits unter dem täglichen Minimalbedarf bewegt, könnte die Verwendung weiterer Anbauflächen für die Fleischproduktion nur dazu führen, daß die Nahrungspreise weiter steigen und der Lebensstandard der armen Haushalte weiter sinkt. Ich bezweifle, daß mehr als 10 Prozent der indischen Bevölkerung überhaupt je imstande sein werden, Rindfleisch zu einem wesentlichen Bestandteil ihres Speisezettels zu machen, ob sie nun das Rind kultisch verehren oder nicht.

Ich bezweifle auch, daß es einen ernährungspraktischen Gewinn für die Bedürftigsten bedeuten würde, wenn mehr altersschwache Tiere in die Schlachthöfe wanderten. Die meisten dieser Tiere werden ohnehin gegessen, auch wenn sie nicht im Schlachthaus landen, weil es in ganz Indien niedere Kasten gibt, die berechtigt sind, Rinderkadaver zu beseitigen. Auf die eine oder andere Weise sterben jährlich 20 Millionen Rinder in Indien, und ein Großteil des Fleischs der Tiere wird von diesen aasverzehrenden „Unberührbaren" gegessen.

Joan Mencher, eine mir befreundete Ethnologin, die viele Jahre lang in Indien gearbeitet hat, weist daraufhin, daß die vorhandenen Schlachthäuser den nicht-hinduistischen städtischen Mittelstand beliefern. Sie stellt fest, daß sich „die Unberührbaren aus anderen Quellen versorgen. Für sie ist es günstig, wenn ein Rind im Dorf an Unterernährung stirbt, nicht hingegen, wenn es ins Schlachthaus in der Stadt wandert, so daß sein Fleisch an Muslime oder Christen verkauft werden kann." Menchers Informanten bestritten zunächst, daß irgendein Hindu Rindfleisch verzehre, aber als sie erfuhren, daß in Amerika die „oberen Kasten" Steak schätzen, bekannten sie sich bereitwillig zu ihrer Vorliebe für Rindfleischcurry.

Wie alle anderen bislang erörterten Verhaltensweisen ist auch der Fleischgenuß der Unberührbaren genau auf die praktischen Umstände abgestimmt. Die fleischessenden Kasten sind normalerweise auch mit der Lederverarbeitung befaßt, weil sie das Verfügungsrecht über die Häute der verendeten Tiere haben. Trotz des Rinderkults verschafft sich Indien auf diese Weise eine riesige lederverarbeitende Industrie. Sogar nach ihrem Tod werden scheinbar nutzlose Tiere noch für menschliche Zwecke ausgebeutet.

Möglicherweise habe ich recht, wenn ich den Rindern Nützlichkeit als Zugkräfte und als Lieferanten von Brennstoff, Dünger, Milch, Bodenbelägen, Fleisch und Leder bescheinige, und schätze trotzdem die ökologische und ökonomische Bedeutung des ganzen Komplexes falsch ein. Alles hängt davon ab, wie viele natürliche Ressourcen und menschliche Arbeitskraft das Ganze kostet, verglichen mit dem Aufwand bei alternativen Formen, die Bedürfnisse der riesigen Bevölkerung Indiens zu befriedigen. Diese Kosten ergeben sich in der Hauptsache aus dem Nahrungsbedarf der Rinder. Viele Fachleute setzen voraus, daß Mensch und Rind in einen tödlichen Konkurrenzkampf um Anbauflächen und Ernteerträge verstrickt sind. Das wäre vielleicht richtig, wenn die indischen Bauern dem agrarindustriellen Modell der westlichen Gesellschaften folgten und für die Ernährung ihrer Tiere Futterpflanzen anbauten. Aber die schändliche Wahrheit ist, daß die heilige Kuh ein unermüdlicher Resteverwerter ist. Nur ein unwesentlicher Teil der Nahrung, die ein normales Rind verzehrt, kommt von Weiden oder Futterkulturen, die eigens für es bestimmt sind.

Das hätte man eigentlich den ständigen Berichten über Kühe, die herumstreunen und den Verkehr zum Erliegen bringen, entnehmen können. Was treiben diese Tiere auf den Märkten und Rasenflächen, entlang den Landstraßen und Eisenbahnstrecken oder oben auf den kahlen Hügelkuppen? Was sonst tun sie, als jedes bißchen Gras, Stoppeln und Abfall zu vertilgen und diese von Menschen nicht direkt verwertbaren organischen Reste in Milch und andere nützliche Erzeugnisse zu verwandeln? Odend'hal hat bei seiner Untersuchung über die Rinder in Westbengalen festgestellt, daß die Nahrung dieser Rinder in der Hauptsache aus dem ungenießbaren Abfall pflanzlicher Produkte besteht, vornehmlich aus Reisstroh, Weizenkleie und Reisspelzen. Mit ihrer Schätzung, daß der Rinderbestand im Verhältnis zur Nahrungsmittelversorgung um die Hälfte zu hoch sei, erklärte die Ford Foundation praktisch, daß es der Hälfte der Rinder auch ohne Zugang zu Futterkulturen gelingt zu überleben. Aber das ist noch untertrieben. Wahrscheinlich besteht weniger als 20 Prozent der Nahrung der Rinder aus Substanzen, die für Menschen genießbar sind. Das meiste davon wird eher an Ochsen und Wasserbüffel verfüttert, die Zugarbeit leisten, als an trockenstehende, unfruchtbare Kühe. Odend'hal kam zu dem Ergebnis, daß in seinem Untersuchungsgebiet Rinder und Menschen nicht um Anbauflächen oder Feldfrüchte konkurrierten: „Im wesentlichen überführen die Rinder Dinge, die für den Menschen von geringem direktem Nutzen sind, in unmittelbar nützliche Erzeugnisse."

Daß der Rinderkult so oft mißverstanden worden ist, hat unter anderem seinen Grund darin, daß er für reich und arm unterschiedliche Konsequenzen hat. Arme Bauern machen ihn sich zunutze, um ein bißchen bei anderen zu räubern, während die reichen Bauern sich gegen ihn sträuben, weil sie sich ausgenommen fühlen. Für den armen Bauern ist das Rind ein heiliger Bettler, für den reichen Bauern ist es ein Dieb. Gelegentlich brechen die Rinder in das Weideland oder die bebauten Felder eines anderen ein. Der Besitzer des Lands beschwert sich, aber die armen Bauern tun ahnungslos und vertrauen darauf, daß die kultische Rücksicht ihre Tiere schützt. Wenn es Konkurrenz gibt, dann zwischen den Menschen oder innerhalb der Kasten, nicht hingegen zwischen Mensch und Tier.

Die Rinder in den Städten haben ebenfalls Besitzer, die sie tagsüber in der Umgebung schnorren lassen und abends zum Melken heimholen. Joan Mencher berichtet, daß sie eine Zeitlang in einem mittelständischen Viertel in Madras wohnte; dort klagten ihre Nachbarn ständig über „streunende" Rinder, die in ihre Anwesen einbrächen. In Wirklichkeit gehörten die Streuner Leuten, die in einem Zimmer über einem Laden wohnten und in der Nachbarschaft Milch von Haus zu Haus verkauften. Was die Altersheime und die Polizeirevierweiden betrifft, so tragen sie bestens dazu bei, das Risiko der Rinderhaltung in einem städtischen Milieu zu vermindern. Wenn eine Kuh keine Milch mehr gibt, kann der Besitzer sich entschließen, sie frei herumlaufen zu lassen, bis die Polizei sie aufliest und zum Revier mitnimmt. Hat sich die Kuh auf der Revierweide erholt, zahlt der Besitzer eine kleine Strafe und bringt sie in ihren gewohnten Lebensraum zurück. Die Altersheime funktionieren nach einem ähnlichen Prinzip, indem sie billiges, staatlich subventioniertes Weideland zur Verfügung stellen, das den Rindern in der Stadt andernfalls nicht zugänglich wäre.

Übrigens besteht in den Städten die bevorzugte Methode, Milch zu kaufen, darin, daß man die Kuh kommen und vor Ort melken läßt. Häufig kann der Käufer nur auf diese Weise sicherstellen, daß er wirklich reine Milch kauft, die nicht verwässert oder mit Urin versetzt ist.

Fast unglaublich, daß diese Einrichtungen als Beweis für verschwenderische, unwirtschaftliche hinduistische Praktiken genommen worden sind, während sie doch im Gegenteil einen Grad von rationellem Wirtschaften bezeugen, der weit über die westlichen „protestantischen" Vorstellungen von Sparsamkeit und haushälterischem Verhalten hinausgeht. Der Kult ums Rind verträgt sich bestens mit einer erbarmungslosen Entschlossenheit, aus der Kuh den buchstäblich letzten Tropfen Milch herauszupressen. Der Mann, der die Kuh von Haus zu Haus führt, um sie zu melken, bringt eine Kälbchenattrappe aus ausgestopftem Kalbfell mit, die er neben die Kuh stellt, um sie mittels dieses Tricks zum Milchgeben anzuregen. Wenn das keine Wirkung zeigt, probiert es der Besitzer unter Umständen mit *phooka*, das heißt, er bläst durch ein hohles Rohr, *doom dev* genannt, Luft in den Uterus der Kuh, und stopft den Schwanz in die Öffnung der Vagina. Ghandi war überzeugt, daß die Rinder in Indien grausamer behandelt würden als irgendwo sonst auf der Welt. „Wie wir sie bluten lassen, um den letzten Tropfen Milch aus ihr herauszupressen", klagte er. „Wie wir sie verhungern und an Auszehrung sterben lassen, wie wir die Kälber mißhandeln, wie wir ihnen ihren Anteil Milch wegnehmen, wie grausam wir die Zugochsen behandeln, wie wir sie kastrieren, wie wir sie schlagen, wie wir sie übermäßig beladen."

Niemand wußte besser als Ghandi, daß der Rinderkult für reich und arm unterschiedliche Bedeutung hatte. Für ihn war das Rind ein zentraler Punkt bei dem Bemühen, in Indien ein echtes Nationalbewußtsein wachzurufen. Der Kult um die Kuh war untrennbar verknüpft mit kleinbäuerlichem Wirtschaften, mit der Herstellung von Baumwollgarn an handgetriebenen Spinnrädern, mit dem meditativen Schneidersitz, mit dem Tragen von Lendentüchern, dem Vegetariertum, der Achtung vor dem Leben, der strikten Gewaltlosigkeit. Diesen Zielen verdankte Ghandi seine ungeheure Popularität unter den bäuerlichen Massen, den städtischen Armen und den

Unberührbaren. Auf diese Weise suchte er sie vor den verheerenden Folgen der Industrialisierung zu bewahren. Die Asymmetrie der Auswirkungen, die *ahimsa* für reich und arm hat, wird von solchen Ökonomen übersehen, die durch Schlachtung „überflüssiger" Tiere die indische Wirtschaft effektiver machen wollen. Professor Alan Heston zum Beispiel weiß nur zu gut, daß die Rinder lebenswichtige Funktionen erfüllen, für die nicht ohne weiteres Ersatz zu schaffen ist. Er vertritt allerdings die Ansicht, daß sich die gleichen Funktionen effektiver erfüllen ließen, wenn es 30 Millionen Rinder weniger gäbe. Diese Zahl basiert auf der Annahme, daß bei angemessener Pflege nur 40 Kühe pro 100 männliche Tiere nötig wären, um den derzeitigen Bestand von Ochsen zu erhalten. Da die Zahl der ausgewachsenen männlichen Tiere 72 Millionen beträgt, wären nach diesem Schlüssel 24 Millionen Zuchtkühe ausreichend. In Wirklichkeit aber gibt es 54 Millionen Kühe. Zieht man 24 Millionen von 54 Millionen ab, bleiben die von Heston geschätzten 30 Millionen „nutzlose" Tiere, die er geschlachtet sehen möchte. Das Trocken- und Grünfutter, das diese „nutzlosen" Tiere konsumieren, könnte dann unter die übrigbleibenden Tiere verteilt werden, die entsprechend gesünder wären, so daß die Gesamtmenge an Milch und Dung auf dem früheren Niveau bliebe oder es sogar überträfe. Aber wessen Kühe soll man opfern? Ungefähr 43 Prozent des gesamten Viehbestands findet man auf den ärmsten 62 Prozent der Höfe. Diese Höfe, deren Anbaufläche zwei Hektar oder weniger beträgt, verfügen nur über 5 Prozent des Weide- und Graslands. Mit anderen Worten, die meisten Tiere, die wegen Entkräftung zeitweilig trockenstehen und unfruchtbar sind, gehören den Besitzern der kleinsten und ärmsten Höfe. Wenn also die Ökonomen davon reden, daß man 30 Millionen Kühe schlachten müsse, dann meinen sie tatsächlich 30 Millionen Kühe, die den armen Familien gehören, nicht den wohlhabenden. Aber die meisten armen Familien besitzen nur eine Kuh, so daß die ganze rationelle Wirtschafterei am Ende darauf hinausläuft, nicht sowohl 30 Millionen Kühe als vielmehr 150 Millionen Menschen loszuwerden – sie vom Land in die Stadt zu treiben. Die Empfehlung der Schlachtbegeisterten basiert auf einem verständlichen Irrtum. Sie stellen fest, daß sich die Bauern weigern, ihr Vieh zu schlachten, und daß es ein religiös begründetes Schlachtverbot gibt, und sie schließen daraus, daß für das ungünstige Verhältnis von Kühen zu Ochsen das religiöse Tabu hauptverantwortlich sei. Daß sie irren, läßt sich schon dem beobachteten Verhältnis selbst entnehmen: 70 Kühe auf 100 Ochsen. Wenn der Kult um das Rind die Bauern daran hindert, wirtschaftlich „nutzlose" Kühe zu schlachten, wie kommt es dann, daß 30 Prozent weniger Kühe als Ochsen existieren? Da etwa ebenso viele weibliche wie männliche Tiere geboren werden, muß etwas schuld daran sein, daß mehr weibliche als männliche Tiere sterben. Die Lösung für dieses Rätsel ist, daß zwar kein hinduistischer Bauer ein Kuhkalb oder ein hinfälliges Tier mit einem Knüppel oder einem Messer umbringen wird, daß er sich aber der Tiere zu entledigen versteht und sich ihrer auch entledigt, wenn sie aus seiner Sicht tatsächlich unnütz werden. Dazu bedient er sich verschiedener Methoden unterhalb der Ebene der direkten Tötung. Um zum Beispiel unerwünschte Kälber zu „töten", legt man ihnen ein dreieckiges hölzernes Joch um den Hals, das sich in den Euter der Mutterkuh bohrt, wenn sie zu trinken versuchen; sie werden von der Mutter totgetreten. Ältere Tiere bindet man einfach an einen kurzen Haltestrick und läßt sie verhungern – ein Vorgang, der nicht allzu lange dauert, wenn das Tier bereits schwach und krank ist. Schließlich werden altersschwache Tiere in unbekannter Zahl heimlich durch eine Kette muslimischer und christlicher Mittelsleute verkauft und enden in städtischen Schlachthäusern.

Wenn wir das beobachtete Verhältnis von Kühen zu Ochsen erklären wollen, müssen wir Regen, Wind, Wasser

und die Landverteilung studieren, nicht aber den Rinderkult. Der Beweis dafür liegt in der Tatsache, daß je nach
der Bedeutung, die einzelnen Komponenten des agrari-
schen Systems in unterschiedlichen Teilen Indiens
zukommt, das Verhältnis zwischen Kühen und Ochsen
variiert. Die wichtigste Variable ist die Wassermenge, die
für die Bewässerung des Landes zur Verfügung steht.
Überall wo sich ausgedehnte überflutete Reisanbaugebie-
te finden, ist der Wasserbüffel das bevorzugte Zugtier,
und die Wasserbüffelkuh tritt dann als Milchlieferantin an
die Stelle der Zebukuh. Das ist der Grund, warum in den
weiten Tiefebenen Nordindiens, wo die Schmelzwasser
des Himalaja und die Monsunregen den heiligen Fluß
Ganges speisen, das Verhältnis von Kühen zu Ochsen auf
47 zu 100 fällt. Der renommierte indische Wirtschaftswis-
senschaftler K. N. Raj hat darauf hingewiesen, daß in
Gebieten des Gangestals, wo rund um das Jahr kontinuierlich Reis angebaut wird, die Proportion zwischen
Kühen und Ochsen dem theoretischen Optimum nahe-
kommt. Das ist um so bemerkenswerter, als die betreffen-
de Region – die Gangesebene – das Kernland der hinduistischen Religion ist und die meisten Heiligtümer der
Hindus beherbergt.

Die These, daß die Religion hauptverantwortlich für den
hohen Anteil von Kühen am Rinderbestand sei, wird auch
durch einen Vergleich zwischen dem hinduistischen Indien
und dem muslimischen Pakistan widerlegt. Obwohl Pakistan den Rinderkult sowie das Verbot ablehnt, Rinder zu
schlachten und Rindfleisch zu essen, kommen dort durch-
schnittlich 60 Kühe auf 100 männliche Tiere, was erheblich
über dem Durchschnitt des massiv hinduistischen indischen Bundesstaats Uttar Pradesh liegt. Wenn man einzelne
Bezirke in Uttar Pradesh unter dem Gesichtspunkt der
Rolle des Wasserbüffels und der Bewässerungskanäle aus-
wählt und mit ökologisch ähnlichen Bezirken in Pakistan
vergleicht, erweist sich die Proportion zwischen weiblichen
und männlichen Tieren als fast identisch.

Soll das nun heißen, daß der Rinderkult keinerlei Auswirkungen auf das Verhältnis zwischen weiblichen und
männlichen Tieren und auf andere Aspekte des agrari-
schen Systems hat? Nein. Meine These lautet vielmehr,
daß es sich beim Rinderkult um ein wirksames Element in
einem komplexen, hochdifferenzierten materiellen und
kulturellen Gesamtgefüge handelt. Der Rinderkult akti-
viert die latente Fähigkeit menschlicher Wesen, in einem
Ökosystem mit geringem Energieaufwand und mit wenig
Platz für Verschwendung und Müßiggang ihr Leben zu
fristen. Indem der Rinderkult zeitweilig trockenstehende
und unfruchtbare, aber immer noch nützliche Tiere am
Leben erhält, indem er die Entwicklung einer energieaufwendigen Rindfleischindustrie verhindert, indem er das
Vieh schützt, wenn es sich auf Staats- oder Grundbesitzer-
kosten nährt, und indem er in Dürre- und Notzeiten das
Fortpflanzungsreservoir des Viehbestands zu erhalten
dient, stärkt er die Anpassungs- und Überlebensfähigkeit
der menschlichen Bevölkerung. Wie in jedem natürlichen
oder künstlichen System kommt es auch hier im Zusammenhang mit den komplizierten Wechselwirkungen zu
gewissen Ausfällen, Reibungen und Verlusten. Eine halbe
Milliarde Menschen, Vieh, Land, Arbeit, politische Ökonomie, Bodenbeschaffenheit und Klima – all das gehört dazu
und spielt eine Rolle. Die Schlachtbefürworter behaupten,
es sei verschwenderisch und ineffektiv, die Kühe wahllos
kalben zu lassen und dann ihre Zahl durch Vernachlässigung und mangelnde Versorgung mit Futter zu reduzie-
ren. Das ist zweifellos richtig, aber nur in einem beschränkten und relativ nichtssagenden Sinn. Die Ein-
sparungen, die ein Agrartechniker dadurch erzielen könnte, daß er für die Abschaffung einer unbekannten Zahl
absolut nutzloser Tiere sorgte, müssen gegen die katastro-
phalen Folgen aufgerechnet werden, die es insbesondere
in Dürrezeiten und Hungersnöten für die kleinbäuerliche
Bevölkerung hätte, wenn der Rinderkult keine religiöse
Pflicht mehr wäre.

Da sich menschliche Aktivitäten ganz allgemein nur mit Hilfe psychologisch zwingender Überzeugungen und Glaubensvorstellungen wirksam mobilisieren lassen, müssen wir davon ausgehen, daß ökonomische Systeme immer Schwankungen unterworfen sind, die sie hinter dem Punkt optimaler Effektivität zurückbleiben lassen oder darüber hinaustreiben. Aber die Ansicht, das ganze System lasse sich einfach dadurch funktionsfähiger machen, daß man gegen das Bewußtsein vorgeht, ist naiv und gefährlich. Um wesentliche Verbesserungen im derzeitigen System zu erreichen, muß man die Bevölkerungszahl Indiens stabilisieren und mehr Landfläche, Wasser, Ochsen und Wasserbüffel einer größeren Zahl von Menschen auf der Grundlage von mehr Gerechtigkeit zugänglich machen. Die Alternative besteht darin, das gegenwärtige System zu zerstören und durch ein völlig neues Arrangement demographischer, technischer, politisch-ökonomischer und ideologischer Beziehungen – kurz, ein ganzes neues Ökosystem – zu ersetzen. Der Hinduismus ist zweifellos eine konservative Kraft, die es für die „Entwicklungsexperten" und Vertreter einer Modernisierung schwerer macht, das alte System zu zerstören und durch einen energieaufwendigen Industrie- und Agrarindustriekomplex zu ersetzen. Aber wer annimmt, ein solcher Komplex werde zwangsläufig „rationaler" oder „effizienter" sein als das derzeitige System, der irrt gewaltig.

Entgegen den Erwartungen zeigen Untersuchungen der Energiekosten und der Energieausbeute, daß Indien seine Rinder effizienter nutzt als die USA. Für den Bezirk Singur in Westbengalen errechnete Odend'hal mittels Division der Gesamtsumme der jährlich produzierten verwendbaren Kalorien durch die Gesamtsumme der im gleichen Zeitraum verbrauchten Kalorien den Bruttowirkungsgrad der Energie und kam auf 17 Prozent. Dem steht ein Bruttowirkungsgrad der Energie von weniger als 4 Prozent beim Weideland-Fleischvieh im amerikanischen Westen gegenüber. Wie Odend'hal festhält, hat die relativ hohe

Effizienz der indischen Rinderhaltung ihren Grund nicht in einer besonders hohen Produktivität der Rinder, sondern darin, daß die Menschen das Produkt kompromißlos verwerten: „Die Dorfbewohner sind ganz außerordentlich nützlichkeitsorientiert und haben für alles eine Verwendung."

Verschwendung ist eher ein Merkmal des modernen agrarindustriellen Komplexes und nicht des traditionellen bäuerlichen Wirtschaftens. Beim neuen System der Rindfleischproduktion durch Mastfütterung in den USA bleibt zum Beispiel die Jauche der Rinder nicht nur ungenutzt, sondern man läßt sogar zu, daß sie über weite Flächen das Grundwasser verunreinigt und zur Verseuchung der Seen und Flüsse in der Umgebung beiträgt.

Der höhere Lebensstandard in den Industrienationen ist nicht das Ergebnis höherer Produktivität, sondern einer in ungeheure Dimensionen fortgeschrittenen Steigerung der Energiemenge, die pro Person zur Verfügung steht. Im Jahr 1970 verbrauchten die USA pro Kopf der Bevölkerung eine Energiemenge, die zwölf Tonnen Kohle entspricht, während für Indien die Prokopfmenge nur das Äquivalent von einem 200 kg betrug. Die Verschwendung beim Energieverbrauch war in den USA weit größer als in Indien. Autos und Flugzeuge sind schneller als Ochsenkarren, aber effektiver ist ihr Energieverbrauch nicht. Tatsächlich werden an einem einzigen Tag in den USA bei Verkehrsstaus mehr Kalorien in Form von Wärme und Auspuffgasen in die Luft geblasen, als der Viehbestand ganz Indiens in einem Jahr verschwendet. Der Vergleich sieht noch ungünstiger aus, wenn man bedenkt, daß die gefräßigen Fahrzeuge unersetzliche Erdölreserven verschlingen, zu deren Aufbau der Planet zehn Millionen von Jahren brauchte. Wer eine echte heilige Kuh sehen will, der schaue sich sein eigenes Auto an.

2

Liebhaber und Verächter des Schweins

Jeder kennt Beispiele für offensichtlich irrationale Eßgewohnheiten. Die Chinesen mögen Hundefleisch, verabscheuen aber Kuhmilch; wir mögen Kuhmilch, essen dagegen kein Hundefleisch; manche Stämme in Brasilien schwärmen für Ameisen, während sie Wildbret verabscheuen. Und so ist es überall auf der Welt.

Das Schweinerätsel scheint mir gut an den Fall der heiligen Kuh anzuschließen, den wir oben behandelt haben. Es verlangt von uns eine Erklärung, warum bestimmte Menschen ein und dasselbe Tier hassen, das von anderen so geschätzt wird.

Der eine Teil des Rätsels, der die Verachtung des Schweins betrifft, ist Juden, Muslimen und Christen wohlbekannt. Der Gott der alten Israeliten scheute keine Mühe (im 1. und im 3. Buch Mose), das Schwein als schmutzig zu brandmarken – als ein Tier, an dem man sich verunreinigte, wenn man sein Fleisch aß oder nur mit ihm in Berührung kam. Etwa 1500 Jahre später verkündete Allah seinem Propheten Mohammed, daß auch für die Anhänger des Islam dieses Urteil über das Schwein Gültigkeit habe. Für Millionen von Juden und Hunderte Millionen von Muslimen bleibt das Schwein etwas Abscheuerregendes, ungeachtet der Tatsache, daß es Getreide und Knollenfrüchte effektiver als jedes andere Tier in hochwertige Fette und Proteine umwandeln kann.

Weniger verbreitet ist die Kenntnis von den Traditionen der begeisterten Liebhaber des Schweinefleischs. Das weltweite Zentrum der Liebe zum Schwein bilden Neuguinea und die Inseln des melanesischen Archipels im Südpazifik. Für die in Dörfern siedelnden, Gartenbau treibenden Stämme dieser Region sind die Schweine heilige Tiere, die bei allen wichtigen Anlässen wie Hochzeiten und Begräbnissen den Ahnen geopfert werden müssen und deren Fleisch anschließend verzehrt wird. Bei vielen Stämmen sind Kriegserklärungen und Friedensschlüsse von einem Schweineopfer begleitet. Die Stammesangehörigen glauben, daß ihre Ahnen nach Schweinefleisch gieren. Die Lebenden wie die Toten werden von einem so überwältigenden Hunger nach Schweinefleisch geplagt, daß sie von Zeit zu Zeit gigantische Gastmähler veranstalten, bei denen fast alle Schweine des Stammes in einem Zug aufgefressen werden. Mehrere Tage lang mästen sich die Dorfbewohner und ihre Gäste ununterbrochen an Schweinefleisch und erbrechen, was sie nicht schnell genug verdauen können, um Platz für den Nachschub zu schaffen. Wenn alles vorüber ist, haben sie die Schweineherde so dezimiert, daß für ihren Wiederaufbau jahrelange Zuchtanstrengungen nötig sind. Kaum ist das gelungen, beginnen die Vorbereitungen für die nächste Freßorgie. Und so setzt sich der Zirkel offensichtlicher Mißwirtschaft immer weiter fort.

Ich beginne mit dem Problem der jüdischen und muslimischen Schweineverächter. Weswegen machten sich so erhabene Götter wie Jahwe und Allah die Mühe, ein ebenso harmloses wie lächerliches Viehzeug zu verdammen, dessen Fleisch vom Großteil der Menschheit geschätzt wird? Gelehrte, die mit dem Urteil der Bibel und des Korans über das Schwein konform gehen, haben dafür zahlreiche Erklärungen angeboten. Vor der Renaissance war die Version vom schmutzigen Tier die beliebteste: Das Schwein sei im Wortsinn unreiner als andere, weil es sich in seinem Urin wälze und seinen Kot fresse. Aber der Versuch, den religiösen Abscheu mit Unreinlichkeit in Zusammenhang zu bringen, führt in Widersprüche. Kühe, die auf engem Raum gehalten werden, sielen sich ebenfalls in ihrem eigenen Urin und Kot. Und hungrige Kühe laben sich bereitwillig an menschlichen Exkrementen. Hunde und Hühner tun das gleiche, ohne daß sich jemand besonders darüber aufregt. Die Menschen der alten Zeit müssen gewußt haben, daß Schweine, die in sauberen Koben gehalten werden, reinliche Haustiere abgeben. Wenn wir schließlich rein ästhetische Maßstäbe dafür geltend machen, was als „reinlich" gelten kann, sind wir mit der verblüffenden Ungereimtheit konfrontiert, daß die Bibel Heuschrecken und Grashüpfer als „rein" bezeichnet. Das Argument, Insekten seien ästhetisch zuträglicher als Schweine, wird der Sache des Glaubens schwerlich voranhelfen.

Zu Beginn der Renaissance fielen dem jüdischen Rabbinat diese Ungereimtheiten auf. Moses Maimonides, der im 12. Jahrhundert als Arzt an Saladins Hof in Kairo wirkte, verdanken wir die erste naturalistische Erklärung für die Ablehnung des Schweinefleischs durch Juden und Muslime. Maimonides vertrat die These, Gott habe mit dem Verbot des Schweinefleischs die öffentliche Gesundheit im Auge gehabt. Das Fleisch des Schweins „hat eine böse und schädliche Wirkung auf den Körper", schrieb der Rabbi. Welche medizinischen Gründe ihn zu dieser Ansicht brachten, ließ er nicht allzu detailliert erkennen, aber er war Hofarzt, und sein Urteil wurde weithin respektiert.

Mitte des 19. Jahrhunderts wertete man die Entdeckung, daß Trichinose durch den Genuß unzureichend gekochten Schweinefleischs verursacht wird, als Beweis für den Scharfsinn des Maimonides. Reformorientierte Juden waren begeistert über den rationalen Kern der biblischen Gebote und sprachen sich prompt für die Abschaffung des Schweinefleischverbots aus. Wenn man es ordentlich abkoche, sei Schweinefleisch keine Gefahr für die öffentliche Gesundheit, und also könne sein Verzehr Gott nicht kränken. Dadurch fühlten sich Rabbis der stärker fundamentalistischen Richtung zu einem Gegenangriff gegen die ganze naturalistische Tradition herausgefordert. Wenn es Jahwe nur darum gegangen wäre, die Gesundheit seines Volkes zu schützen, dann hätte er ihnen nicht den Schweinefleischgenuß überhaupt verboten, sondern sie nur angewiesen, das Fleisch gut zu kochen. Es liege auf der Hand, wurde geltend gemacht, daß Jahwe etwas anderes gewollt, daß er Wichtigeres als bloß das leibliche Wohlbefinden seines Volkes im Sinn gehabt habe. Abgesehen von diesen theologischen Schwierigkeiten bleibt Maimonides' Erklärung auch in medizinischer und epidemiologischer Hinsicht widersprüchlich. Das Schwein ist zwar für den Menschen ein Krankheitsüberträger, aber das gilt auch für andere Haustiere, die von Juden und Muslimen bedenkenlos verzehrt werden. Durch mangelhaft gekochtes Rindfleisch zum Beispiel werden Parasiten übertragen, insbesondere Bandwürmer, die in den Därmen eines Menschen über fünf Meter lang werden, zu ernsthaften Anämien führen und die Abwehrkraft des Körpers gegenüber anderen Infektionskrankheiten herabsetzen können. Rinder, Ziegen und Schafe sind auch Zwischenstation für die Bruzellose, eine in den unterentwickelten Ländern verbreitete bakterielle Infektion, die von Fieberanfällen, Schüttelfrost, Schweißausbrüchen und Schmerzen begleitet ist. Die gefährlichste Form ist die *Brucellosis melitensis*, die durch Ziegen und Schafe übertragen wird. Ihre Symptome sind Lethargie, Erschöpfungszustände, Nervosität und seelische Niedergeschlagenheit, die oft fälschlich als Neurose diagnostiziert wird. Schließlich gibt es auch noch den Milzbrand, eine Krankheit, die von Rindern, Schafen, Ziegen, Pferden und Maultieren übertragen wird, nicht hingegen von Schweinen. Anders als die Trichinose, die selten tödlich verläuft und bei der Mehrzahl der Befallenen nicht einmal zu Symptomen führt, nimmt der Milzbrand häufig einen rapiden Verlauf, der mit Karbunkelbildung anfängt und damit endet, daß der Patient an Blutvergiftung stirbt. Die großen Milzbrandepidemien, die früher Europa und Asien heimsuchten, wurden erst kontrollierbar, nachdem Louis Pasteur im Jahr 1881 einen Impfstoff gegen die Krankheit entwickelt hatte.

Daß Jahwe es versäumte, den Kontakt mit den Haustieren zu verbieten, die Milzbrand übertragen, ist für Maimonides' Erklärung deshalb besonders fatal, weil in diesem Fall der Zusammenhang zwischen der Erkrankung von Tier und Mensch bereits in biblischen Zeiten bekannt war. Wie im 2. Buch Mose nachzulesen, wird bei einer der Plagen, die Jahwe auf Pharao herabschickt, die Symptomatik des tierischen Milzbrands eindeutig auf die Krankheit der Menschen bezogen:

„Da brachen auf böse Blattern an den Menschen und am Vieh, so daß die Zauberer nicht vor Mose treten konnten wegen der bösen Blattern; denn es waren an den Zauberern ebenso böse Blattern wie an allen Ägyptern."

Angesichts dieser Widersprüche haben es die meisten jüdischen und muslimischen Theologen aufgegeben, nach einer natürlichen Begründung für den Abscheu gegen das Schwein zu suchen. In neuerer Zeit hat eine offen irrationalistische Haltung an Einfluß gewonnen, derzufolge die göttliche Gnade, mit der die Befolgung von Speisegeboten belohnt wird, eben darauf beruht, daß man nicht genau weiß und auch nicht wissen will, was Jahwe damit bezweckt.

Die moderne wissenschaftliche Anthropologie hat sich in eine ähnliche Sackgasse verrannt. Bei all ihren Mängeln kommt Moses Maimonides einer Erklärung näher als zum Beispiel James Frazer, der Verfasser des ethnologischen Klassikers *Der Goldene Zweig*. Frazer behauptet, Schweine seien „wie alle sogenannten heiligen Tiere ursprünglich heilig gewesen; daß sie nicht gegessen wurden, hatte seinen Grund in der ursprünglich göttlichen Natur vieler von ihnen". Das hilft uns allerdings nicht im mindesten weiter, da Schafe, Ziegen und Rinder ebenfalls einst im Vorderen Orient kultisch verehrt wurden und ihr Fleisch trotzdem von sämtlichen ethnischen und religiösen Gruppen der Region hochgeschätzt wird. Insbesondere das Rind, das in Gestalt des Goldenen Kalbs am Fuß des Sinai von den Israeliten angebetet wurde, wäre nach Frazers Logik eher prädestiniert für die Rolle eines unreinen Tiers als das Schwein.

Andere Gelehrte haben gemeint, das Schwein und die anderen Tiere, die von der Bibel und vom Koran tabuisiert werden, seien einst totemistische Symbole einzelner Sippenverbände gewesen. Das mag an irgendeinem fernen Punkt der Geschichte durchaus der Fall gewesen sein, aber wenn wir diese Möglichkeit einräumen, müssen wir auch konzedieren, daß andere, „reine" Tiere wie Rind, Schaf und Ziege als Totems gedient haben könnten. Aber entgegen einer gängigen These zum Thema Totemismus dienen als Totems normalerweise nicht Tiere, die als Nahrungsquelle geschätzt werden. Die beliebtesten Totemtiere bei den primitiven Stämmen in Australien und Afrika waren relativ nutzlose Vögel wie Raben und Finken oder Insekten wie Mücken, Ameisen und Moskitos oder sogar unbelebte Objekte wie Wolken oder Felsen. Und außerdem sind sogar dann, wenn das Totem ein als Nahrung geschätztes Tier ist, die ihm verbundenen Menschen keineswegs immer und ausnahmslos gehalten, auf den Genuß seines Fleischs zu verzichten. Angesichts solcher Erscheinungsvielfalt hat die Behauptung, das Schwein sei ein Totem gewesen, keinerlei Erklärungswert. Man könnte genausogut sagen: „Das Schwein wurde tabu, weil es tabu wurde."

Ich ziehe Maimonides' Ansatz vor. Zumindest bemühte sich der Rabbi, das Tabu in einen natürlichen Kontext aus Gesundheitsrücksichten und Krankheitsängsten einzuordnen, der von eindeutig weltlichen und praktischen Erwägungen bestimmt war. Das einzige Problem bei ihm besteht darin, daß er die entscheidenden Bedingungen für den Abscheu gegen das Schwein mit der Brille des Arztes und also unter dem beschränkten Blickwinkel der Physiopathologie ins Auge faßte.

Wenn wir das Schweinerätsel lösen wollen, müssen wir einen umfassenderen Begriff von öffentlicher Gesundheit zugrunde legen, der die wesentlichen Prozesse einbezieht, kraft deren es Tieren, Pflanzen und Menschen gelingt, in lebensfähigen natürlichen und kulturellen Gemeinschaften zusammenzuleben. Ich bin der Ansicht, daß Bibel und Koran das Schwein ablehnen, weil die Schweinezucht für den Erhalt der grundlegenden kulturellen und natürlichen Ökosysteme des Vorderen Orients eine Bedrohung darstellte.

Erst einmal müssen wir uns klarmachen, daß die vorhistorischen Hebräer – die Kinder Abrahams, die zu Anfang des 2. Jahrtausends v. Chr. lebten – kulturell an das Leben in den zerklüfteten, spärlich besiedelten Regionen der Trockenzone zwischen den Flußtälern Mesopotamiens und Ägyptens angepaßt waren. Bis zum 13. Jahrhundert v. Chr., als sie anfingen, das Jordantal in Palästina zu erobern, waren die Hebräer Hirtennomaden, die fast ausschließlich von ihren Schaf-, Ziegen- und Rinderherden lebten. Wie alle hirtennomadischen Völker unterhielten sie enge Beziehungen zu den seßhaften Ackerbauern in den Oasen und den Tälern der großen Flüsse. Von Zeit zu Zeit hatten diese Beziehungen zur Folge, daß sich Nomadengruppen einer stärker seßhaften, ackerbauorientierten Lebensweise zuwandten. So scheint es auch bei den Nachkommen Abrahams in Mesopotamien, bei Josephs Gefolgschaft in Ägypten und bei Isaaks Anhang im westlichen Negev gewesen zu sein. Aber selbst auf dem Höhepunkt der städtischen und dörflichen Seßhaftigkeit unter König David und König Salomo blieb die Herdenhaltung von Schafen, Ziegen und Rindern eine überaus wichtige ökonomische Aktivität.

Im Rahmen der Gesamtstruktur dieses aus Ackerbau und Herdenhaltung gemischten Komplexes stellte das gottgegebene Schweinefleischverbot eine vernünftige ökologische Strategie dar. Als Hirtennomaden konnten die Israeliten in ihren wasserarmen Lebensräumen keine Schweine halten, während für die halbseßhaften, dörflich siedelnden bäuerlichen Gruppen Schweine eher eine Bedrohung als einen Aktivposten bildeten.

Der Hauptgrund dafür ist, daß die Weltregionen, in denen der Hirtennomadismus vorherrscht, aus waldlosen Ebenen und Gebirgsgegenden bestehen, die für den Ackerbau zu regenarm oder nur schwer künstlich zu bewässern sind. Die diesen Regionen am besten angepaßten Haustiere sind die Wiederkäuer – Rinder, Schafe und Ziegen. Wiederkäuer haben Ausbuchtungen, die ihren Mä-gen vorgelagert sind und die es ihnen erlauben, Gras, Blätter und sonstige, hauptsächlich aus Zellulose bestehende Nahrungsmittel effektiver als jedes andere Säugetier zu verdauen.

Den Lebensraum des Schweins hingegen bilden primär Wälder und schattige Flußufer. Das Schwein ist zwar ein Allesfresser, aber am besten gedeiht es auf der Grundlage von zellulosearmer Nahrung – wenn es also Nüsse, Früchte, Knollen und vor allem Getreide zu fressen bekommt, und das macht es im Hinblick auf die Ernährung zu einem direkten Konkurrenten des Menschen. Nur von Gras kann es nicht leben, und nirgends in der Welt gibt es reine Hirtennomaden, die in nennenswertem Umfang Schweinezucht betreiben. Das Schwein hat den zusätzlichen Nachteil, daß es sich nicht als Milchquelle nutzen läßt und für den Viehtrieb über größere Entfernungen bekanntermaßen ungeeignet ist.

Vor allem aber ist das Schwein thermodynamisch schlecht für das heiße, trockene Klima der Wüste Negev, des Jordantals und der anderen Gebiete der Bibel und des Koran gerüstet. Im Vergleich mit Rindern, Ziegen und Schafen verfügt das Schwein über ein wenig wirksames System zur Regulierung der Körpertemperatur. Man sagt zwar „ich schwitze wie ein Schwein", aber erst kürzlich ist nachgewiesen worden, daß Schweine überhaupt nicht schwitzen können. Die Menschen als die schwitzfreudigsten aller Säugetiere verschaffen sich dadurch Kühlung, daß sie pro Quadratmeter Körperoberfläche bis zu einem Liter Körperflüssigkeit stündlich ausdünsten. Das Äußerste, was ein Schwein leistet, sind 30 Gramm pro Quadratmeter. Selbst Schafe dünsten doppelt so viel Körperflüssigkeit durch die Haut aus wie Schweine. Schafe genießen auch den Vorteil ihrer dicken weißen Wolle, die sowohl die Sonnenstrahlen ablenkt als auch den Körper isoliert, wenn die Lufttemperatur die des Körpers übersteigt. Nach L. E. Mount vom Agricultural Research Council Institute für Tierphysiologie in Cambridge sterben erwachsene Schweine, wenn man sie direktem Sonnenlicht und Lufttemperaturen über 37 Grad Celsius aussetzt. Im Jordantal kommen fast in jedem Sommer Lufttemperaturen von 49 Grad vor, und das ganze Jahr über herrscht intensive Sonnenbestrahlung.

Um für die fehlende schützende Behaarung und für seine Unfähigkeit zu schwitzen einen Ausgleich zu schaffen, muß das Schwein seine Haut äußerlich befeuchten. Das tut es am liebsten auf die Weise, daß es sich in frischem sauberem Schlamm wälzt, aber wenn nichts anderes zur Verfügung steht, befeuchtet es die Schwarte auch mit dem eigenen Urin und Kot. Bei Temperaturen unter 29 Grad legen Schweine, die in Koben gehalten werden, ihre Exkremente fern von ihren Schlaf- und Futterplätzen ab, wohingegen sie bei Temperaturen über 29 Grad anfangen, die Ausscheidungen im ganzen Koben zu verstreuen. Je höher die Temperaturen steigen, desto „schmutziger" werden sie. Es ist also etwas Wahres an der Theorie, daß die religiöse Unreinheit des Schweins ihren Grund in tatsächlicher körperlicher Unsauberkeit habe. Nur liegt es nicht in der Natur des Schweins, unsauber zu sein; vielmehr ist der heiße, trockene Lebensraum im Vorderen Orient schuld daran, daß die Schweine vom Kühleffekt ihrer eigenen Exkremente extrem abhängig sind.

Schafe und Ziegen waren die ersten Haustiere im Vorderen Orient und wurden möglicherweise schon um 9000

v. Chr. domestiziert, Schweine im gleichen Großraum ungefähr 2000 Jahre später. Archäologische Knochenzählungen an den Ausgrabungsstätten vorhistorischer landwirtschaftlicher Siedlungen zeigen, daß Schweine fast immer einen relativ kleinen Teil der dörflichen Fauna ausmachten; ihre Knochen stellen nur etwa 5 Prozent der Überreste aus tierischer Ernährung. Bei einem Tier, das Schatten und Schlammkuhlen braucht, nicht gemolken werden kann und mit dem Menschen um die Nahrung konkurriert, entspricht das der Erwartung.

Ich habe bereits im Zusammenhang mit dem hinduistischen Rindfleischverbot darauf hingewiesen, daß unter vorindustriellen Bedingungen jedes Tier, das primär seines Fleisches wegen gezüchtet wird, einen Luxus darstellt. Diese allgemeine Feststellung gilt auch für die Hirtennomaden der vorindustriellen Zeit, die ihre Herden selten primär wegen des Fleisches halten.

Bei den Gemeinschaften des alten Vorderen Orients, die eine Mischwirtschaft aus Ackerbau und Hirtennomadismus trieben, wurden die Haustiere hauptsächlich als Lieferanten von Milch, Käse, Häuten, Dung, Textilfasern und Zugkraft fürs Pflügen geschätzt. Ziegen, Schafe und Rinder stellten reichliche Mengen von alledem zur Verfügung und dazu gelegentlich ein Quantum mageren Fleisches. Von Anfang an muß deshalb das Schweinefleisch ein Luxusartikel gewesen sein, ein Fleisch, das wegen seiner saftigen und zarten Beschaffenheit und seines hohen Fettgehalts geschätzt wurde.

In der Zeit zwischen 7000 und 2000 v. Chr. wurde Schweinefleisch noch mehr zum Luxus. In diesem Zeitraum vermehrte sich die Bevölkerung im Vorderen Orient um das Sechzigfache. Der Anstieg in der Bevölkerungszahl war von umfangreicher Entwaldung begleitet; insbesondere fügten die großen Schaf- und Ziegenherden den Wäldern dauerhaften Schaden zu. Schatten und Wasser, die beiden natürlichen Bedingungen, die zur Schweinezucht gehören, wurden zunehmend spärlicher, und

Schweinefleisch entwickelte sich sogar noch stärker zu einem ökologischen und ökonomischen Luxus.

Wie beim Rindfleischverbot verweist auch hier die Notwendigkeit, ein göttliches Tabu zu verhängen, auf die Größe der Versuchung. Dieser Zusammenhang wird allgemein akzeptiert, wenn man erklären will, warum die Götter stets so eifrig darauf bedacht sind, sexuelle Versuchungen wie Inzest und Ehebruch zu bekämpfen. Ich wende die Erklärung einfach nur auf den Fall verführerischer Nahrung an. Der Vordere Orient ist für die Schweinezucht der falsche Ort, aber Schweinefleisch bleibt ein Leckerbissen. Den Menschen fällt es immer schwer, solchen Verführungen aus eigener Kraft zu widerstehen. Und deshalb mußte Jahwe bezeugen, daß Schweine etwas Unreines waren, nicht nur als Nahrung, sondern überhaupt jeder Kontakt mit ihnen. Allah ließ sich aus den gleichen Gründen ebenfalls in diesem Sinne vernehmen: Der Versuch, in größerer Zahl Schweine zu halten, lief dem Anpassungserfordernis zuwider. Schweinezucht in kleinem Maßstab mußte nur die Versuchung vergrößern. Es war also besser, man untersagte den Verzehr von Schweinefleisch pauschal und beschränkte sich auf das Halten von Ziegen, Schafen und Rindern. Schweine schmeckten gut, aber sie zu füttern und ihnen Kühlung zu verschaffen war zu aufwendig.

Viele Fragen bleiben offen, insbesondere warum die zahlreichen Lebewesen, deren Verzehr die Bibel außerdem verbietet – Geier, Habichte, Schlangen, Schnecken, Schalentiere, schuppenlose Fische und so weiter –, dem gleichen göttlichen Tabu verfielen und warum die Juden und Muslime, auch wenn sie nicht mehr im Vorderen Orient leben, die alten Ernährungsgebote mit einem unterschiedlichen Maß an Akribie und Eifer nach wie vor befolgen. Im großen und ganzen habe ich den Eindruck, als zerfielen die meisten verbotenen Vögel und Vierbeiner in zwei Klassen. Die einen, wie etwa Fischadler, Geier und Habichte, stellen nicht einmal potentiell nennenswerte Nahrungsquellen dar. Die anderen, wie etwa die Schalentiere, stehen offenkundig den Gesellschaften mit einer aus Ackerbau und Hirtennomadismus gemischten Wirtschaftsform nicht zur Verfügung. Keine der beiden Klassen tabuisierter Tiere stellt uns vor eine solche Frage, wie ich sie zu beantworten versucht habe: nämlich der Frage nach den Gründen für ein allem Anschein nach groteskes und unwirtschaftliches Tabu. Daß man nicht seine Zeit damit verbringt, Geier fürs Mittagessen zu jagen, oder nicht 80 Kilometer weit durch die Wüste wandert, nur um einen Teller Austern in der Schale verspeisen zu können – daran ist augenscheinlich nichts Irrationales.

Hier ist der rechte Augenblick, um der Behauptung entgegenzutreten, alle religiös sanktionierten Ernährungsweisen seien ökologisch erklärbar. Tabus haben auch Sozialfunktionen: Zum Beispiel können sich bestimmte Menschengruppen so als abgesonderte Gemeinschaften behaupten. Die heutige Befolgung von Ernährungsvorschriften durch Juden und Muslime, die fern ihrer vorderasiatischen Herkunftsländer leben, erfüllt diese Funktion vorzüglich. Die Frage ist bei diesen Ernährungsweisen nur, ob sie das leibliche und irdische Wohlergehen der Betroffenen nennenswert beeinträchtigen, indem sie ihnen Nährstoffe vorenthalten, für die nicht ohne weiteres Ersatz zur Verfügung steht. Ich meine, das läßt sich fast mit Sicherheit verneinen. Aber nun muß ich auch noch einer anderen Art von Versuchung die Stirn bieten – der Versuchung, alles erklären zu wollen. Ich denke, wir werden über die Schweineverächter mehr lernen, wenn wir uns der anderen Hälfte des Rätsels, den Liebhabern des Schweins, zuwenden.

Die Liebe zum Schwein ist in ihrer Inbrunst das genaue Gegenteil zu der gottgefälligen Verachtung, mit der Juden und Muslime das Schwein strafen. Dieser Zustand erschöpft sich nicht darin, daß man sich für den Geschmack von Schweinefleischgerichten begeistert. Viele Küchen, einschließlich der euroamerikanischen und der chinesischen, schätzen das Fleisch und das Fett vom Schwein. Die Liebe zum Schwein ist mehr. Sie ist ein Zustand totaler Vergesellschaftung mit dem Schwein. Während bei Muslimen und Juden die Gegenwart von Schweinen den Menschen in seinem Menschsein bedroht, kann man im Milieu der Schweineliebhaber nur in Gesellschaft von Schweinen wahrhaft Mensch sein.

Zur Schweineliebe gehört, daß man die Tiere wie Familienangehörige aufzieht, in einem Raum mit ihnen schläft, sich mit ihnen unterhält, sie streichelt und kost, sie beim Namen ruft, sie an der Leine auf die Felder führt, Tränen vergießt, wenn sie krank werden oder Verletzungen erleiden, und sie mit Leckerbissen vom Familientisch füttert. Aber anders als die hinduistische Liebe zum Rind umfaßt die Schweineliebe auch besondere Anlässe, bei denen Schweine geopfert werden müssen und gegessen werden. Dank der rituellen Schlachtungen und der kultischen Gelage verwirklicht die Schweineliebe die Gemeinschaft zwischen Mensch und Tier in einem umfassenderen Sinn, als das beim hinduistischen Bauern und seinem Rind der Fall ist. Ihren Höhepunkt findet die Liebe zum Schwein darin, daß der Mensch durch Einverleibung das Fleisch des Schweins seinem eigenen Fleisch und den Geist des Schweins dem Geist der Ahnen anverwandelt.

Zur Schweineliebe gehört, daß man zu Ehren des verstorbenen Vaters auf seiner Grabstätte eine geliebte Sau mit dem Knüppel totschlägt, um sie in einem Erdofen, den man dort aushebt, zu rösten. Zur Schweineliebe gehört, daß man dem Schwager kaltes, gesalzenes Bauchfett klumpenweise in den Mund schiebt, um sich seiner Anhänglichkeit zu versichern und ihn froh zu stimmen. Vor allem aber gehört zur Schweineliebe das große Schweinefest, das ein- oder zweimal in jeder Generation gefeiert wird und bei dem in der Absicht, die Gier der Ahnen nach Schweinefleisch zu stillen, die Gesundheit der Lebenden zu gewährleisten und den Sieg in künftigen Kriegen sicherzustellen, die meisten ausgewachsenen

Schweine abgeschlachtet und in einer Freßorgie verzehrt werden.

Roy Rappaport von der University of Michigan hat bei den schweinebegeisterten Maring, den Angehörigen einer Stammesgruppe, die in einer abgelegenen Region in den Bismarck Mountains von Neuguinea lebt, ihre Beziehung zu den Schweinen gründlich untersucht. In seinem Buch *Pigs for the Ancestors: Ritual in the Ecology of a New Guinea People* beschreibt der Verfasser, wie die Liebe zum Schwein grundlegende Probleme im menschlichen Bereich lösen hilft. Unter den herrschenden Lebensumständen der Maring bleibt diesen wenig anderes übrig, als so zu verfahren, wie sie es tun.

Jede lokale Untergruppe oder Sippe veranstaltet im Durchschnitt etwa alle zwölf Jahre ein Schweinefest. Das ganze Fest – einschließlich verschiedener Vorbereitungen, kleinerer Opfer und der abschließenden großen Schlachtorgie – dauert ungefähr ein Jahr und heißt in der Sprache der Maring *kaiko*. In den ersten zwei oder drei Monaten unmittelbar nach Beendigung ihres *kaiko* stürzt sich die Sippe in kriegerische Auseinandersetzungen mit feindlichen Sippen – Auseinandersetzungen, die reichlich Menschenleben kosten und territoriale Gewinne oder Verluste zur Folge haben. Während der Kämpfe werden weitere Schweine geschlachtet, und bald finden sich sowohl die Sieger als auch die Besiegten ihres gesamten Bestands an ausgewachsenen Schweinen beraubt, mit denen sie sich bei den Ahnen einschmeicheln könnten. Die Kämpfe hören schlagartig auf, und die streitenden Parteien ziehen sich an heilige Orte zurück, um kleine Bäume zu pflanzen, die man *rumbim* nennt. Jeder erwachsene männliche Sippenangehörige nimmt an dem Ritual teil, indem er die Hand auf den Schößling legt, während dieser eingepflanzt wird.

Der Kriegsschamane richtet das Wort an die Ahnen und erklärt ihnen, daß es keine Schweine mehr gibt und daß man froh ist, am Leben geblieben zu sein. Er versichert den Ahnen, daß die Kämpfe jetzt vorbei sind und daß es keine

Wiederaufnahme der Feindseligkeiten geben wird, solange der *rumbim* in der Erde steht. Von da an richtet sich das ganze Sinnen und Trachten der Lebenden auf die Schweinezucht; erst wenn eine neue Schweineherde herangezogen ist, groß genug, um den Ahnen einen angemessenen Dank abzustatten, wird es den Kriegern einfallen, den *rumbim* auszureißen und aufs Schlachtfeld zurückzukehren.

Rappaport hat mittels einer detaillierten Untersuchung einer Sippe namens Tsembaga nachweisen können, daß der ganze Zyklus – bestehend aus *kaiko*, anschließendem Kampf, Pflanzen des *rumbim*, Waffenstillstand, Aufzucht einer neuen Schweineherde, Ausreißen des *rumbim* und neuem *kaiko* – kein reines Psychodrama von Schweinezüchtern ist, die in regelmäßigen Abständen durchdrehen. Jeder Bestandteil dieses Zyklus gehört zu einem komplexen, selbstregulierenden Ökosystem, das die Größe und Verteilung der menschlichen und der tierischen Population bei den Tsembaga erfolgreich an die vorhandenen Ressourcen und Produktionsmöglichkeiten anpaßt.

Die zentrale Frage für das Verständnis der Schweineliebe bei den Maring lautet: Wie wird entschieden, wann genug Schweine für einen angemessenen Dank an die Ahnen vorhanden sind? Die Maring selbst waren außerstande anzugeben, wie viele Jahre verstrichen oder wie viele Schweine vorhanden sein mußten, damit ein angemessenes *kaiko* veranstaltet werden konnte. Daß man sich auf der Basis einer bestimmten Zahl von Tieren oder Jahren einigt, ist so gut wie ausgeschlossen, weil die Maring keinen Kalender kennen und in ihrer Sprache nur bis drei zählen können.

Das *kaiko* von 1963, dessen Zeuge Rappaport war, fing an, als die Tsembaga-Sippe über 169 Schweine verfügte und etwa 200 Mitglieder umfaßte. Die Bedeutung, die diesen Zahlen im Rahmen der alltäglichen Arbeitsroutine und der Siedlungsmuster zukommt, bildet den Schlüssel zum Verständnis der Länge des Zyklus.

Bei den Maring ist die Schweinezucht wie auch der Anbau von Jams, Taro und Süßkartoffeln hauptsächlich Aufgabe der Frauen. Die Ferkel werden zusammen mit den menschlichen Säuglingen herumgetragen, wenn die Frauen zur Gartenarbeit gehen. Nach der Säugezeit werden die Tiere von ihren Besitzerinnen so abgerichtet, daß sie wie Hunde hinter ihnen hertrotten. Wenn sie vier oder fünf Monate alt sind, läßt man sie im Wald frei herumlaufen und sich ihre Nahrung selbst suchen, bis sie abends von ihren Herrinnen nach Hause gerufen werden und ihre tägliche Futterration erhalten, die aus Essensresten oder minderwertigen Süßkartoffeln und Jamswurzeln besteht. Je größer und zahlreicher ihre Schweine werden, desto schwerer müssen die Frauen arbeiten, um ihnen ihr abendliches Futter geben zu können.

Solange der *rumbim* in der Erde wurzelte, standen die Tsembaga-Frauen nach Rappaports Beobachtung unter beträchtlichem Druck, so schnell wie möglich ihre Gärten zu erweitern, größere Mengen Süßkartoffeln und Jams anzupflanzen und die Zahl der Schweine zu vermehren, um noch vor dem Feind „genug" Schweine für das nächste *kaiko* zusammenzuhaben. Ausgewachsene Schweine wiegen ungefähr 135 Pfund, und damit übertreffen sie das Durchschnittsgewicht eines erwachsenen Maring. Selbst unter Berücksichtigung ihrer eigenen täglichen Nahrungssuche bedeutet ihre Fütterung für die jeweilige Besitzerin nicht weniger Arbeit als die Versorgung eines erwachsenen Menschen. Als im Jahr 1963 der *rumbim* ausgerissen wurde, hatten die ehrgeizigeren unter den Tsembaga-Frauen für das Äquivalent von sechs hundertfünfunddreißigpfündigen Schweinen zu sorgen, während sie außerdem noch für sich selbst und ihre Familie im Garten arbeiten, Essen kochen, Kinder pflegen, Säuglinge herumschleppen und Gegenstände des täglichen Lebens wie Tragnetze, Faserschurze und Lendentücher verfertigen mußten. Rappaport schätzt, daß allein die Sorge für sechs Schweine 50 Prozent der gesamten Energie verschlingt, die eine gesunde, gutgenährte Maring-Frau täglich aufbringen kann.

Die Zunahme des Bestands an Schweinen geht normalerweise mit einem Wachstum der menschlichen Bevölkerung einher, zumal bei den Gruppen, die im vorangegangenen Krieg siegreich geblieben sind. Schweine und Menschen müssen sich aus denselben Gärten ernähren, die durch Hack- und Brandrodung dem tropischen Wald abgewonnen werden, der die Hänge der Bismarck Mountains bedeckt. Wie bei vergleichbaren Gartenkultursystemen in anderen tropischen Regionen hängt auch bei den Gärten der Maring die Fruchtbarkeit von dem Stickstoff ab, der durch die Asche der Brandrodung in den Boden gelangt. Diese Gärten können nicht länger als zwei oder drei Jahre in Folge bebaut werden, weil die schweren Regengüsse den Stickstoff und andere Nährstoffe rasch aus dem Boden auswaschen. Es bleibt nichts anderes übrig, als den Ort zu wechseln und ein anderes Stück des Tropenwaldes abzubrennen. Nach etwa einem Jahrzehnt sind die alten Gärten hinlänglich von nachwachsendem Gehölz überwuchert, um erneut brandgerodet und bepflanzt werden zu können. Diese alten Gartenplätze werden bevorzugt, weil sie leichter zu roden sind als der jungfräuliche Urwald. Aber während des *rumbim*-Waffenstillstands, wenn der Schweinebestand und die Bevölkerungszahl ansteigen, hält die Erholung der alten Gärten mit dem raschen Anstieg nicht Schritt, und es müssen neue Gärten in den unberührten Teilen des Waldes angelegt werden. Es steht zwar genug unberührter Wald zur Verfügung, aber die neuen Gartenplätze stellen für jedermann eine außerordentliche Belastung dar und führen zu einer Senkung der gewohnten Ertragsquote pro Einheit der Arbeitsleistung, die von den Maring für den eigenen Unterhalt und die Fütterung ihrer Schweine erbracht wird.

Die Männer, deren Aufgabe es ist, den Platz für die neuen Gärten zu roden und abzubrennen, müssen härter arbeiten, weil die natürlich gewachsenen Bäume dickere Stämme haben und höher sind. Aber am schwersten haben es die Frauen, weil die neuen Gärten zwangsläufig weiter vom Dorfmittelpunkt entfernt liegen. Die Frauen müssen nicht nur größere Gärten bestellen, um ihre Familie und ihre Schweine ernähren zu können, sondern sie verbringen auch immer mehr Zeit damit, zur Arbeit zu marschieren, und verbrauchen immer mehr Kraft für die Aufgabe, die Ferkel und Säuglinge zwischen Dorf und Gärten hin und her zu schleppen und die schwere Last der geernteten Jamswurzeln und Süßkartoffeln heimzubringen.

Spannungen entstehen auch, weil immer größere Anstrengungen nötig sind, um die Gärten vor den Räubereien der ausgewachsenen Schweine zu schützen, die man zur Nahrungssuche frei herumlaufen läßt. Jeder Garten muß mit einem festen Zaun umgeben werden, um die Schweine von ihm fernzuhalten. Eine hungrige Sau von hundertfünfzig Pfund Lebendgewicht ist indes ein gewaltiger Gegner. Je zahlreicher die Schweineherde wird, desto häufiger werden die Zäune durchbrochen und die Gärten heimgesucht. Wird der schweinische Übeltäter vom aufgebrachten Gartenbesitzer erwischt, kann es ihn das Leben kosten. Diese unerfreulichen Vorfälle stiften Unfrieden zwischen den Nachbarn und tragen dazu bei, das allgemeine Gefühl der Unzufriedenheit zu vergrößern. Rappaport hebt hervor, daß die Vorfälle, an denen Schweine beteiligt sind, zwangsläufig noch rascher zunehmen als die Schweine selbst.

Um solche Zwischenfälle zu vermeiden und um ihren Gärten näher zu sein, gehen die Maring dazu über, ihre Behausungen auseinanderzuziehen und über ein größeres Gebiet zu verstreuen. Wegen dieser Streuung ist die Gruppe verwundbarer, wenn neue Feindseligkeiten ausbrechen. So nimmt bei allen die Nervosität zu. Die Frauen fangen an, sich über Arbeitsüberlastung zu beklagen. Sie zanken mit ihren Männern und fahren ihre Kinder an. Bald fragen sich die Männer, ob die Schweine nicht vielleicht „reichen". Sie inspizieren den *rumbim*, um zu sehen,

wie hoch er ist. Die Klagen der Frauen werden lauter, und
schließlich kommen die Männer mit beachtlicher Ein-
mütigkeit und ohne langes Schweine-Zählen zu dem
Schluß, daß der Augenblick für das *kaiko* gekommen ist.
Im Jahr des *kaiko*, 1963, schlachteten die Tsembaga der
Zahl nach drei Viertel und dem Gewicht nach sieben Ach-
tel ihrer Schweine. Ein Großteil des Fleisches wurde unter
angeheirateten Verwandten und Verbündeten verteilt, die
zur Teilnahme an den einjährigen Festlichkeiten eingeladen waren. Auf dem Höhepunkt der rituellen Feiern, am
7. und 8. November 1963, schlachtete man 96 Schweine
und teilte ihr Fleisch und Fett auf direktem oder indirek-
tem Weg an ungefähr zwei- bis dreitausend Menschen
aus. Für die Tsembaga selbst blieben etwa 2500 Pfund
Fleisch und Fett, was für jeden einzelnen, gleichgültig, ob
Mann, Frau oder Kind, 12 Pfund bedeutete, und diese
Menge verschlangen sie während einer fünftägigen maß-
losen Freßorgie.

Die Maring nehmen bewußt die Gelegenheit des *kaiko*
wahr, um sich bei ihren Verbündeten für geleistete Dienste
zu revanchieren und sich ihres Beistands für künftige
kriegerische Auseinandersetzungen zu versichern. Die
Verbündeten ihrerseits nehmen die Einladung zum *kaiko*
an, weil sie dadurch Gelegenheit erhalten festzustellen, ob
ihre Gastgeber wohlhabend und mächtig genug sind, um
weitere Unterstützung zu verdienen; natürlich sind die
Bundesgenossen auch hungrig nach Schweinefleisch.

Die Gäste ziehen ihre Festkleidung an. Sie tragen Hals-
ketten aus Perlen und Muscheln, Bänder aus Kaurimuscheln um die Waden, Hüftriemen aus Orchideenfasern,
purpurgestreifte Leinentücher mit einem Saum aus Beu-
teltierfell und auf dem Steiß Massen von ziehharmonika-
förmigen Blättern, gekrönt von einer Turnüre. Ihre Köpfe
zieren Kränze aus Adler- und Papageienfedern, die mit
Orchideenstengeln, grünen Käfern und Kaurimuscheln
behängt sind; oben thront ein kompletter ausgestopfter
Paradiesvogel. Jeder Mann hat Stunden damit verbracht,

sein Gesicht mit irgendeinem originellen Muster zu bemalen, und er trägt als Nasenschmuck seine schönste Para-
diesvogelfeder zusammen mit seinem Lieblingsplättchen
oder einer Goldrandperlmuschel (*Pinctada maxima*). Gäste
und Gastgeber verbringen viel Zeit damit, sich bei Tänzen
auf der eigens hergerichteten Tanzfläche gegenseitig zu
imponieren und amouröse Verbindungen mit den zu-
schauenden Frauen wie auch Kampfgenossenschaften mit
den anderen Kriegern anzubahnen.

Über tausend Menschen drängten sich auf der Tanzfläche der Tsembaga, um an den Ritualen teilzunehmen,
auf die das große Schweineschlachten folgte, das Rappaport 1963 beobachtete. Belohnungspäckchen mit gesalze-
nem Schweinefett lagen in hohen Stapeln hinter dem Fenster eines dreiwandigen zeremoniellen Gebäudes neben
der Tanzfläche. Lassen wir Rappaport zu Wort kommen:

„Einige Männer kletterten auf das Dach des Gerüsts
und riefen von dort einer nach dem andern der Menge
den Namen und die Sippenzugehörigkeit der Männer
zu, die geehrt werden sollten. Der Mann, dem die Ehre
widerfuhr, stürzte, sobald sein Name aufgerufen
wurde, mit geschwungener Axt und brüllend auf das
Fenster zu. Seine Anhänger folgten ihm schreiend,
trommelnd und die Waffen schwingend dicht auf den
Fersen. Am Fenster stopften die Tsembaga dem Geehrten kaltes, gesalzenes Bauchfett in den Mund, zum
Dank für seine Hilfe in den letzten Kämpfen. Dann
wurde ihm durch das Fenster auch ein Paket mit Fett
für seine Gefolgsleute gereicht. Der Held, dem das
Bauchfett aus dem Mund hing, zog sich nun zurück,
dicht gefolgt von seinen singenden, brüllenden, trom-
melschlagenden, tanzenden Leuten. In rascher Folge
wurden die Namen der Geehrten aufgerufen, so daß
sich die zum Fenster stürzenden Gruppen manchmal
mit denen verknäulten, die vom Fenster zurückkamen."

Im Rahmen der grundlegenden technischen und ökologischen Lebensbedingungen der Maring findet dies alles seine praktische Erklärung. Vor allem ist angesichts der allgemeinen Fleischknappheit, von der die Ernährung der Maring bestimmt ist, ihr Heißhunger nach Schweinefleisch eine absolut verständliche Erscheinung. Auch wenn sie ihre in der Hauptsache pflanzliche Kost gelegentlich durch das Fleisch von Fröschen, Ratten und ein paar erlegten Beuteltieren ergänzen können, bleibt doch das Fleisch der Hausschweine die beste verfügbare Quelle für hochwertige tierische Fette und Proteine. Das soll nicht heißen, daß die Maring an akutem Proteinmangel leiden. Im Gegenteil, ihre Kost aus Jamswurzeln, Süßkartoffeln, Taro und anderen pflanzlichen Lebensmitteln liefert ihnen eine Vielzahl vegetabilischer Proteine, die ihren minimalen Ernährungsbedarf decken, ihn allerdings auch nicht wesentlich übersteigen. Proteine aus Schweinefleisch sind indes etwas anderes. Tierische Proteine sind durchweg konzentrierter und stoffwechselwirksamer als pflanzliche Proteine; deshalb ist für Menschengruppen, die hauptsächlich auf pflanzliche Nahrung angewiesen sind (ohne Zugang zu Käse, Milch, Eiern oder Fisch), Fleisch immer eine unwiderstehliche Verlockung.

Hinzu kommt, daß es bis zu einem gewissen Punkt durchaus ökologisch sinnvoll ist, wenn sich die Maring auf die Schweinezucht verlegen. Temperatur und Feuchtigkeit sind dafür ideal. Die Schweine gedeihen im feuchten, schattigen Lebensraum der Gebirgshänge und decken einen beträchtlichen Teil ihres Nahrungsbedarfs, wenn sie frei herumstreifen und den Waldboden durchschnüffeln. Ein völliges Schweinefleischverbot – die Lösung des Vorderen Orients – wäre unter solchen Bedingungen ein höchst irrationales und unwirtschaftliches Vorgehen.

Andererseits kann ein unbegrenztes Anwachsen des Schweinebestands nur dazu führen, daß die Schweine in ein Konkurrenzverhältnis zu den Menschen geraten. Läßt man sie überhandnehmen, überfordert die Schweinezucht

die Frauen und bedroht die Gärten, von denen das Überleben der Maring abhängt. Je stärker der Schweinebestand
wächst, um so härter müssen die Frauen arbeiten. Schließlich kommt es so weit, daß sie arbeiten, nicht um die Menschen zu ernähren, sondern um die Schweine zu füttern.
Mit der Nutzbarmachung von ungerodetem Land sinkt
die Effektivität des gesamten landwirtschaftlichen Systems. An diesem Punkt wird das *kaiko* veranstaltet, wobei
den Ahnen die doppelte Rolle zufällt, einerseits dafür zu
sorgen, daß die Schweinezucht mit größtmöglichem Eifer
betrieben wird, und aber andererseits zu verhindern, daß
die Schweinezucht die Frauen und die Gärten zugrunde
richtet. Ihre Aufgabe ist zugegebenermaßen schwieriger
als die eines Jahwe oder Allah, weil ein absolutes Tabu
immer leichter zu handhaben ist als ein partielles. Dennoch befreit der Glaube, daß möglichst bald ein *kaiko*
abgehalten werden muß, um die Ahnen bei Laune zu halten, die Maring erfolgreich von Tieren, die sich zu Schma-
rotzern ausgewachsen haben, und hilft verhüten, daß der
Schweinesegen „des Guten zu viel" wird.

Wenn die Ahnen so klug sind, warum setzen sie dann
nicht einfach bei der Zahl der Schweine, die eine Maring-
Frau aufziehen kann, eine Obergrenze fest? Wäre es nicht
besser, den Schweinebestand konstant zu halten, als zuzu-
lassen, daß er zyklisch zwischen Mangel und Überfluß
hin- und herschwankt?

Diese Alternative wäre nur dann vorzuziehen, wenn die
einzelnen Sippen der Maring kein Bevölkerungswachstum, keine Feinde, eine völlig andere Form von Landwirtschaft, eine mächtige Führung und schriftlich fixierte
Gesetze hätten – kurz, wenn die Maring keine Maring
wären. Niemand, nicht einmal die Ahnen, kann vorhersa-
gen, wie viele Schweine im jeweiligen Fall „zu viel des
Guten" sind. Der Punkt, an dem die Schweine zur Last
werden, ist nicht durch irgendein System von Konstanten
bestimmt, sondern vielmehr durch eine Reihe von Varia-
blen, die sich von Jahr zu Jahr ändern. Er hängt davon ab,

wie viele Menschen es in der Gesamtregion und in jeder Sippe gibt, in welcher körperlichen und seelischen Verfassung sie sind, wie groß ihr Territorium ist, über welche Fläche an sekundärem Waldbewuchs sie verfügen und in welchem Zustand sich die feindlichen Gruppen der benachbarten Gebiete befinden oder welche Absichten sie hegen. Die Ahnen der Tsembaga können nicht einfach dekretieren „ihr sollt vier Schweine halten, und damit basta", weil sich nicht garantieren läßt, daß auch die Ahnen der Kundugai, Dimbagai, Yimgagai, Tuguma, Aundagai, Kauwasi, Monambant und aller übrigen sich an diese Zahl gebunden fühlen. Sämtliche Gruppen stehen im Kampf miteinander, um sich ihren Anteil an den Ressourcen des Landes zu sichern. Kriege und Kriegsdrohungen sind die Probe auf die Durchsetzbarkeit der jeweiligen Ansprüche. Der unersättliche Hunger der Ahnen nach Schweinefleisch ist eine Konsequenz dieser kriegerischen Erprobung, denen die Sippen der Maring ihre Ansprüche unterwerfen müssen.

Damit die Ahnen zufrieden sind, müssen größte Anstrengungen unternommen werden, nicht nur so viele Lebensmittel wie möglich zu erzeugen und anzuhäufen, sondern dem Akkumulierten mehr noch die Gestalt der Schweineherde zu geben. Auch wenn diese Anstrengungen dazu führen, daß in periodischen Abständen zu viel Schweinefleisch produziert wird, verbessern sie die Überlebenschancen der Gruppe und erhöhen ihre Fähigkeit, ihr Territorium zu verteidigen.

Sie tun das auf mehrfache Weise. Erstens hat das Bemühen, die Schweinefleischsucht der Ahnen zu befriedigen, zur Folge, daß während des ganzen *rumbim*-Waffenstillstands die Proteinaufnahme der Gruppe ein höheres Niveau erreicht, und das läßt die Menschen größer, gesünder und kräftiger werden. Indem die Ahnen mit dem Ende des Waffenstillstands das *kaiko* verknüpfen, sorgen sie außerdem dafür, daß während der Zeit der größten sozialen Belastung – in den Monaten unmittelbar vor Aus-

bruch der Feindseligkeiten zwischen den Gruppen –
reichliche Mengen hochwertiger Fette und Proteine konsumiert werden. Indem sie große Mengen zusätzlicher
Nahrung in der Form von ernährungspraktisch wertvol-
lem Schweinefleisch auf die hohe Kante legen, sind
schließlich die Sippen der Maring imstande, in der Zeit, in
der es am nötigsten ist, nämlich ebenfalls unmittelbar vor
Kriegsausbruch, Verbündete zu gewinnen und zu belohnen.

Die Tsembaga und ihre Nachbarn kennen genau den
Zusammenhang zwischen erfolgreicher Schweinezucht
und kriegerischer Stärke. Anhand der Zahl von Schweinen, die beim *kaiko* geschlachtet werden, können sich die
Gäste ein genaues Bild von der Gesundheit, Tatkraft und
Entschlossenheit der Gastgeber machen. Eine Gruppe, die
keine Schweineherde zustande bringt, wird sich wahrscheinlich auch in der Verteidigung ihres Territoriums
nicht hervortun, und deshalb ist sie für starke Bundesgenossen unattraktiv. Die Vorstellung, daß auf dem
Schlachtfeld Niederlagen drohen, wenn die Ahnen beim
kaiko unzureichend mit Schweinefleisch versorgt werden,
ist kein bloßer Aberglaube. Rappaport versichert – zu
Recht, wie ich meine –, daß in einem grundlegenden ökologischen Sinn der Schweineüberschuß einer Gruppe über
ihre ökonomische und militärische Stärke Auskunft gibt
und ihre territorialen Ansprüche stützt oder widerlegt.
Mit anderen Worten, das ganze System resultiert in einer
rationellen Verteilung der Pflanzen, Tiere und Menschen
des Gebiets – rationell aus Sicht der menschlichen Ökolo-
gie.

Ich bin sicher, daß vielen Lesern jetzt die Entgegnung
auf der Zunge liegt, die Liebe zum Schwein sei anpas-
sungsfeindlich und schrecklich unrationell, weil sie an
den periodischen Ausbruch von Kriegen gebunden ist.
Wenn Krieg etwas Irrationales sei, dann müsse es auch
das *kaiko* sein. Auch hier wieder möchte ich der Versuchung widerstehen, alles auf einmal erklären zu wollen.

Im nächsten Kapitel werde ich die höchst weltlichen Gründe für die Kriege der Maring erörtern. Im Augenblick will ich nur hervorheben, daß an den Kriegen nicht die Liebe zum Schwein schuld ist. Millionen von Menschen, die noch nie in ihrem Leben ein Schwein zu Gesicht bekommen haben, führen Kriege; und der Abscheu vor dem Schwein hat weder im Altertum noch in neuerer Zeit die Völker des Vorderen Orients erkennbar friedfertiger im Umgang miteinander gemacht. Wenn wir als sicher annehmen, daß Krieg in der menschlichen Geschichte und Vorgeschichte gang und gäbe ist, können wir das ingeniöse System nur bewundern, das die „Wilden" Neuguineas ausgetüftelt haben, um dafür zu sorgen, daß die Waffen möglichst lange ruhen. Schließlich müssen sich die Tsembaga nicht vor einem Angriff fürchten, solange der *rumbim* des Nachbarn in der Erde steckt. Von Völkern, die Raketen statt *rumbims* in den Boden pflanzen, läßt sich das gleiche sagen, aber auch nicht mehr.

Krieg bei den Primitiven

Angesichts der Kriege, die verstreut lebende primitive Stammesgruppen wie die Maring miteinander führen, drängt sich die Frage auf, ob an den menschlichen Lebensformen nicht etwas prinzipiell Krankhaftes ist. Wenn moderne Nationalstaaten gegeneinander in den Krieg ziehen, zerbrechen wir uns oft den Kopf über den genauen Grund dafür, aber an plausiblen unterschiedlichen Erklärungen, zwischen denen wir wählen können, herrscht normalerweise kein Mangel.

In den Geschichtsbüchern findet man reichlich Schilderungen von Kriegen, die wegen der Verfügung über Handelswege, Rohstoffe, billige Arbeitskräfte oder große Märkte geführt wurden. So bedauerlich die Kriege der heutigen Großmächte sein mögen, unerforschlich sind sie nicht. Für die derzeitige nukleare Entspannung, die auf der Annahme beruht, daß dem Kriegführen irgendeine Art von rationaler Gewinn- und Verlustbilanz zugrunde liegt, ist diese Differenz entscheidend. Wenn die USA und die Sowjetunion (beziehungsweise deren Nachfolgestaaten) gleichermaßen fürchten müssen, bei einem nuklearen Angriff mehr zu verlieren als zu gewinnen, ist es unwahrscheinlich, daß die eine oder andere Seite zur Lösung ihrer Probleme einen Krieg vom Zaun bricht. Aber von diesem System läßt sich nur dann erwarten, daß es einen Atomkrieg verhindert, wenn Kriege ganz allgemein von praktischen und säkularen Bedingungen abhängig sind. Falls Kriege aus irrationalen und unergründlichen Motiven geführt werden, kann auch die Wahrscheinlichkeit einer Selbstvernichtung die Menschen nicht vom Krieg-

führen abhalten. Falls Kriege, wie manche meinen, primär
geführt werden, weil der Mensch „kriegslustig", seiner
Natur nach „aggressiv" ist, weil er ein Tier ist, das aus
Lust, aus Ruhmbegier, aus Rachsucht oder aus reinem
Blutdurst und Drang zur Gewalt tötet, dann Gute Nacht.
In den modernen Versuchen zu erklären, warum Primiti-
ve Krieg führen, überwiegt die Tendenz, sich auf irrationale und unergründliche Motive zu berufen. Da es beim
Krieg für die Beteiligten um Leben und Tod geht, scheint
es aberwitzig zu bezweifeln, daß die Kämpfenden wissen,
warum sie in den Kampf ziehen. Aber ob es um Kühe,
Schweine, Kriege oder Hexen geht, die Antworten auf
unsere Rätselfragen finden wir nicht im Bewußtsein der
Beteiligten. Die Kriegführenden selbst erfassen nur selten
die systemimmanenten Gründe und Konsequenzen ihrer
Kampfhandlungen. Im Zweifelsfall erklären sie den Krieg
in der Weise, daß sie ihre persönlichen Gefühle und Erwartungen schildern, die sie unmittelbar vor Ausbruch der
Kampfhandlungen hegen. Wenn ein Jívaro zu einer Kopf-
jagd aufbricht, freut er sich auf die Gelegenheit, eine feindliche Seele zu fangen; der Krieger bei den Crow-Indianern
giert danach, den Leichnam des getöteten Feindes zu be-
rühren, um seine Furchtlosigkeit unter Beweis zu stellen;
andere Krieger werden von Rachegedanken angetrieben,
wieder andere vom Gedanken an den Genuß menschlichen Fleisches.

Diese exotischen Begierden sind real genug, aber sie
sind eher Wirkung als Ursache des Krieges. Sie mobilisieren die menschliche Gewaltbereitschaft und tragen dazu
bei, kriegerisches Verhalten zu erzeugen. Wie der Rinderkult und die Liebe zum Schwein hat auch der Krieg bei
den Primitiven seine praktischen Gründe. Primitive Völker ziehen in den Krieg, weil ihnen für bestimmte Probleme alternative Lösungen fehlen, Lösungen, die weniger
Leid und vorzeitigen Tod implizieren.

Wie viele andere primitive Gruppen begründen die
Maring ihre Kriegshandlungen mit der Notwendigkeit,

erlittene Gewalt zu rächen. In allen Fällen, die Rappaport registrierte, begannen Sippen, die zuvor befreundet waren, sich gegenseitig umzubringen, nachdem sie sich bestimmter Untaten beschuldigt hatten. Die Provokationen, die am häufigsten angeführt wurden, waren: Entführung von Frauen, Vergewaltigungen, Abschuß eines in die Gärten eingedrungenen Schweins, Erntediebstahl und Todesfälle oder Krankheiten, die durch Magie bewirkt worden waren.

Hatte der Krieg zwischen zwei Maring-Sippen erst einmal Todesopfer gefordert, so gab ihnen das für alle Zukunft einen Vorwand, die Kämpfe wieder aufzunehmen. Jeder Tod auf dem Schlachtfeld war für die Verwandten des Opfers eine unauslöschliche Kränkung und ließ sie nicht ruhen, bis sie sich durch den Tod eines Gegners gerächt hatten. Jede Runde im Kampf lieferte hinlänglich Grund für die nächste, und oft zogen die Krieger der Maring mit einem brennenden Verlangen in die Schlacht, bestimmte Mitglieder der feindlichen Gruppe umzubringen – die vielleicht zehn Jahre zuvor den Tod eines Vaters oder Bruders verschuldet hatten. Den ersten Teil der Geschichte, der die Kriegsvorbereitungen der Maring betrifft, habe ich bereits erzählt. Wenn kampflustige Sippen den heiligen *rumbim* ausgegraben haben, halten sie die großen Schweinefeste ab, und dabei bemühen sie sich, neue Verbündete zu gewinnen und die Beziehungen zu bereits befreundeten Gruppen zu festigen. Dieses *kaiko* ist ein geräuschvolles Ereignis, dessen einzelne Phasen zum Teil monatelang dauern, so daß sich für Überraschungsangriffe keine Gelegenheit ergibt. Die Maring versprechen sich tatsächlich von ihrem *kaiko*, daß es durch seine Üppigkeit den Feind demoralisiert. Beide Seiten haben schon lange vor den ersten Zusammenstößen ihre Vorbereitungen getroffen. Durch Mittelsleute einigt man sich auf ein unbewaldetes Gelände im Grenzgebiet zwischen den Kriegsgegnern als passenden Kampfplatz. Beide Seiten wirken abwechselnd daran mit, das Gelände vom

Unterholz zu befreien, und an einem verabredeten Tag beginnt der Kampf.

Ehe die Krieger zum Kampfplatz ziehen, versammeln sie sich im Kreis um ihre Kriegsschamanen, die am Feuer knien und schluchzend mit den Ahnen Zwiesprache halten. Sie schieben grüne Bambusstangen in die Flammen. Wenn die Hitze den Bambus bersten läßt, stampfen die Krieger mit den Füßen, brüllen *Ooooooo* und ziehen tanzend und singend im Gänsemarsch zum Kampfplatz. Die gegnerischen Kräfte stellen sich in Bogenschußweite an den gegenüberliegenden Seiten der Lichtung auf. Sie pflanzen ihre mannshohen Schilde auf, nehmen Deckung dahinter und brüllen Drohungen und Beschimpfungen zum Feind hinüber. Ab und zu springt ein Krieger aus der Deckung heraus, um die Gegner zu verhöhnen, und hechtet blitzschnell wieder zurück, während Pfeilschauer in seine Richtung abgeschossen werden. In dieser Phase des Kampfes sind die Verluste gering, und sobald einer ernsthaft verwundet wird, bemühen sich Verbündete in beiden Lagern um eine Beendigung der Kämpfe. Wenn die eine oder andere Seite weiter auf Vergeltung dringt, eskaliert der Kampf. Die Krieger bewaffnen sich mit Äxten und Spießen, und ihre Reihen rücken gegeneinander vor. Jetzt ist es jederzeit möglich, daß eine Gruppe auf die andere losstürzt und entschlossen ist, Tote zu machen.

Sobald einer gefallen ist, kommt es zu einem Waffenstillstand. Sämtliche Krieger bleiben für ein oder zwei Tage im Dorf, um die Begräbnisriten zu zelebrieren oder ihre Ahnen zu ehren. Aber solange beide Parteien gleich stark bleiben, kehren sie auf den Kampfplatz zurück. Je länger der Kampf dauert, um so größer wird bei den Verbündeten der Überdruß und die Versuchung, in die eigenen Dörfer zurückzukehren. Wenn sich bei der einen Gruppe mehr Bundesgenossen absetzen als bei der anderen, versucht vielleicht die stärkere die schwächere zu überrennen und vom Kampfplatz zu vertreiben. Die unterlegene Sippe rafft dann ihre bewegliche Habe zusammen und flieht in die Dörfer der Verbündeten. Die überlegenen Sippen suchen unter Umständen, mit dem Sieg vor Augen, ihren Vorteil zu nutzen und fallen nachts über das feindliche Dorf her, stecken es in Brand und bringen möglichst viele Menschen um.

Bei einem solchen Überfall verfolgen die Sieger den flüchtigen Feind nicht, sondern beschränken sich darauf, Versprengte umzubringen, Gebäude niederzubrennen, Ernten zu vernichten und Schweine wegzuführen. Neunzehn der neunundzwanzig Kriege bei den Maring, von denen wir Kenntnis haben, endeten damit, daß die eine Gruppe die andere auf diese Weise heimsuchte. Sofort nach dem Überfall kehrt die siegreiche Gruppe in ihr Dorf zurück, opfert ihre restlichen Schweine und pflanzt den neuen *rumbim*, und damit beginnt die Waffenstillstandsperiode. Der Sieger ergreift nicht direkt Besitz vom Territorium des Feindes.

Ein kriegsentscheidender Überfall, bei dem viele Menschen ums Leben kommen, kann zur Folge haben, daß eine Gruppe nie mehr in ihr früheres Gebiet zurückkehrt. Die Abstammungslinien der Geschlagenen verschmelzen mit denen ihrer Bundesgenossen und Gastgeber, während sich die Sieger und deren Verbündete ihr Gebiet aneignen. Gelegentlich überläßt die geschlagene Gruppe ihre Grenzgebiete den Verbündeten, bei denen sie Zuflucht gefunden hat. Andrew Vayda zufolge, der untersucht hat, welche Folgen die Kriege in der Region der Bismarck Mountains haben, läßt sich die besiegte Gruppe im Zweifelsfall in größerer Entfernung vom Gebiet des Feindes nieder, unabhängig davon, ob sie nun einem kriegsentscheidenden Überfall ausgesetzt war oder nicht.

Viel Aufmerksamkeit hat die Frage gefunden, ob die Kämpfe und Gebietsverschiebungen bei den Maring Resultat eines sogenannten „Bevölkerungsdrucks" sind. Wenn wir mit Bevölkerungsdruck die absolute Unfähigkeit einer Gruppe meinen, sich ihren Mindest-Kalorienbedarf zu sichern, dann ist der Begriff im Blick auf die

Region der Maring fehl am Platz. Als die Tsembaga im Jahr 1963 ihr Schweinefest abhielten, betrug die Bevölkerungszahl 200 Personen und der Schweinebestand 169 Tiere. Rappaport schätzt, daß die Tsembaga genug ungerodete Waldfläche auf ihrem Territorium besaßen, um weitere 84 Menschen (oder vierundachtzig ausgewachsene Schweine) mit Nahrung versorgen zu können, ohne dem Waldwuchs dauerhaften Schaden zuzufügen oder andere natürliche Grundlagen ihres Lebensraumes der Erosion auszusetzen. Aber ich bin dagegen, von Bevölkerungsdruck erst dann zu reden, wenn wirkliche Unterernährung statthat oder wenn nicht wiedergutzumachende Umweltschäden auftreten. Meiner Ansicht nach besteht ein Bevölkerungsdruck, sobald eine Bevölkerung sich dem Punkt nähert, an dem es zu einer Unterversorgung mit Kalorien beziehungsweise Proteinen kommt – oder sobald diese Bevölkerung in einem Tempo wächst oder konsumiert, das früher oder später die Lebenserhaltungskapazitäten des Milieus aufzehren und erschöpfen muß.

Eine Bevölkerungsdichte, bei der die Unterversorgungs- und Erosionsphänomene einsetzen, markiert die Obergrenze dessen, was die Ökologen als „Tragfähigkeit" eines Lebensraums bezeichnen. Wie die Maring verfügen die meisten primitiven Gesellschaften über institutionelle Mechanismen, um das Bevölkerungswachstum ein gut Stück, ehe es die Tragfähigkeitsgrenze überschreitet, einzuschränken und rückläufig werden zu lassen. Die Entdeckung dieser Mechanismen hat viel Verwirrung gestiftet. Da es Gruppen gibt, die ihre Bevölkerungszahl, ihre Produktion und ihren Konsum schon einschränken, noch ehe irgendwelche negativen Folgen der Überschreitung der Tragfähigkeitsgrenze erkennbar sind, haben manche Fachleute gemeint, die Einschränkungen könnten ihren Grund nicht in Bevölkerungsdruck haben. Aber wir müssen nicht erst gesehen haben, wie ein Sicherheitsventil blockiert und ein Kessel explodiert, um zu wissen, daß es das Sicherheitsventil gibt, damit es im Normalfall den Kessel vor der Explosion bewahrt.

Wie diese Ausschaltmechanismen – die das kulturelle Gegenstück zu Thermostaten, Sicherheitsventilen und Unterbrechern darstellen – Teil des Stammeslebens wurden, daran ist auch nichts sonderlich Geheimnisvolles. Es war wie bei anderen Neuerungen im Zuge der entwicklungsgeschichtlichen Anpassung: Gruppen, die solche Institutionen zur Abschaltung von Wachstum einführten oder übernahmen, hatten bessere Überlebenschancen als die anderen, die sich bedenkenlos über die Tragfähigkeitsgrenze hinwegsetzten. Krieg bei den Primitiven entspringt weder einer Laune noch dem Instinkt; er ist schlicht und einfach einer der Abschaltmechanismen, durch die sich menschliche Bevölkerungsgruppen hinsichtlich ihrer Lebensräume in einem ökologischen Gleichgewichtszustand erhalten.

Die meisten von uns sehen im Krieg das Resultat eines irrationalen Ausbruchs und deshalb eher eine Bedrohung gesunder ökologischer Verhältnisse als eine Garantie für sie. Im Kriegführen eine rationale Lösung irgendeines Problems zu sehen finden viele meiner Freunde unverzeihlich. Und doch bin ich der Ansicht, daß meine Erklärung des Kriegs bei den Primitiven als einer ökologischen Anpassung mehr Grund zum Optimismus liefert, was die Aussichten auf ein Ende der Kriege unserer Zeit betrifft, als die heutzutage beliebten Theorien vom Aggressionstrieb. Wie ich schon erwähnte, läßt sich wenig zur Verhütung von Kriegen tun, wenn diese aus angeborenen menschlichen Tötungsinstinkten folgen. Sind sie hingegen durch praktische Umstände und Beziehungen bedingt, dann können wir die Kriegsgefahr dadurch mindern, daß wir eben diese Umstände und Beziehungen ändern.

Ich möchte mich nicht als Kriegsfreund abgestempelt sehen und bitte deshalb um die Erlaubnis, folgendes Dementi abzugeben: Meine These ist, daß der Krieg bei

primitiven Völkern eine durch ökologische Anpassung
bestimmte Lebensform ist, *nicht* aber, daß der Krieg in seiner heutigen Gestalt eine ökologische Anpassungsform
ist. Dank der Atomwaffen ist heute eine Eskalation bis zur
vollständigen gegenseitigen Vernichtung möglich. Unsere
Spezies hat also ein Entwicklungsstadium erreicht, in dem
der nächste große Anpassungsfortschritt darin bestehen
muß, entweder die atomaren Waffen oder den Krieg selbst
abzuschaffen.

Die systemregulierenden oder systemerhaltenden
Funktionen des Kriegs bei den Maring lassen sich aus
einer Reihe verschiedener Indizienketten ableiten. Vor
allem wissen wir, daß der Krieg ausbricht, wenn Produktion und Konsumtion in voller Blüte stehen und die
menschliche Bevölkerung wie auch der Schweinebestand
sich nach dem Tiefstand am Ende des vorigen Krieges
wieder erholt haben. Das als Abschaltmechanismus die-
nende Schweinefest und die darauf folgenden Feindseligkeiten finden nicht in jedem Zyklus auf genau demselben Gipfelpunkt statt. Manchmal müssen Sippen ihre
territorialen Ansprüche schon auf einem niedrigeren
Niveau als in anderen Fällen geltend machen, weil der
Wiederaufbau der feindlichen Nachbarn unverhältnis-
mäßig rasant vor sich gegangen ist. Andere wiederum
zögern vielleicht ihr Schweinefest hinaus, bis sie die
Schwelle der Tragfähigkeit ihres Gebiets tatsächlich über-
schritten haben. Wichtig indes ist nicht der regulierende
Effekt des Krieges auf die Mitgliederzahl der einen oder
anderen Sippe, sondern auf die Bevölkerungsdichte der
Maring-Region insgesamt.

Der Krieg bei den Primitiven erzielt seine regulierende
Wirkung nicht primär dadurch, daß der Kampf Opfer fordert. Selbst bei Nationen, die das Töten industriell betreiben, haben Gefallenenzahlen keinen wesentlichen Einfluß
auf das Bevölkerungswachstum. Die Kriegstoten des 20.
Jahrhunderts schlagen sich im unerbittlichen Aufwärtstrend der Wachstumskurve nur als kleine Stockung nie-

der, obwohl sie Dutzende von Millionen betragen. Nehmen wir zum Beispiel Rußland: Auf dem Höhepunkt der Kämpfe und der Hungersnot im Ersten Weltkrieg und während der bolschewistischen Revolution lagen die für Friedenszeiten geschätzte Bevölkerungszahl und die tatsächliche Bevölkerungszahl der Kriegszeit nur um einige wenige Prozentpunkte auseinander. Ein Jahrzehnt nach Kriegsende hatte sich die Bevölkerungszahl in Rußland vollständig erholt und entsprach wieder der Kurve, die sie ohne Krieg und Revolution beschrieben hätte. Noch ein Beispiel: Ungeachtet der außergewöhnlich harten Kämpfe zu Lande und in der Luft stieg in Vietnam die Bevölkerungszahl während der sechziger Jahre kontinuierlich an.

Mit Blick auf Katastrophen wie den Zweiten Weltkrieg erklärt Frank Livingstone von der University of Michigan ganz unverblümt: „Wenn wir in Betracht ziehen, daß es nur etwa einmal pro Generation zu solchen Schlächtereien kommt, müssen wir unvermeidlich zu dem Schluß gelangen, daß sie keinerlei Einfluß auf Wachstum oder Umfang der Bevölkerung haben." Ein Grund dafür ist, daß die Durchschnittsfrau außerordentlich fruchtbar ist und in den fünfundzwanzig bis fünfunddreißig Jahren ihrer Gebärfähigkeit mühelos acht- oder neunmal niederkommen kann. Im Zweiten Weltkrieg blieb die Zahl aller durch den Krieg verschuldeten Todesfälle unter 10 Prozent der Gesamtbevölkerungszahl; eine leichte Erhöhung der Geburtenrate pro Frau konnte also die Einbuße in wenigen Jahren wettmachen. (Sinkende Kindersterblichkeitsraten und ein Sinken der Sterblichkeitsrate ganz allgemein halfen dabei mit.)

Wie bei den Maring die tatsächlichen Gefallenenraten aussehen, kann ich nicht sagen. Aber bei den Yanomamo, einem Stamm, der im Grenzgebiet zwischen Brasilien und Venezuela lebt und als eine der kriegerischsten primitiven Gruppen in der Welt gilt, sterben etwa 15 Prozent der Erwachsenen im Zuge kriegerischer Auseinandersetzungen. Über die Yanomamo werde ich im nächsten Kapitel noch eine ganze Menge mehr zu sagen haben. Vor allem aber darf man den Kampfeinsatz als Mittel der Bevölkerungskontrolle deshalb nicht überbewerten, weil überall auf der Welt die Männer die Hauptkriegführenden und die Hauptopfer auf dem Schlachtfeld sind. Bei den Yanomamo zum Beispiel sterben nur 7 Prozent der Frauen gegenüber 33 Prozent der Männer in den Kämpfen. Andrew Vayda zufolge hatte der blutigste Überfall bei den Maring in der unterlegenen Sippe, die dreihundert Mitglieder umfaßte, den Tod von vierzehn Männern, sechs Frauen und drei Kindern zur Folge. Die Gefallenenzahlen bei den Männern wirken sich auf das Fortpflanzungspotential von Gruppen wie den Tsembaga so gut wie gar nicht aus. Selbst wenn 75 Prozent der erwachsenen Männer in einer großen Schlacht umkämen, könnten die am Leben bleibenden Frauen den Verlust leicht binnen einer einzigen Generation wettmachen.

Wie die meisten primitiven Gesellschaften praktizieren die Maring und die Yanomamo Polygamie, das heißt, viele Männer haben mehrere Frauen. Alle Frauen werden verheiratet, sobald sie Kinder bekommen können, und bleiben es während der ganzen Zeit ihrer Gebärfähigkeit. Jeder normal zeugungsfähige Mann kann vier oder fünf fruchtbare Frauen praktisch fortlaufend schwanger halten. Wenn ein Mann bei den Maring stirbt, stehen reichlich Brüder und Neffen zur Verfügung, um die Frau in ihren Haushalt zu übernehmen. Selbst vom Subsistenzstandpunkt aus sind die meisten Männer absolut entbehrlich, und ihr Tod in der Schlacht bringt ihre Witwen und Kinder nicht in eine ausweglose Notlage. Wie im vorherigen Kapitel erwähnt, sind bei den Maring Gartenbau und Schweinezucht ohnehin hauptsächlich Aufgabe der Frauen. Das gilt für Brandrodungssysteme überall auf der Welt. Die Männer leisten zur Gartenbestellung dadurch ihren Beitrag, daß sie die Waldflächen abbrennen, aber die Frauen sind sehr wohl imstande, diese schwere Arbeit auch selber zu verrichten. Wenn es schwere Lasten zu bewegen gilt – Feuerholz oder Körbe mit Jams –, gelten in den meisten primitiven Gesellschaften die Frauen und nicht die Männer als die geeigneten „Lasttiere". Wegen des minimalen Beitrags, den die Männer zur Subsistenz leisten, ist die Gesamtproduktivität in der Landwirtschaft um so größer, je höher der Anteil der Frauen an der Bevölkerung ist. Im Hinblick auf die Nahrung gleichen die Männer den Schweinen: Sie verzehren mehr, als sie erzeugen. Wenn sich die Frauen auf die Schweinezucht statt auf die Fütterung von Männern konzentrieren könnten, würden sie sich mitsamt ihren Kindern besser ernähren.

Die Anpassungsfunktion, die der Krieg bei den Maring erfüllt, kann also nicht einfach im Effekt bestehen, den die Verluste an Menschenleben auf das Bevölkerungswachstum haben. Ich meine vielmehr, daß der Krieg durch zwei eher indirekte und weniger bekannte Auswirkungen zur Erhaltung des Ökosystems beiträgt. Die eine der beiden hat mit der Tatsache zu tun, daß lokale Gruppen infolge des Krieges gezwungen sind, ihre wichtigsten Gartenflächen im Stich zu lassen, bevor die Tragfähigkeitsgrenze erreicht ist. Die andere besteht darin, daß der Krieg die Sterblichkeitsquote der Kinder weiblichen Geschlechts erhöht und auf diese Weise ungeachtet der demographischen Bedeutungslosigkeit der männlichen Kriegsopfer eine wirksame Regulierungsfunktion in bezug auf das regionale Bevölkerungswachstum gewinnt.

Als erstes möchte ich erklären, was es mit der Räumung der Gartenflächen auf sich hat. Noch mehrere Jahre nach dem kriegerischen Überfall machen weder die Sieger noch die Besiegten Gebrauch vom zentralen Gartengebiet der unterlegenen Gruppe, das aus den besten, von sekundärem Waldwuchs überwucherten Flächen in mittlerer Höhe besteht. Auch wenn es nur vorübergehend ist, hilft dieses Brachliegenlassen die Tragfähigkeit des Gebiets zu erhalten. Als die Kundegai die Tsembaga im Jahr 1953 besiegten, zerstörten sie deren Gärten und Obstbaumhaine, entweihten die Begräbnisplätze und Schweineöfen, verbrannten die Häuser, schlachteten alle ausgewachsenen Schweine, deren sie habhaft werden konnten, und schleppten alle Ferkel in ihre eigenen Dörfer. Wie Rappaport berichtet, waren sie nicht so sehr auf Beute aus, sondern wollten mit diesen Verwüstungen den Tsembaga die Rückkehr in das Gebiet erschweren. Aus Furcht vor der Rache der Ahnengeister der Tsembaga zogen sich die Kundegai auf ihr eigenes Territorium zurück. Dort hängten sie innerhalb eines sakralen Gevierts bestimmte magische Kampfsteine in Netzbeuteln auf, die sie erst abnahmen, nachdem sie beim nächsten Schweinefest den eigenen Ahnen ihren Dank abgestattet hatten. Solange die Steine dort hingen, fürchteten sich die Kundegai vor den Ahnengeistern der Tsembaga und verzichteten darauf, das Territorium ihrer Gegner zur Anlage von Gärten und zur Jagd zu nutzen. In diesem besonderen Fall nahmen die Tsembaga selbst schließlich ihr Territorium wieder in Besitz. Bei anderen Kriegen waren es, wie gesagt, die Sieger und ihre Verbündeten, die schließlich Nutzen aus den Landflächen zogen, die nach dem Überfall zeitweilig brachgelegen hatten. Aber in jedem Fall ist der unmittelbare Effekt eines solchen Überfalls, daß intensiv genutzte Teile des Waldes brach liegenbleiben, während Gebiete, die vorher nicht genutzt wurden – die Grenzregionen des Territoriums der unterlegenen Gruppe –, zu Anbauflächen werden.

Im Hochland von Neuguinea wird wie in allen anderen tropischen Waldregionen die Regenerationsfähigkeit des Waldes gefährdet, wenn immer wieder dieselben Flächen brandgerodet werden. Wenn die Zeit zwischen den Rodungen zu kurz ist, trocknet die Erde aus und wird hart, und die Bäume können sich nicht mehr neu aussäen. Gras dringt auf die Gartenflächen vor, und der ganze Lebensraum verwandelt sich allmählich aus einem üppigen ursprünglichen Waldgebiet in eine zerklüftete, ausgewaschene Steppenregion, die für die herkömmlichen landwirtschaftlichen Anbauformen nicht mehr taugt. Von Millionen Hektar solcher Steppe in der ganzen Welt weiß man, daß sie Endstadium dieser Verlaufsform sind.

Bei den Maring hat sich die Abholzung relativ in Grenzen gehalten. Bei großen und angriffslustigen Gruppen wie den Kundegai – der Gruppe, die im Jahr 1953 den Überfall auf die Tsembaga unternahm –, gibt es einige Flächen, die endgültig in Steppe verwandelt oder mit minderwertigem Buschwald bedeckt sind. Aber die wirklich zerstörerischen Folgen eines Versuchs, dem Wald mehr Schweine und Menschen aufzubürden, als er verkraften kann, lassen sich in zahlreichen benachbarten Regionen des Hochlands von Neuguinea deutlich erkennen. Zum Beispiel zeigt eine neuere Untersuchung des Gebiets der südlichen Foré, die Arthur Sorenson von den National Institutes of Health durchgeführt hat, daß die Foré auf einer Fläche von 1000 Quadratkilometern im zentralen Bergland ihrem ursprünglichen Urwaldmilieu umfassende und irreparable Schäden zugefügt haben. Während die Besiedlung immer tiefer in den Urwald vor-dringt, ist dichtes Kunai-Gras an die Stelle der verlassenen Gärten und kleinen Dörfer getreten. Dort, wo der Gartenbau schon seit vielen Jahren betrieben wird, kann man eine allgemeine Urbarmachung des Waldes beobachten. Ich bin überzeugt, daß der rituell festgelegte Zyklus von Krieg, *rumbim*-Frieden und Schweineschlachten, den die Maring absolvieren, mit dazu beigetragen hat, ihren Lebensraum vor einem ähnlichen Schicksal zu bewahren.

Unter den bizarren Vorgängen im Verlauf des Ritualzyklus – dem Pflanzen des *rumbim*, dem Schlachten der Schweine, dem Aufhängen der magischen Kampfsteine und dem Krieg selbst – finde ich eine simple zeitliche Abstimmung ganz besonders erstaunlich. In der Gegend der Maring müssen die Gärten mindestens zehn oder zwölf aufeinanderfolgende Jahre brachliegen, damit sie ohne Gefahr der Versteppung wieder brandgerodet und

neu bepflanzt werden können. Die Schweinefeste finden
ebenfalls etwa zweimal in einer Generation beziehungsweise alle zehn oder zwölf Jahre statt. Das kann kein
bloßer Zufall sein. Ich denke also, wir haben jetzt endlich
die Antwort auf die Frage, wann die Maring genug
Schweine haben, um das Dankfest für ihre Ahnen feiern
zu können. Sie lautet: „Sie haben genug Schweine, wenn
die früheren Gartenflächen der überfallenen Gruppe wieder vom Wald überwuchert sind."

Wie die anderen Völker, die Brandrodung betreiben,
leben auch die Maring in der Weise, daß sie „den Wald
aufzehren" – Bäume verbrennen und in der Asche Feldfrüchte anpflanzen. Ihr Ritualzyklus und ihr zeremoniell
geführter Krieg schützen sie davor, zuviel Wald in zu kurzer Zeit aufzuzehren. Die überfallene Gruppe zieht sich
aus den Gebieten zurück, die topographisch am geeignet-
sten für den Gartenbau sind. Dadurch wird ein regenerati-
ver Waldwuchs in jenen gefährdeten Sektoren möglich,
aus denen Menschen und Schweine zuviel Nahrung gezogen haben. Während die überfallenen Gruppen sich bei
ihren Verbündeten aufhalten, kehren sie unter Umständen
auch zurück, um Teile ihres Territoriums zu nutzen, aber
das sind dann unbedrohte Flächen, die weit weg vom
Feind im Urwald liegen. Wenn es ihnen mit Hilfe ihrer
Verbündeten gelingt, viele Schweine zu züchten und ihre
alte Stärke zurückzugewinnen, werden sie versuchen, ihr
Gebiet wieder in Besitz zu nehmen und es wieder voll
nutzbar zu machen. Das rhythmische Hin und Her zwischen Krieg und Frieden, Stärke und Schwäche, vielen
Schweinen und wenigen Schweinen, Gärten im Zentrum
und Gärten an der Peripherie ruft bei allen benachbarten
Sippen entsprechende Schwingungen hervor. Auch wenn
die Sieger nicht sofort das Territorium ihres unterlegenen
Gegners zu besetzen suchen, pflanzen sie doch ihre Gärten in größerer Nähe zu dessen Grenze an als vor dem
Krieg. Das Wichtigste ist, daß ihr Schweinebestand drastisch reduziert worden ist, und das drosselt die Ge-

schwindigkeit, mit der sie sich der Schwelle der Überbeanspruchung des Territoriums nähern, zumindest vorübergehend. Wenn die Zahl der Schweine auf ihren Höchststand zusteuert, hängen die Sieger die magischen Kampfsteine ab, graben den *rumbim* aus und treffen Anstalten, in das herrenlose und wieder regenerierte Territorium einzudringen – friedlich, wenn die früheren Feinde immer noch zu schwach sind, um sich ihnen zu stellen, mit Vergeltungsabsichten, wenn die früheren Feinde zurückgekehrt sind.

Betrachtet man diese miteinander verschränkten Rhythmen von Menschen, Schweinen, Gärten und Wald, so läßt sich sehr wohl verstehen, warum die Schweine eine rituelle Sakralbedeutung erlangen, die andernorts mit dem Schweinsein unvereinbar scheint. Da ein ausgewachsenes Schwein genausoviel Wald auffrißt wie ein erwachsener Mensch, sorgt das Schweineschlachten am Krisenpunkt der aufeinanderfolgenden Zyklen dafür, daß sich die Menschenschlächterei in Grenzen hält. Kein Wunder, daß die Ahnen nach Schweinen gieren – müßten sie andernfalls doch ihre männlichen und weiblichen Nachkommen „fressen".

Bleibt noch ein Problem: Als die Tsembaga im Jahr 1953 aus ihrem Gebiet vertrieben wurden, suchten sie Zuflucht bei sieben Gruppen in der Gegend. In einigen Fällen nahmen die Gruppen, zu denen sie zogen, noch weitere „Flüchtlinge" aus anderen Kriegen auf, die teils vor, teils nach der Niederlage der Tsembaga stattgefunden hatten. Es könnte deshalb so aussehen, als werde die ökologische Gefahr nur vom Territorium der vertriebenen Gruppe auf andere Gebiete verlagert, weil die Flüchtlinge bald schon anfangen müßten, den Wald ihrer Gastgeber aufzuzehren. Die bloße Verschiebung von Menschen reicht also nicht aus, um die Bevölkerung davon abzuhalten, ihren Lebensraum zu zerstören. Es muß zugleich eine Möglichkeit geben, das tatsächliche Bevölkerungswachstum einzuschränken. Damit kommen wir zur zweiten Auswirkung des Krieges bei den Primitiven, von der oben die Rede war.

In den meisten primitiven Gesellschaften ist der Krieg ein wirksames Mittel der Bevölkerungskontrolle, weil die intensiven wiederholten Kämpfe zwischen den Gruppen die Aufzucht von Kindern männlichen Geschlechts wertvoller erscheinen lassen als die Aufzucht von Kindern weiblichen Geschlechts.

Je zahlreicher die männlichen Erwachsenen, um so stärker die Kriegsmannschaft, die eine auf Handwaffen angewiesene Gruppe ins Feld führen kann, und um so größer die Wahrscheinlichkeit, daß sie ihr Territorium gegen den Druck der Nachbarn behaupten kann. Nach einer demographischen Erhebung, die William T. Divale vom American Museum of Natural History bei 600 primitiven Völkerschaften durchgeführt hat, gibt es dort in den Altersgruppen der Kinder und Jugendlichen (bis etwa ins Alter von 15 Jahren) ein auffälliges durchgängiges Übergewicht der Knaben über die Mädchen. Im Durchschnitt beträgt das Verhältnis zwischen den beiden Geschlechtern 150:100, aber in manchen Gruppen gibt es sogar doppelt so viele Knaben wie Mädchen. Bei den Tsembaga bewegt sich das Verhältnis in der Nähe des Durchschnitts von 150:100. In den Altersgruppen der Erwachsenen hingegen bewegt sich Divales Untersuchung zufolge das durchschnittliche Verhältnis zwischen Männern und Frauen auf den Gleichstand zu, was darauf hindeutet, daß die Sterblichkeitsrate bei den erwachsenen Männern höher liegt als bei den Frauen.

Der Tod im Kampf ist die wahrscheinlichste Ursache für die höhere Sterblichkeitsrate der Männer. Bei den Maring liegt die Zahl der männlichen Kriegsopfer bis zu zehnmal höher als die der weiblichen. Aber was ist der Grund dafür, daß im Kindes- und Jugendlichenalter das Verhältnis umgekehrt ist?

Zur Antwort verweist Divale auf den offenen Kindsmord, den viele primitive Gruppen an weiblichen Säuglingen verüben. Weibliche Neugeborene werden erdrosselt oder einfach im Busch ausgesetzt. Aber häufiger noch wird der Kindsmord verdeckt praktiziert und gewöhnlich von denen bestritten, die ihn verüben – so wie auch die hinduistischen Bauern leugnen, daß sie ihre Rinder umbringen. Wie das ungleiche Zahlenverhältnis zwischen Ochsen und Kühen in Indien ist auch die Diskrepanz zwischen den Sterblichkeitsraten männlicher und weiblicher Säuglinge normalerweise Folge einer Vernachlässigung der Pflege des weiblichen Säuglings und nicht so sehr eines direkten Angriffs auf sein Leben. Bereits eine kleine Ungleichbehandlung der Säuglinge durch die Mutter in bezug auf Ernährung und Schutz mag im kumulativen Effekt das ganze Ungleichgewicht im Zahlenverhältnis der Geschlechter erklären.

Nur ein außerordentlich machtvolles System kultureller Faktoren kann die Praxis des Mordes an weiblichen Säuglingen und die Vorzugsbehandlung begründen, die männliche Säuglinge erfahren. Streng biologisch gesehen sind Frauen wertvoller als Männer. Die meisten Männer sind für die Fortpflanzung überflüssig, da ein einziger Mann ausreicht, um Hunderte von Frauen zu schwängern. Nur Frauen können Nachkommen in die Welt setzen, und nur Frauen können sie aufziehen (in Gesellschaften, die keine Babyflaschen und keine Flaschennahrung als Ersatz für die Muttermilch kennen). Wenn es schon im Blick auf die Säuglinge so etwas wie geschlechtliche Diskriminierung gibt, dann würde man erwarten, daß die männlichen Kleinkinder die Opfer wären. Aber es ist genau umgekehrt. Dieses Paradox ist noch schwerer verständlich, wenn wir einräumen, daß Frauen physisch und geistig imstande sind, ohne jede Hilfe durch Männer alle grundlegenden Aufgaben der Produktion und Selbsterhaltung zu bewältigen. Frauen können die gleichen Arbeiten wie Männer verrichten, wenn auch vielleicht mit etwas geringerer Effizienz, wo rohe Kraft gebraucht wird. Sie können mit Pfeil und Bogen jagen, können fischen, Fallen stellen und Bäume fällen, sofern man ihnen erlaubt und Gelegenheit gibt, es zu lernen. Sie können schwere Lasten tragen und tun das auch, und sie verrichten überall auf der Welt Garten- und Feldarbeit. In Pflanzkulturen auf Brandrodungsbasis, wie sie die Maring betreiben, sind Frauen die Hauptnahrungsproduzenten. Sogar bei Jägervölkern wie den Buschmännern sorgt die Arbeit der Frauen für über zwei Drittel der Nahrungsmittel. Was die Unpäßlichkeiten im Zusammenhang mit Menstruation und Schwangerschaft betrifft, so weisen die Vorkämpferinnen der heutigen Frauenbewegung ganz zu Recht darauf hin, daß sich in den meisten Berufen und Produktionsprozessen diese „Probleme" durch geringfügige Veränderungen im Arbeitsablauf leicht lösen lassen. Die Behauptung, daß die Arbeitsteilung zwischen den Geschlechtern biologisch begründet sei, ist barer Unsinn. Solange nicht alle Frauen einer Gruppe zur selben Zeit dieselben Schwangerschaftsstadien durchlaufen, lassen sich die ökonomischen Aufgaben, die als natürliches Vorrecht der Männer gelten – wie Jagen oder Viehhüten –, sehr wohl auch von den Frauen allein erledigen.

Die einzige menschliche Tätigkeit, abgesehen vom Geschlechtsleben selbst, für die Männer unentbehrlich sind, ist der kriegerische Konflikt, der mit Handwaffen ausgetragen wird. Im Durchschnitt sind Männer größer, schwerer und muskulöser als Frauen. Männer können einen längeren Speer schleudern, einen stärkeren Bogen spannen und eine dickere Keule schwingen. Männer können auch schneller laufen – beim Angriff gegen den Feind und bei der Flucht vor ihm. Wenn einige Wortführerinnen der Frauenbewegung geltend machen, daß es auch möglich ist, Frauen für den Kampf mit Handwaffen auszubilden, so ändert das nichts an der Tatsache, daß jede primitive Gruppe, die den Frauen statt den Männern die Aufgabe der Kriegsführung übertrüge, einen großen Fehler beginge. Eine solche Gruppe handelte mit Sicherheit selbstmörderisch; auf der ganzen Welt ist kein einziges verbürgtes Beispiel dafür bekannt.

Der Krieg verkehrt den relativen Wert des Beitrags, den Männer und Frauen jeweils zum Überleben der Gruppe leisten. Da er einer möglichst hohen Zahl von kampfbereiten Männern vorrangige Bedeutung verschafft, zwingt er, die Aufzucht weiblicher Mitglieder einzuschränken. Dieser Punkt und nicht der Kampf selbst macht aus dem Krieg ein wirksames Mittel der Bevölkerungskontrolle. Jeder Maring weiß, daß die Ahnen denjenigen helfen, die sich selbst helfen, indem sie so viele Männer wie möglich aufs Schlachtfeld schicken und dort kampfbereit halten. Ich neige also entschieden zu der Ansicht, daß der ganze Ritualzyklus ein schlauer „Trick" ist, mit dem die Ahnen die Maring dazu bringen, Schweine und Männer statt Frauen großzuziehen, um auf diese Weise den Wald vor der Abholzung zu schützen.

Im Zuge meiner Erörterung der praktischen Gründe für den Krieg bei den Primitiven muß ich mich nun noch der Frage stellen, warum denn nicht weniger gewalttätige Mittel angewandt werden, um die Bevölkerungszahl der Gruppen unter der Tragfähigkeitsgrenze zu halten. Wären die Tsembaga nicht besser und ihr Lebensraum genauso gut bedient, wenn sie einfach mit Hilfe irgendeiner Form von Geburtenkontrolle ihre Bevölkerungszahl beschränkten? Darauf muß ich mit Nein antworten, denn bevor im 18. Jahrhundert das Kondom erfunden wurde, gab es nirgendwo sichere, relativ angenehme und wirksame Techniken der Empfängnisverhütung. Das effektivste „friedliche" Mittel, die Bevölkerungszahl zu beschränken, war früher, abgesehen vom Kindsmord, die Abtreibung. Viele primitive Völker wissen, wie man durch die Einnahme des einen oder anderen giftigen Gebräus eine Abtreibung herbeiführen kann. Bei anderen wird die schwangere Mutter angewiesen, den Bauch mit einem Streifen Tuch einzuschnüren. Wenn alles andere fehlschlägt, legt sich die Schwangere auf den Rücken, und eine Freundin springt ihr mit voller Wucht auf den Unterleib. Diese Methoden sind ziemlich effektiv, aber sie haben den kleinen Schönheitsfehler, daß sie fast genausooft die werdende Mutter umbringen wie den Embryo.

Mangels sicherer und wirksamer empfängnisverhütender Mittel und Abtreibungtechniken müssen sich die primitiven Völker mit ihren institutionalisierten Methoden zur Bevölkerungskontrolle an die bereits lebenden Individuen halten. Kinder – je jünger, desto besser – sind da die logischen Opfer, erstens weil sie sich nicht wehren können, zweitens weil gesellschaftlich und materiell noch wenig in sie investiert worden ist, und drittens weil die emotionalen Bindungen an Kinder leichter zu zerreißen sind als die zwischen Erwachsenen.

Wem meine Argumente zynisch oder „unzivilisiert" vorkommen, der möge nachlesen, wie es im 18. Jahrhundert in England zuging: Alkoholisierte Mütter ließen zu Zehntausenden ihre Säuglinge in die Themse fallen oder wickelten sie in die Kleider von Pockenopfern, deponierten sie in Abfallfässern, legten sich im Vollrausch auf sie und sannen auf andere Mittel, das Leben ihrer Kinder direkt oder indirekt zu verkürzen. Uns hält heute nur ein unglaubliches Maß an Selbstgerechtigkeit und Borniertheit davon ab zuzugeben, daß der Kindsmord in den unterentwickelten Ländern immer noch in gigantischem Ausmaß praktiziert wird; dort sind Todesraten von einem Viertel der Neugeborenen im ersten Lebensjahr gang und gäbe.

Die Maring machen das Beste aus einer schlimmen Situation – die vor der Entwicklung wirksamer Verhütungsmittel und sicherer frühzeitiger Abtreibungen das allgemeine Los der Menschheit war. Sie sorgen dafür oder dulden jedenfalls, daß die Säuglingssterblichkeit bei den weiblichen Säuglingen höher ist als bei den männlichen. Würden die weiblichen Säuglinge nicht nachteilig behandelt, müßten viele männliche Säuglinge dem Erfordernis der Bevölkerungskontrolle geopfert werden. Der Krieg, der dafür sorgt, daß die Aufzucht einer möglichst großen Zahl von Männern Vorrang erhält, ist der Grund dafür, daß die Überlebensrate bei den männlichen Säuglingen höher ist als bei den weiblichen. In einem Satz zusammengefaßt: Der Krieg ist der Preis, den primitive Gesellschaften dafür zahlen, daß sie unter Bedingungen, die eine Aufzucht von Töchtern nicht zulassen, Söhne großziehen. Unsere Untersuchung zeigt den Krieg bei den Primitiven als Teil einer Anpassungsstrategie unter bestimmten technischen, demographischen und ökologischen Voraussetzungen. Um zu verstehen, warum bewaffnete Konflikte in der Geschichte der Menschheit eine so häufige Erscheinung waren, brauchen wir nicht auf angebliche Killerinstinkte, unergründliche Motive oder schieren Mutwillen zurückzugreifen. Und weil das so ist, haben wir allen Grund zu hoffen, daß die Menschheit, sobald sie durch Krieg mehr zu verlieren droht, als sie mit seiner Hilfe gewinnen kann, andere Wege zur Lösung von Konflikten zwischen den einzelnen Gruppen finden wird.

4

Der wilde Mann

Kindsmord an weiblichen Säuglingen ist eine Ausdrucksform männlicher Vorherrschaft. Ich meine, es läßt sich zeigen, daß auch andere Ausdrucksformen männlicher Vorherrschaft ihren Ursprung in den praktischen Erfordernissen kriegerischer Auseinandersetzung haben. Wenn wir erklären wollen, wie es beim Menschen zu einer Rangordnung der Geschlechter kommt, haben wir abermals die Wahl zwischen Theorien, die sich auf unveränderliche Instinkte berufen, und solchen, die den Akzent auf die Anpassung der Lebensweise an veränderliche praktische und irdische Seinsbedingungen legen. Ich neige zu der Ansicht der Frauenbewegung, daß „Anatomie kein Schicksal ist", was besagt, daß angeborene geschlechtliche Unterschiede nicht begründen können, warum im häuslichen, ökonomischen und politischen Bereich Privilegien und Macht zwischen den Geschlechtern so ungleich verteilt sind. Die Vertreterinnen der Frauenbewegung leugnen nicht, daß die Lebenserfahrungen andere sind, wenn man über Eierstöcke statt über Hoden verfügt. Sie bestreiten nur, daß die sexuellen, ökonomischen und politischen Vorrechte, die Männer genießen, in der biologischen Natur der Geschlechter liegen.

Sieht man einmal vom Kinderkriegen und den damit zusammenhängenden geschlechtlichen Eigentümlichkeiten ab, so folgt die gesellschaftliche Rollenzuweisung nicht automatisch aus den biologischen Unterschieden zwischen Mann und Frau. Nur aufgrund der Kenntnis menschlicher Anatomie und Biologie ließe sich die soziale Unterordnung des weiblichen Geschlechts unter das männliche nicht vor-

hersagen, und zwar deshalb nicht, weil die menschliche
Spezies insofern im Tierreich eine einzigartige Stellung einnimmt, als bei ihr das Entsprechungsverhältnis zwischen
angeborener anatomischer Ausstattung und den Formen
der Selbsterhaltung und Selbstverteidigung fehlt. Nicht
weil wir das mächtigste Gebiß, die schärfsten Klauen, den
tödlichsten Stachel oder die dickste Schwarte haben, sind
wir die gefährlichste Spezies in der Welt, sondern weil wir
uns mit tödlichen Werkzeugen und Waffen auszurüsten
verstehen, die der Aufgabe von Zähnen, Klauen, Stacheln
und Häuten besser entsprechen als jede bloß biologische
Vorrichtung. Unser hauptsächlicher biologischer Anpas-
sungsmodus ist die Kultur, nicht die Anatomie. Daß die
Männer die Frauen einfach deshalb beherrschen, weil sie
größer und schwerer sind, ist ebenso unplausibel, wie es
unsinnig ist zu erwarten, daß Rinder oder Pferde sich zu
Herren über die Menschen aufwerfen, nur weil das Ge-
wichtsverhältnis zwischen diesen Tieren und einem Durch-
schnittsmann das Dreißigfache des Gewichtsverhältnisses
zwischen Mann und Frau beträgt. In den menschlichen Gesellschaften ist entscheidend für die Machtstellung der Geschlechter nicht deren Körpergröße oder ihr natürliches
Durchsetzungsvermögen, sondern die Verfügung über die
technischen Mittel für Angriff und Verteidigung.

Hätte ich ausschließlich Kenntnis von der Anatomie
und den jeweiligen kulturellen Fähigkeiten des männlichen und des weiblichen Geschlechts, ich würde eher den
Frauen als den Männern zutrauen, die Angriffs- und Ver-
teidigungsmittel in ihre Macht zu bringen, und ich würde
vermuten, daß eher die Frauen bestimmt wären, sich die
Männer zu unterwerfen, als umgekehrt. Auch wenn mich,
zumal im Blick auf das Hantieren mit Handwaffen, die
relative Überlegenheit der Männer in Wuchs, Gewicht
und Körperkraft beeindrucken würde, wäre ich doch noch
mehr beeindruckt von einer Funktion, die den Frauen
zufällt und von der die Männer ausgeschlossen bleiben –
nämlich der Aufgabe, Kinder zur Welt zu bringen und sie

im Säuglingsalter zu ernähren und zu pflegen. Frauen führen, mit anderen Worten, in der Kinderstube das Regiment und können deshalb potentiell jede Lebensweise, von der sie sich bedroht fühlen, verändern. Es liegt in ihrer Hand, durch eine gezielte Vernachlässigung der männlichen Kleinkinder das Geschlechterverhältnis massiv zu ihren Gunsten zu verändern. Es steht auch in ihrer Macht, der Entwicklung „maskuliner" Männer dadurch entgegenzuwirken, daß sie bei den kleinen Jungen eher passives als aggressives Verhalten belohnen. Ich würde erwarten, daß die Frauen viel eher solidarische und aggressive Frauen statt der entsprechenden Männer großzögen. Ich würde des weiteren erwarten, daß die paar Männer, die pro Generation überlebten, schüchtern, gehorsam, arbeitsam und dankbar für sexuelle Gunstbeweise wären. Ich würde prophezeien, daß die Führung in den lokalen Gruppen von Frauen monopolisiert würde, daß Frauen für die schamanistischen Verbindungen zu den übernatürlichen Mächten zuständig wären und daß Gott eine SIE wäre. Schließlich würde ich als ideale und angesehenste Eheform die Polyandrie erwarten – bei der eine Frau in den Genuß der sexuellen und ökonomischen Dienste mehrerer Männer käme.

Verschiedene Theoretiker des 19. Jahrhunderts haben in der Tat angenommen, daß am Anfang der Menschheitsentwicklung solche von Frauen beherrschten Gesellschaftssysteme standen. Friedrich Engels zum Beispiel, der von den Ideen des amerikanischen Ethnologen Lewis Henry Morgan beeinflußt war, glaubte, die menschlichen Gesellschaften hätten eine matriarchale Phase durchlaufen, in der für die Abstammung ausschließlich die weibliche Linie maßgebend war und in der die Frauen politisch über die Männer herrschten. Viele Anhängerinnen der Frauenbewegung glauben noch heute an diesen Mythos und seine Fortschreibungen. Angeblich verbündeten sich die unterworfenen Männer, stürzten die Matriarchen, entrissen ihnen die Waffen und sinnen seitdem unablässig darauf, das weibliche Geschlecht auszubeuten und zu erniedrigen. Manche Frauen, die sich für diese Version begeistern, vertreten die Ansicht, das unausgewogene Macht- und Autoritätsverhältnis zwischen Männern und Frauen lasse sich nur durch eine militante Gegenverschwörung und auf dem Weg über eine Form des Guerillakriegs zwischen den Geschlechtern korrigieren.

Diese Theorie hat einen wesentlichen Fehler: Es ist kein einziges Beispiel für ein echtes Matriarchat glaubhaft nachgewiesen worden. Den einzigen Hinweis auf solch eine Phase, sieht man einmal von den antiken Amazonenmythen ab, liefert die Tatsache, daß etwa 10 bis 15 Prozent der Gesellschaften in der Welt Verwandtschaft und Abstammung ausschließlich über die Frauen herleiten. Aber die Herleitung der Abstammung über die weibliche Linie ist Matrilinearität, kein Matriarchat. Auch wenn in matrilinearen Verwandtschaftsgruppen die Frauen normalerweise relativ gut gestellt sind, fehlen doch die wesentlichen Merkmale eines Matriarchats. Die Männer, nicht die Frauen, beherrschen das wirtschaftliche, gesellschaftliche und religiöse Leben, und die Männer, nicht die Frauen, genießen das Privileg, gleichzeitig mehrere Ehepartner haben zu dürfen. Der Vater ist nicht die oberste Autorität in der Familie, aber die Mutter ist es auch nicht. Die Autoritätsperson in matrilinearen Sippen ist ein anderer Mann: der Bruder der Mutter (oder der Bruder der Großmutter mütterlicherseits oder der Sohn der Schwester der Großmutter mütterlicherseits).

So ist es das weitverbreitete Phänomen des Krieges, das die Logik durchkreuzt, in der die Matriarchatserwartung gründet. Frauen sind theoretisch in der Lage, die Männer, die sie selbst aufgezogen und sozialisiert haben, in Schranken zu halten und sogar zu beherrschen, aber die Männer, die in einem anderen Dorf oder Stamm großgeworden sind, stellen eine Herausforderung besonderer Art dar. Sobald die Männer aus irgendwelchen Gründen anfangen, die Hauptlast der Konflikte zwischen den einzelnen Gruppen zu tragen, bleibt den Frauen nichts anderes übrig, als in der eigenen Gruppe zahlreiche kampflustige Männer aufzuziehen.

Die männliche Vorherrschaft ist ein Fall von „positiver Rückkoppelung" oder, wie man es auch nennt, „Abweichungsverstärkung" – ähnlich wie der Vorgang, durch den das ohrenzerreißende Pfeifen in Lautsprecheranlagen entsteht, die ihre eigenen Signale aufnehmen und dann verstärkt wiedergeben. Je kampflustiger die Männer, um so mehr Krieg und um so größer der Bedarf an solchen Männern. Und je kampflustiger die Männer sind, um so stärker nimmt auch ihre sexuelle Aggressivität zu, um so mehr beuten sie die Frauen aus und um so häufiger trifft man Polygynie – die Verfügung eines Mannes über mehrere Frauen – an. Die Polygynie wiederum verschärft die Knappheit an Frauen, verstärkt die Frustration bei den jüngeren Männern und erhöht ihre Bereitschaft, in den Krieg zu ziehen. Der Prozeß eskaliert, bis ein qualvoller Extremzustand erreicht ist; Frauen werden verachtet und als Säuglinge umgebracht, was die Männer dazu zwingt, in den Krieg zu ziehen und Frauen zu erbeuten, um noch mehr aggressive Männer in die Welt setzen zu können.

Um den Zusammenhang zwischen männlichem Chauvinismus und Krieg zu verstehen, schauen wir uns am besten die Lebensweise einer bestimmten Gruppe dieser primitiven kriegerischen Sexisten an. Ich habe dafür die Yanomamo ausgesucht, eine Gruppe von etwa 10 000 Indios, die im Grenzgebiet zwischen Brasilien und Venezuela leben. Ihr Hauptethnograph, Napoleon Chagnon von der Pennsylvania State University, hat die Yanomamo das „grimmige Volk" genannt. Alle Beobachter, die je mit ihnen in Berührung kamen, stimmen darin überein, daß sie zu den aggressivsten, kriegerischsten und am stärksten von den Männern bestimmten Gesellschaften der Welt gehören.

Wenn ein normaler Yanomamo volljährig wird, ist er bereits mit Wunden und Narben aus unzähligen Streitereien, Zweikämpfen und Kriegszügen bedeckt. Obwohl die Yanomamo-Männer die Frauen verachten, brüsten sie sich ständig mit wirklichen oder phantasieentsprungenen Handlungen, die sich um Frauen drehen: um Ehebruch und gebrochene Versprechen, Frauen zu besorgen. Auch die Yanomamo-Frauen sind mit Narben und blauen Flecken übersät, in der Mehrzahl das Ergebnis heftiger Zusammenstöße mit Verführern, Vergewaltigern, Ehemännern. Keine Yanomamo-Frau entkommt der brutalen Überwachung durch ihren normalerweise ebenso jähzornigen wie rauschgiftsüchtigen Kriegergatten. Alle Yanomamo-Männer mißhandeln ihre Frauen. Nette Ehemänner begnügen sich mit blauen Flecken und kleineren Verstümmelungen; die wilden unter ihnen verwunden ihre Frauen und bringen sie um.

Eine beliebte Form, die Frauen zu schikanieren, besteht darin, an den Rohrstöckchen zu ziehen, die sie in den durchstochenen Ohrläppchen tragen. Ein erzürnter Ehemann zieht unter Umständen so heftig daran, daß das Ohrläppchen ausreißt. Während Chagnon dort Feldforschung trieb, ging ein Mann, der seine Frau des Ehebruchs verdächtigte, noch weiter und schnitt ihr beide Ohren ab. In einem Dorf in der Nachbarschaft hackte ein Mann mit der Machete einen Batzen Fleisch aus dem Arm seiner Frau. Die Männer erwarten, daß ihre Frauen sie und ihre Gäste bedienen und alles, was sie von ihnen verlangen, prompt und ohne Widerrede erfüllen. Kommt eine Frau den Wünschen ihres Mannes nicht rasch genug nach, kann es passieren, daß er sie mit einem Feuerholzknüppel verprügelt, mit der Machete nach ihr schlägt oder ihren Arm mit einem glühenden Stück Holz versengt. Wenn er wirklich zornig ist, schießt er ihr möglicherweise einen Pfeil mit Widerhaken in die Wade oder ins Hinterteil. Chagnon berichtet von einem Fall, wo der Pfeil fehlging, der Frau in den Bauch fuhr und sie an den Rand des Todes brachte. Ein Mann namens Paruriwa geriet in Rage, weil seine Frau sich für seinen Geschmack nicht schnell genug bewegte, griff eine

Axt und schlug damit nach ihr. Sie duckte sich und rannte
schreiend hinaus. Paruriwa warf die Axt hinter seiner Frau
her, aber sie sauste an ihrem Kopf vorbei. Er setzte ihr dann
mit der Machete nach und brachte ihr eine klaffende
Wunde an der Hand bei, ehe der Dorfhäuptling sich ins
Mittel legen konnte.

Man findet auch jede Menge völlig unprovozierter Gewalt gegen Frauen. Chagnon meint, dies habe damit zu
tun, daß die Männer sich gegenseitig ihre Fähigkeit beweisen müßten, tödliche Angriffe zu führen. Es hebt das
„Image" eines Mannes, wenn er seine Frau in der Öffentlichkeit mit einem Knüppel verdrischt. Frauen sind auch
häufig als Sündenböcke willkommen. Ein Mann, der ein
Ventil für den großen Zorn suchte, den er auf seinen Bruder hatte, erschoß statt dessen die eigene Frau; er wollte
sie nur verletzen, aber der Pfeil ging fehl und tötete sie.

Frauen, die vor ihren Männern weglaufen, können von
ihren männlichen Sippengenossen nur begrenzt Schutz
erwarten. Die meisten Ehen kommen dadurch zustande,
daß Männer ihre Schwestern tauschen. Der Schwager
eines Mannes ist im Zweifelsfall sein engster und wichtigster Verwandter. Diese Männer verbringen viel Zeit gemeinsam, blasen sich gegenseitig rauscherzeugendes Pul-
ver in die Nasenlöcher und liegen zusammen in derselben
Hängematte. Chagnon berichtet von einem Fall, wo der
Bruder einer weggelaufenen Frau seine Schwester mit der
Axt schlug – so zornig war er auf sie, weil sie sein kame-
radschaftliches Verhältnis zu ihrem Mann störte.

Ein wichtiger Aspekt der männlichen Vorherrschaft bei
den Yanomamo ist das Monopol der Männer auf den
Gebrauch von Rauschmitteln. Durch Einnahme dieser
Drogen (die gängigste namens *ebene* wird aus einer
Dschungelrebe gewonnen) kommen die Männer in den
Genuß übernatürlicher Erscheinungen, die den Frauen
unzugänglich bleiben. Dank dieser Erscheinungen können
Männer Schamanen werden, Geister beschwören und
böse Mächte beherrschen. Das Einatmen von *ebene* hilft

den Männern auch dabei, sehr starke Schmerzen auszuhalten und bei Zweikämpfen und Überfällen ihre Angst zu überwinden. Die scheinbare Unempfindlichkeit gegen Schmerzen, die sie an den Tag legen, wenn sie darin wetteifern, sich gegenseitig vor die Brust oder auf den Kopf zu schlagen (davon wird in Kürze noch die Rede sein), dürfte eine Folge der analgetischen Wirkung dieser Drogen sein. Bevor sie ohnmächtig werden oder in Teilnahmslosigkeit verfallen, bieten die Männer, die „auf dem Trip sind", einen furchterregenden Anblick. Aus ihrer Nase tropft grüne Rotze, sie geben merkwürdige Knurrgeräusche von sich, gehen auf allen Vieren und kommunizieren mit unsichtbaren Dämonen.

Wie in der jüdisch-christlichen Tradition der Fall, bemühen auch die Yanomamo zur Begründung ihres männlichen Chauvinismus einen Ursprungsmythos. Am Anfang, erzählen sie, gab es nur kampflustige Männer, die aus dem Blut des Mondes entstanden waren. Unter diesen ursprünglichen Männern gab es einen namens Kanaborama, dessen Beine schwanger wurden. Aus Kanaboramas linkem Bein kamen Frauen und aus seinem rechten Bein kamen weibische Männer – jene Yanomamo, die sich vor Zweikämpfen scheuen und in der Schlacht feige sind.

Wie andere männerherrschaftlich bestimmte Kulturen halten auch die Yanomamo Menstruationsblut für übel und gefährlich. Wenn ein Mädchen seine erste Monatsblutung hat, wird es in einen speziell dafür angefertigten Bambuskäfig gesperrt und muß fasten. Später muß die Frau sich jedesmal während der Monatsregel von den anderen absondern und allein im Schatten der Hütte hocken.

Bei den Yanomamo werden die Frauen von Kindesbeinen an in die Rolle des Opfers gedrängt. Wenn ein Mädchen von seinem kleinen Bruder geschlagen wird, darf es nicht zurückschlagen, sonst bestraft man es. Kleine Jungen dagegen werden nie bestraft, wenn sie jemanden schlagen. Die Väter bei den Yanomamo brüllen vor Ver gnügen, wenn ihre zornigen vierjährigen Söhne sie ins Gesicht schlagen.

Wie aber, wenn Chagnons Schilderung der Geschlechterrollen bei den Yanomamo teilweise Niederschlag der männlichen Voreingenommenheit des Ethnographen selbst wäre? Glücklicherweise waren die Yanomamo auch Forschungsobjekt einer Frau. Judith Shapiro von der University of Chicago hebt ebenfalls die wesentlich passive Rolle der Yanomamo-Frauen hervor. Ihr zufolge sind bei Eheschließungen die Männer eindeutig die Austauschenden und die Frauen die Ausgetauschten. Den Yanomamo-Ausdruck für Heirat übersetzt sie mit „etwas wegschleppen" und den für Scheidung mit „etwas wegwerfen". Sie berichtet, daß Mädchen bereits im Alter von acht oder neun Jahren anfangen, ihre Männer zu bedienen; sie schlafen in ihrer Nähe, folgen ihnen überall hin und bereiten ihnen das Essen zu. Ein Mann versucht unter Umständen sogar, mit seiner achtjährigen Braut geschlechtlich zu verkehren. Shapiro war Zeuge furchtbarer Szenen, bei denen kleine Mädchen ihre Sippengenossen anflehten, sie den Männern, denen sie versprochen waren, wieder wegzunehmen. In einem Fall wurden einer widerstrebenden Braut die Arme ausgekugelt, als ihre eigenen Verwandten und die ihres Mannes in entgegengesetzter Richtung an ihr zerrten.

Chagnon erklärt, die Yanomamo-Frauen erwarteten, von ihren Männern mißhandelt zu werden, und beurteilten ihre Stellung als Ehefrau danach, wie oft sie von ihren Männern kleinere Abreibungen erhielten. Einmal war er zugegen, als sich zwei junge Frauen über ihre Narben am Kopf unterhielten. Die eine meinte, der Mann der anderen müsse sehr viel für sie übrig haben, weil er ihr so oft eins über den Schädel gebe. Aus eigener Erfahrung berichtet Shapiro, die Yanomamo-Frauen hätten es sehr bedenklich gefunden, daß sie so frei von Narben und blauen Flecken war. Die Frauen seien zu dem Schluß gelangt, „die Männer, mit denen ich liiert gewesen sei, hätten mich nicht richtig geliebt". Daß die Yanomamo-Frauen verprügelt werden *wollen*, können wir nicht behaupten, wohl aber, daß sie *erwarten*, verprügelt zu werden. Sie haben Schwierigkeiten, sich eine Welt vorzustellen, in denen Ehemänner weniger brutal sind.

Wie eigentümlich stark bei den Yanomamo der Männlichkeitskult ausgeprägt ist, kommt am besten in den Zweikämpfen zum Ausdruck. Zwei Männer sind bemüht, einander Schmerzen zuzufügen, die bis an die Grenze des Erträglichen gehen. Die beliebteste Form, sich gegenseitig zu traktieren, ist das Brustschlagen.

Man stelle sich eine Horde brüllender, durcheinanderlaufender Männer vor, der Körper rot und schwarz bemalt, das Haar mit weißen Federn beklebt und der Penis mit Schnüren senkrecht am Bauch hochgebunden. Sie schwingen Bogen und Pfeile, Äxte, Keulen und Macheten und rasseln und klappern mit den Waffen, die sie drohend gegeneinander erheben. Die Männer, die sich in Gastgeber und Gäste aufteilen, haben sich auf dem freien Platz in der Mitte eines Yanomamo-Dorfs versammelt, während ihre Frauen und Kinder sich unter den Dachvorsprung des kreisrunden Gemeinschaftshauses zurückgezogen haben, um von dort aus besorgt das Geschehen zu beobachten. Die Gastgeber werfen den Gästen vor, aus den Gärten gestohlen zu haben. Die Gäste brüllen, ihre Gastgeber seien knauserig und behielten die besten Eßsachen für sich. Die Gäste haben bereits ihre Abschiedsgeschenke bekommen, warum machen sie sich nicht endlich auf den Heimweg? Um sie los zu werden, fordern die Gastgeber sie also zu einem Wettkampf im Brustschlagen heraus.

Ein Krieger des Gastgeberdorfs drängt sich in die Mitte des freien Platzes. Er spreizt die Beine, legt die Hände hinter den Rücken und streckt der gegnerischen Gruppe die Brust entgegen. Ein zweiter Mann schiebt sich aus der Gruppe der Gäste vor und betritt den Kampfplatz. Er mustert gelassen seinen Gegner und läßt ihn die Haltung ändern. Er krümmt den Arm des Mannes, so daß dieser auf dem Kopf aufliegt. Er prüft noch einmal die veränderte

Haltung und nimmt eine abschließende Korrektur vor.
Nachdem er nun seinen Gegner richtig postiert hat, stellt
sich der Gast in gehörigem Abstand auf, nämlich eine
Armlänge entfernt, sucht auf der festgestampften Erde mit
den Fußspitzen nach einem möglichst sicheren Stand und
führt eine Reihe von Scheinangriffen, um Maß zu nehmen
und sein eigenes Gleichgewicht zu kontrollieren. Dann
beugt er sich wie ein Baseballwerfer nach hinten und legt
seine ganze Kraft und Körpermasse in die geballte Faust,
während er sie dem anderen zwischen Warzengegend und
Schulter gegen die Brust donnert. Der Geschlagene tau-
melt, die Knie knicken ihm ein, der Kopf wackelt, aber er
gibt keinen Laut von sich und bleibt ausdruckslos. Seine
Anhänger schreien und heulen: „Noch einer!" Das Ganze
wiederholt sich. Der erste Mann, auf dessen Brustmusku-
latur sich bereits ein gewaltiger Wulst gebildet hat, stellt
sich erneut in Positur. Sein Gegner rückt ihn zurecht, prüft
die Entfernung, beugt sich nach hinten und führt einen
zweiten Schlag gegen dieselbe Stelle. Dem Geschlagenen
knicken die Knie ein, und er sinkt zu Boden. Der Angreifer
schwenkt triumphierend den Arm über dem Kopf und
tanzt um das Opfer herum, wobei er wilde Knurrlaute aus-
stößt und die Füße so rasch bewegt, daß sie im Staub verschwinden, während seine brüllenden Anhänger die höl-
zernen Waffen klappernd gegeneinanderschlagen und aus
ihrer Hockstellung auf- und niederspringen. Die Kameraden des umgefallenen Mannes drängen ihn, noch mehr
Prügel einzustecken. Für jeden Schlag, den er empfängt,
darf er auch einen austeilen. Je mehr er austeilt, um so
wahrscheinlicher ist es, daß er seinen Gegner zum Krüppel
schlägt oder zur Aufgabe zwingt. Nach zwei weiteren
Schlägen, ist die Brust des Mannes rot und geschwollen.
Unter dem rasenden Geheul seiner Anhänger zeigt er nun
an, daß er genug hat, und fordert seinen Gegner auf, still-
zustehen und seine Ladung in Empfang zu nehmen.
    Die geschilderte Szene gibt ein Ereignis wieder, bei dem
Chagnon Zeuge war. Wie viele andere Wettkämpfe im

Brustschlagen führte auch dieser zu einer Eskalation der Gewalt, sobald die eine Gruppe die andere unterzukriegen drohte. Den Gastgebern gingen die brauchbaren Brustkörbe aus, aber sie waren dennoch nicht bereit, in Friedensverhandlungen einzutreten. Sie forderten die Gäste also zu einer anderen Art von Zweikampf heraus: dem „Seitenschlagen". Bei dieser Zweikampfform steht der eine still, während der andere ihn mit der flachen Hand direkt unterhalb der Rippen in die Seite haut. Schläge auf diese Körperstelle lähmen das Zwerchfell des Opfers, das, nach Luft schnappend, bewußtlos zu Boden sinkt. Bei dem geschilderten Ereignis brachte der Anblick der im Staub liegenden Kameraden beide Gruppen bald schon so in Harnisch, daß sie anfingen, ihre Pfeile mit vergifteten Bambusspitzen zu bestücken. Es dunkelte, und Frauen und Kinder fingen an zu jammern und zu heulen. Dann rannten sie hinter die Männer, die einen Schutzwall bildeten. Heftig atmend starrten sich Gastgeber und Gäste über den freien Platz hinweg an. Chagnon beobachtete das Geschehen, hinter einer Reihe von Bogenschützen stehend. Zu seiner unsäglichen Erleichterung sah er, wie sich die Gäste glühende Brennholzscheite schnappten und sich langsam aus dem Dorf in den schwarzen Urwald absetzten.

Manchmal kommt es bei den Zweikämpfen im Brustschlagen noch zu einer weiteren Eskalationsstufe. Die Kämpfer halten einen Stein in der Hand und teilen damit Schläge aus, die den Gegner Blut spucken läßt. Eine andere Form, sich zu unterhalten, besteht in Zweikämpfen mit der Machete. Ein gegnerisches Paar verpaßt sich abwechselnd Schläge mit der flachen Klinge der Machete. Schon ein kleiner Patzer führt zu ernsten Verletzungen und hat weitere Gewalttätigkeiten zur Folge.

Die nächsthöhere Stufe der Gewalttätigkeit bildet der Stockkampf. Wer einen besonderen Groll gegen einen anderen Mann hegt, kann diesen dazu herausfordern, ihn mit einem zweieinhalb bis drei Meter langen Stock, der die Form eines Billardqueue hat, auf den Kopf zu schlagen. Der Herausforderer steckt seinen eigenen Stock in den Boden, lehnt sich darauf und beugt den Kopf. Der Gegner packt seinen Stock am dünnen Ende und läßt das dicke Ende mit knochenzermalmender Wucht auf den dargebotenen Schädel heruntersausen. Hat er den Schlag ausgehalten, so hat der Geschlagene anschließend das Recht, dem Gegner seinerseits eins überzubraten. Chagnon berichtet, daß der typische Yanomamoschädel mit langen häßlichen Narben übersät ist. Wie bei uns die Mitglieder schlagender Verbindungen sind die Yanomamo stolz auf diese Andenken an frühere Zweikämpfe. Sie rasieren sich den Kopf, um die Narben sichtbar zu halten und reiben den kahlen Schädel mit roter Farbe ein, so daß jede einzelne Narbe deutlich hervorsticht. Wenn ein männlicher Yanomamo das Alter von vierzig erreicht, ist sein Kopf unter Umständen kreuz und quer überzogen von bis zu zwanzig großen Narben. Von oben betrachtet, sieht laut Chagnon der Schädel eines Stockkampfveteranen „wie eine Straßenkarte aus".

Zweikämpfe zwischen Männern aus demselben Dorf kommen ebenso häufig vor wie zwischen Männern aus benachbarten Dörfern. Selbst enge Verwandte tragen häufig ihre Streitigkeiten mit den Waffen aus. Chagnon erlebte mindestens einmal, daß Vater und Sohn aneinandergerieten. Der junge Mann hatte ein paar Bananen gegessen, die sein Vater zum Nachreifen aufgehängt hatte. Als der Vater den Diebstahl bemerkte, riß er, rasend vor Wut, einen Sparren aus dem Dachgebälk seiner Hütte und zerschlug ihn auf dem Kopf des Sohnes. Dieser riß seinerseits eine Stange aus dem Dach und ging damit auf den Vater los. Im Nu hatte jedermann im Dorf Partei ergriffen und drosch auf irgendeinen anderen ein. Je allgemeiner der Kampf wurde, um so mehr geriet der Anlaß in Vergessenheit; das Ergebnis waren viele wundgeschlagene Finger, verletzte Schultern und Platzwunden an den Köpfen. Zu diesen Raufereien kommt es mit schöner Regelmäßigkeit, sobald die Zuschauer größere Mengen Blut zu sehen bekommen.

Vor der bedingungslosen Bereitschaft zum Totschlag kennen die Yanomamo noch eine weitere Eskalationsstufe – den Speerkampf. Sie fertigen Speere aus Baumschößlingen von knapp zwei Metern Länge, die sie entrinden, mit roten und schwarzen Mustern verzieren und in einer langen Spitze auslaufen lassen. Mit diesen Speeren kann man Menschen ernsthaft verwunden, aber als tödliche Waffe sind sie nicht sehr wirkungsvoll.

Krieg ist der Inbegriff der Lebensform der Yanomamo. Im Unterschied zu den Maring verfügen die Yanomamo offenbar über kein Mittel, einen zuverlässigen Waffenstillstand herbeizuführen. Sie schließen reihenweise Bündnisse mit Nachbardörfern, aber die Beziehungen zwischen den Gruppen werden durch ewiges Mißtrauen, böswillige Gerüchte und übelsten Verrat beeinträchtigt. Ich habe bereits einen Eindruck davon vermittelt, wie die Bundesgenossen sich bei ihren Festen unterhalten. Bei diesen Gelegenheiten soll die Freundschaft gefestigt werden, aber auch noch die besten Verbündeten verhalten sich heftig und aggressiv, um keinen Zweifel an ihrem Wert als Bundesgenossen aufkommen zu lassen. Während des angeblich freundschaftlichen Festes wird in einem solchen Maß Imponiergehabe herausgekehrt, geprahlt und sexuell aufgetrumpft, daß bis zur Heimkehr des letzten Gastes ungewiß bleibt, wie die Sache ausgehen wird. Allen Beteiligten stehen auch sehr lebhaft bestimmte wohlbekannte Vorfälle vor Augen, bei denen gastgebende Dörfer ein geplantes Massaker an ihren Gästen begingen beziehungsweise die Gäste, weil sie dergleichen zuvorkommen wollten, ihrerseits unter den Gastgebern ein Blutbad anrichteten. Im Jahr 1950 fielen zahlreiche Angehörige des Dorfes, in dem der gerade geschilderte Wettkampf im Brustschlagen stattfand, einem solchen heimtückischen Anschlag im Rahmen eines Festes zum Opfer. Sie waren in ein zwei Tagesreisen entferntes Dorf gezogen, um ein neues Bündnis zu schließen. Die Gastgeber ließen sie tanzen, als sei alles in bester Ordnung. Später, als sie sich drinnen zur Ruhe legen wollten, wurden sie mit Beilen und Keulen angegriffen. Zwölf Mann kamen um. Als die Überlebenden aus dem Dorf stürzten, wurden sie von einer Streitmacht, die sich im Urwald versteckt hatte, erneut angegriffen. Es wurden noch weitere Männer getötet und verletzt.

Die Yanomamo leben immer in Furcht vor Verrat; sie schließen Bündnisse aufgrund der jeweils neuesten Wendungen des Kriegsglücks und nicht so sehr wegen irgendwelcher gemeinsamer politischer oder ökonomischer Interessen. Wenn ein Dorf eine ernsthafte militärische Schwächung erfährt, muß es mit wiederholten Angriffen rechnen, auch von seiten ehemaliger Bundesgenossen. Eine Gruppe, die zahlreiche Männer im Kampf verloren hat, kann nichts Besseres tun, als zu ihren Verbündeten überzusiedeln. Aber keine Gruppe gewährt aus schierer Menschenfreundlichkeit Obdach. Von der aufgenommenen Gruppe wird erwartet, daß sie als Gegenleistung für den Unterhalt und die Sicherheit, die ihr gewährt werden, den Bundesgenossen Frauen zum Geschenk macht.

Hinterhalte, heimtückische Anschläge im Rahmen von Festen und unvermutete Überfälle im Morgengrauen – das sind die typischen Formen des Krieges bei den Yanomamo. Haben sie die Phase des Imponiergehabes und der Zweikämpfe hinter sich, so ist ihr einziges Ziel, so viele feindliche Männer wie möglich zu töten und so viele feindliche Frauen wie möglich zu rauben, ohne selber irgendeinen Verlust zu erleiden. Bei einem Überfall schleichen sich die Krieger nachts heimlich an den Feind heran, und warten im Dunkel des feuchten Urwalds, ohne Feuer zu machen, fröstelnd auf die Morgendämmerung. Wenn ein Krieger ganz besonders wagemutig ist, schleicht er sich vielleicht ins feindliche Dorf und bringt einen der Schläfer in seiner Hängematte um. Andernfalls begnügen sich die Angreifer damit, die männliche Begleitung der Frauen umzubringen, die aus dem Dorf herauskommen, um am Fluß Wasser zu holen. Falls der Feind gewarnt ist und sich nur in großen Gruppen bewegt, überschütten die Angreifer das Dorf aufs Geratewohl mit einem Pfeilhagel und flüchten anschließend nach Hause, ohne sich zu informieren, welchen Schaden sie angerichtet haben. Während sich Chagnon dort aufhielt, wurde ein Dorf in fünfzehn Monaten über fünfundzwanzigmal überfallen. Daß es Chagnon gelang, unter diesen Bedingungen zu überleben, ist höchst bemerkenswert und zeugt davon, wieviel Geschick und Mut er als Ethnograph bewies.

Warum kämpfen die Yanomamo ständig? Chagnon gibt keine befriedigende Antwort darauf. Im wesentlichen akzeptiert er die Erklärung, die von den Yanomamo selbst geliefert wird. Ihnen zufolge liegen den meisten Zweikämpfen, Überfällen und sonstigen Ausbrüchen von Gewalt Streitereien um Frauen zugrunde. Frauen sind eindeutig Mangelware. Obwohl ein Viertel der Männer im Kampf umkommt, übersteigt die Zahl der Männer die der Frauen im Verhältnis von 120 zu 100. Und die Sache wird dadurch noch schlimmer, daß Häuptlinge und andere, die im Ruf besonderer Streitbarkeit stehen, bis zu vier oder fünf Frauen haben. Insgesamt haben etwa 25 Prozent der Männer zwei oder mehr Frauen. Da die Väter ihre Töchter im Kindesalter an ranghöhere, einflußreiche Personen verheiraten, um sich deren Wohlwollen zu sichern oder sich für die Frauen, die sie selber bekommen haben, zu revanchieren, sind alle geschlechtsreifen Frauen im Dorf ehelich gebunden. Das beraubt viele junge Männer im Dorf der Möglichkeit, sich anders als durch Ehebruch sexuelle Befriedigung zu verschaffen. Junge Draufgänger verabreden sich abends mit unzufriedenen oder durch Drohungen eingeschüchterten Frauen zu einem Rendezvous, zu dem sie sich am nächsten Morgen im Schutz des Urwalds treffen, wenn viele Leute das Dorf verlassen, um draußen ihre Notdurft zu verrichten.

Ein Ehemann bei den Yanomamo teilt bereitwillig seine Frauen mit jüngeren Brüdern oder mit Kameraden. Aber wer dadurch, daß er sie geliehen bekommt, Zugang zu Frauen erhält, wird zum Schuldner des Ehemanns und muß sich bei diesem mit Dienstleistungen oder mit Frauen, die er im Kampf erbeutet, revanchieren. Ein junger Mann, der sich Ansehen erwerben will, darf sich nicht in Abhängigkeit begeben; er zieht es vor, die verheirateten Frauen des Dorfes durch Schmeicheleien und Drohungen zu heimlichen Zusammenkünften zu überreden. Da die Mädchen bei den Yanomamo verheiratet werden, noch ehe sie zu menstruieren anfangen, sind alle jungen Yanomamo eifrig damit beschäftigt, ihres Nachbarn Weib zu begehren. Die Ehemänner sind wütend, wenn sie hinter einen Seitensprung ihrer Frauen kommen, nicht so sehr aus Eifersucht, sondern weil der Ehebrecher es versäumt hat, sie durch Geschenke und Dienste zu entschädigen.

Während der Überfälle auf feindliche Dörfer Frauen zu erbeuten ist eines der Hauptziele des Kriegs bei den Yanomamo. Sobald ein erfolgreicher Angreifertrupp sich vor Verfolgung sicher fühlt, werden die weiblichen Gefangenen kollektiv vergewaltigt. Nach der Rückkehr ins eigene Dorf werden die Frauen den zu Hause gebliebenen Männern übergeben und von diesen einer weiteren kollektiven Vergewaltigung unterworfen. Später weist der Trupp, der den Überfall unternommen hat, nach ausgiebigem Feilschen und Streiten die Frauen bestimmten Kriegern zu.

Eine der schrecklichsten Geschichten, die aus dem Yanomamoland zu uns gedrungen sind, hat Helena Valero erzählt, eine Brasilianerin, die im Alter von zehn Jahren einem Trupp Yanomamo, der sich auf dem Kriegszug befand, in die Hände fiel. Kurz danach begannen die Männer, in deren Gefangenschaft sie geraten war, sich untereinander zu bekämpfen. Die eine Fraktion schlug die andere in die Flucht, brachte die kleinen Kinder um, indem sie ihre Köpfe an den Felsen zerschmetterte, und schleppte die überlebenden Frauen mit nach Hause.

FAULER ZAUBER

Helena Valero verbrachte den größten Teil ihrer Kindheit
und Jugend damit, dem einen Kriegstrupp zu entfliehen,
nur um einem anderen in die Hände zu fallen, dann erneut zu fliehen, sich vor ihren Verfolgern im Urwald zu
verstecken, wieder eingefangen zu werden und durch die
Hände verschiedener Männer zu wandern. Sie wurde
zweimal von Pfeilspitzen verwundet, die mit Curare vergiftet waren, und brachte mehrere Kinder zur Welt, ehe es
ihr schließlich gelang, zu einer Missionsstation am Fluß
Orinoco zu entkommen.

Daß Frauen derart knapp sind und bereits als Mädchen
in die Ehe gegeben werden, daß Ehebruch an der Tagesordnung ist, Vielweiberei herrscht und Frauen eine bevorzugte Kriegsbeute sind – all das scheint darauf hinzudeu-
ten, daß Ursache für den Krieg bei den Yanomamo das
Sexualbedürfnis ist. Und doch gibt es da eine widerborsti-
ge Tatsache, die sich mit dieser These nicht vereinbaren
und durch sie nicht erklären läßt: die Frauenknappheit ist
künstlich erzeugt. Die Yanomamo entledigen sich regelmäßig eines großen Anteils ihrer weiblichen Neugeborenen, nicht nur dadurch, daß sie die weiblichen Säuglinge
gezielt vernachlässigen, sondern auch durch richtiggehen-
den Kindsmord.

Die Männer verlangen, daß ihr erstgeborenes Kind
männlichen Geschlechts ist. Die Frauen bringen weiblichen Säuglinge um, bis sie einen Knaben vorzeigen können. Danach kann es Neugeborenen beiderlei Geschlechts
passieren, daß sie umgebracht werden. Die Frauen erdros-
seln die Säuglinge entweder mit Weinranken, oder sie
stellen sich auf die beiden Enden eines Stockes, den sie
über den Hals des Säuglings legen, oder sie schmettern
das Kleinkind mit dem Kopf gegen einen Baum oder sie
setzen es einfach im Urwald aus, wo es sehen kann, wie es
allein zurechtkommt. Der Endeffekt dieser Kindsmorde
und anderer milderer Selektionsformen ist ein Geschlechterverhältnis, bei dem im Jugendlichenalter auf 100 weibliche Personen 154 männliche kommen. Es muß ein sehr

machtvolles Motiv sein – eine Kraft, die nicht sexueller Natur und noch stärker als der Geschlechtstrieb ist –, was die Männer dazu bringt, den Quell und Gegenstand all ihres Begehrens und Strebens zu zerstören und all die Anstrengungen auf sich zu nehmen, die es sie kostet, sich eine Frau zu beschaffen.

Die Kindsmorde und die Kriege der Yanomamo sind deshalb so schwer verständlich, weil Bevölkerungsdruck allem Anschein nach nicht existiert und Lebensmittel scheinbar im Überfluß vorhanden sind. Die Hauptkalorienquelle der Yanomamo sind die Bananen- und Kochbananenstauden, die in ihren Urwaldgärten wachsen. Wie die Maring müssen auch die Yanomamo den Urwald abbrennen, um ihre Gärten anlegen zu können. Aber Bananen und Kochbananen sind nicht wie Jamswurzeln oder Süßkartoffeln. Wir haben es hier mit mehrjährigen Pflanzen zu tun, die viele aufeinanderfolgende Jahre hindurch pro investierte Arbeitseinheit hohe Erträge abwerfen. Da die Yanomamo mitten im größten tropischen Urwald der Welt leben, droht ihr bißchen Brandrodung schwerlich, „den Wald aufzuzehren". Ein typisches Yanomamo-Dorf umfaßt nur 100 bis 200 Personen, eine Bevölkerung, die ohne weiteres in benachbarten Gärten Bananen oder Kochbananen anpflanzen könnte, ohne je den Ort wechseln zu müssen. Und doch ziehen die Yanomamo ständig um; das Tempo, in dem sie sich spalten und ihre Gärten verlegen, übertrifft das aller anderen waldbewohnenden Völkerschaften, die auf der Basis einer Rodung mittels Machete und Feuer im Amazonasgebiet leben.

Chagnon zufolge ist der Grund dafür, daß sie sich so oft spalten und so häufig den Wohnort wechseln, ihr Kampf um Frauen und der ständige Kriegszustand, in dem sie sich deshalb befinden. Ich meine, daß es der Wahrheit näher kommt zu sagen, daß sie um Frauen kämpfen und ständig Krieg führen, weil sie häufig den Wohnort wechseln. Die Yanomamo sind kein typisches Pflanzervolk auf Brandrodungsbasis. Ihre Vorfahren waren nomadisierende Jäger und Sammler, die fern von den großen Strömen in kleinen verstreuten Horden lebten, deren Hauptnahrungsquelle die Wildfrüchte des Urwalds waren. Es dürfte mit Sicherheit noch nicht allzulange her sein, daß sie anfingen, Bananen und Kochbananen zu ihren Grundnahrungmitteln zu machen, da die betreffenden Pflanzen von portugiesischen und spanischen Siedlern in die Neue Welt gebracht wurden. Bis in unsere Zeit hinein lagen die Hauptzentren der Indiobevölkerung im Amazonasgebiet entlang der großen Ströme und ihrer Zuflüsse. Stämme wie die Yanomamo lebten im Hinterland und hielten sich fern von den Völkerschaften an den Flüssen, die große feste Dörfer bewohnten und über Kanus verfügten, die ihnen hohe Mobilität verliehen. Gegen Ende des 19. Jahrhunderts fielen die letzten Flußsiedlungen der Indios dem Gummihandel und der Ausbreitung brasilianischer und venezolanischer Kolonisten zum Opfer. Die einzigen Indios, die in ausgedehnteren Teilen des Amazonasgebiets überlebten, waren die „zu Fuß umherstreifenden" Indios, deren nomadische Lebensweise sie vor den Schußwaffen und Krankheiten der Weißen bewahrte.

Bis auf den heutigen Tag finden sich unmißverständliche Anzeichen dafür, daß die Yanomamo noch vor kurzem zu Fuß nomadisierten. Obwohl ihre Siedlungen sich jetzt an den Ufern der Ströme Orinoco und Mavaca oder in deren Nähe befinden, wissen sie nicht, wie man ein Kanu baut oder paddelt. Sie fischen wen.. obwohl die dortigen Gewässer gewöhnlich reich an Fischen und Wassertieren sind. Sie verstehen auch keine Kochtöpfe anzufertigen, obwohl Kochbananen sich am besten durch Kochen zubereiten lassen. Und schießlich wissen sie auch nicht, wie man Steinbeile anfertigt, obwohl sie heute auf Stahläxte angewiesen sind, um ihre Kochbananenpflanzungen anzulegen.

Es sei mir gestattet, einen einigermaßen spekulativen Abriß der neueren Yanomamo-Geschichte zu geben. Die umherstreifenden Yanomamo, die in den abgelegenen

Bergen zwischen Venezuela und Brasilien lebten, begannen versuchsweise damit, Bananen- und Kochbananenpflanzungen anzulegen. Die Früchte führten zu einer gewaltigen Steigerung der pro Kopf verfügbaren Kalorienmenge. Das hatte zur Folge, daß auch die Bevölkerungszahl der Yanomamo zunahm – heute stellen sie eine der volkreichsten Indiogruppen im gesamten Amazonasbecken. Aber Kochbananen haben einen markanten Mangel: sie sind notorisch proteinarm. In früheren Zeiten, als die Yanomamo noch nomadisierende Jäger waren, hatten sie durch den Verzehr von Urwaldtieren ihren Proteinbedarf ohne Schwierigkeiten befriedigt. Zu ihren Beutetieren gehörten Tapire, Rehe, Pekaris, Ameisenfresser, Gürteltiere, Affen, Pakas, Agutis, Krokodile, Eidechsen, Schlangen und Schildkröten. In dem Maß, wie infolge der Ernten aus den Pflanzungen die Bevölkerungsdichte zunahm, wurden diese Tiere mit nie dagewesener Intensität gejagt. Es ist bekannt, daß Tierbestände im Urwald durch starke Jagdtätigkeit leicht vertrieben oder vernichtet werden. In den Zeiten vor dem Eindringen der Weißen konnten die Amazonasstämme mit großer Bevölkerungsdichte diese Konsequenz dadurch vermeiden, daß sie die Fischbestände ihrer heimischen Ströme ausbeuteten. Dazu aber waren die Yanomamo nicht imstande.

Jane und Eric Ross, zwei Fachleute für das Amazonasgebiet, vertreten die Ansicht, daß für die ständigen Spaltungen und Fehden bei den Yanomamo nicht überschüssige Libido, sondern Proteinknappheit verantwortlich zu machen ist. Der Meinung bin ich auch. Die Yanomamo haben „den Urwald aufgezehrt" – nicht seine Bäume, sondern seine Tiere –, und das müssen sie in Form der verstärkten Kriegstätigkeit, der Verratshandlungen, der Kindsmorde und eines brutalen Geschlechtslebens büßen.

Die Yanomamo selbst kennen für Hunger zwei Ausdrücke – der eine bezeichnet einen leeren Magen, während der andere einen vollen Magen bezeichnet, der nach Fleisch giert. Hunger nach Fleisch ist in den Liedern und

Dichtungen der Yanomamo ein ständiges Thema, und um Fleisch drehen sich ihre Feste. Wie Helena Valero von ihrer Gefangenschaft berichtete, gehört der Vorwurf, er sei als Jäger ein Versager, zu den wenigen Mitteln, die eine Frau hat, um einen Mann kleinzukriegen. Die Jäger müssen sich bei ihren Streifzügen immer weiter von ihren Dörfern entfernen, um nicht mit leeren Händen zurückzukehren. Jagdzüge von zehn oder zwölf Tagen Dauer sind nötig, um größere Beutetiere in nennenswerter Zahl zurückzubringen. Chagnon erzählt, daß er selbst an einem fünftägigen Jagdausflug in einem Gebiet teilgenommen habe, in dem „Jahrzehnte lang nicht gejagt" worden sei, ohne daß man genug Fleisch erbeutet habe, um auch nur die Teilnehmer am Jagdzug satt zu machen. Da bei den Yanomamo normalerweise ein Dorf nicht einmal eine Tagesstrecke vom Nachbardorf entfernt ist, durchstreifen Jagdexpeditionen auf dem Hin- und Rückweg zwangsläufig Jagdgründe, die von anderen Dörfern genutzt werden. Die Dörfer konkurrieren um dieselben knappen Ressourcen, und diese Ressourcen sind nicht Frauen, sondern Proteine.

Ich gebe dieser Auflösung des Rätsels vom wilden Mann den Vorzug, weil sie eine praktische Erklärung dafür liefert, warum die Yanomamo-Frauen mehr weibliche als männliche Säuglinge umbringen und auf diese Weise aktiv an ihrer eigenen Ausbeutung mitwirken. Es ist Tatsache, daß die Yanomamo-Männer Söhne lieber sehen als Töchter. Eine Frau, die keine Söhne großzieht und ihren Mann in diesem Punkt enttäuscht, fällt mit Sicherheit bei ihm in Ungnade und riskiert häufigere Prügel. Und doch glaube ich, daß die Yanomamo-Frauen das proportionale Verhältnis zwischen den Geschlechtern leicht zugunsten des eigenen Geschlechts verändern könnten, wenn das in ihrem Interesse läge. Die Frauen kommen im Urwald nieder, außerhalb des Dorfs, ohne daß Männer zugegen sind. Das bedeutet, daß sie nach der Geburt ihres ersten Sohnes gezielt die männlichen Säuglinge umbringen könnten, ohne Strafe fürchten zu müssen. Hinzu kommt, daß sie unendlich viel Gelegenheit haben, ihre sämtlichen Kinder männlichen Geschlechts gezielt zu vernachlässigen, ohne befürchten zu müssen, von ihren Männern ertappt und zur Rechenschaft gezogen zu werden.

Ich kann zumindest einen Fall anführen, der gut belegt, wie uneingeschränkt die Frauen bei den Yanomamo während des Kleinkindalters das Zahlenverhältnis der Geschlechter beeinflussen können. Chagnon erzählt, er habe einmal gesehen, wie eine „rundliche, wohlgenährte junge Mutter" Nahrung zu sich nahm (wahrscheinlich Kochbananenbrei), die ein Kleinkind leicht hätte essen können. Neben ihr saß ihr „ausgemergelter, verdreckter und halb verhungerter" zweijähriger Sohn, der immer wieder die Hand nach dem Essen ausstreckte. Chagnon fragte die Mutter, warum sie ihr Baby nicht füttere, und sie antwortete, es habe vor einiger Zeit einen bösen Durchfall gehabt und aufgehört, an der Brust zu saugen. Infolgedessen sei ihre Milch versiegt, und jetzt habe sie nichts, was sie ihm geben könne. Andere Nahrungsmittel kämen nicht in Frage, sagte sie, denn „es versteht keine andere Nahrung zu essen". Chagnon drang daraufhin in sie, „ihr Essen mit dem Kind zu teilen". Das Baby verschlang die Nahrung heißhungrig, was Chagnon zu dem Schluß brachte, daß „sie den Säugling eines allmählichen Hungertodes sterben ließ".

Der praktische Grund dafür, daß die Frauen mehr weibliche als männliche Kleinkinder systematisch umbringen oder vernachlässigen, kann nicht einfach nur in dem Zwang liegen, den die Männer auf sie ausüben. Wie das obige Beispiel deutlich macht, haben die Frauen zu häufig Gelegenheit, sich den Forderungen der Männer zu entziehen oder sie zu unterlaufen. Vielmehr ist die wirkliche Basis für das Verhalten der Yanomamo-Frauen bei der Säuglingspflege deren eigenes Interesse, mehr Jungen als Mädchen aufzuziehen. Dieses Interesse gründet in der Tatsache, daß es im Verhältnis zu den Subsistenzmöglich-

keiten, die ihr Lebensraum bietet, bereits zu viele Yanomamo gibt. Ein Zahlenverhältnis zwischen den Geschlechtern, das zugunsten der Männer ausfällt, bedeutet
mehr Proteine pro Kopf der Bevölkerung (weil die Männer Jäger sind) und ein langsameres Bevölkerungswachstum. Es bedeutet auch mehr Krieg, aber wie für die Maring ist auch für die Yanomamo Krieg der Preis, den sie
dafür zahlen müssen, daß sie in einer Situation, in der sie
Töchter nicht großziehen können, Söhne aufziehen. Nur
kommt die Yanomamo dieser Luxus teurer zu stehen, weil
sie die Tragfähigkeit ihres Lebensraumes bereits dauerhaft
geschädigt haben.

Manche Vertreterinnen der Frauenbewegung, die aner-
kennen, welche Bedeutung dem Krieg in bezug auf den
Sexismus zukommt, erklären dessen ungeachtet die Frau-
en für Opfer einer männlichen Verschwörung, weil nur
Männer den Umgang mit tödlichen Waffen beigebracht
bekämen. Warum, so fragen sie, sollten nicht auch Frauen
in kriegerischen Fertigkeiten ausgebildet werden können?
Stellte nicht ein Yanomamo-Dorf, in dem nicht nur die
Männer, sondern auch die Frauen Bogen und Keulen zu
führen verstünden, eine viel schlagkräftigere Streitmacht
dar als eines, in dem Frauen bloß in Erwartung ihres
Schicksals im Schatten kauern?

Warum sollten die Anstrengungen, Menschen brutal zu
machen, auf die Männer konzentriert sein? Warum sollte
nicht den Frauen ebenso wie den Männern beigebracht
werden können, wie man mit den Aggressionsmitteln
hantiert? Das sind wichtige Fragen. Ich meine, daß die
Antwort darauf etwas mit dem Problem zu tun hat, wie
menschliche Wesen – egal, ob männlich oder weiblich – zu
Bösartigkeit und Unbarmherzigkeit erzogen werden können. Meiner Ansicht nach gibt es zwei gesellschaftliche
Methoden, die Menschen zur Brutalität zu erziehen. Die
eine Methode besteht darin, die Brutalsten mit Nahrung,
Bequemlichkeit und körperlichem Wohlbefinden zu belohnen. Die andere besteht darin, den Brutalsten die

größten sexuellen Belohnungen und Privilegien zuteil werden zu lassen. Von diesen beiden Strategien ist die zweite wirksamer, weil der Entzug von Nahrung, Bequemlichkeit und körperlichem Wohlbefinden im Hinblick auf die Kriegstüchtigkeit kontraproduktiv ist. Die Yanomamo brauchen hochmotivierte Killer, aber um sich gesellschaftlich bezahlt zu machen, müssen sie stark und widerstandsfähig sein. Sexualität verstärkt die Konditionierung zur Brutalität am besten, weil der Entzug sexueller Befriedigung die Kampftüchtigkeit eher erhöht als senkt.

Meine Überlegungen in diesem Punkt stehen quer zu viel Pseudowissenschaft, die sich auf unsere eigenen chauvinistischen Stammesheroen wie Sigmund Freud, Konrad Lorenz und Robert Ardrey stützt. Folgt man unserer tradierten Weisheit in dieser Hinsicht, so sind Männer von Natur aggressiver und wilder, weil die männliche Sexualrolle naturgemäß aggressiv ist. Aber der Zusammenhang zwischen Sexualität und Aggression ist genauso künstlich wie der zwischen Kindsmord und Krieg. Sexualität ist nur deshalb eine Quelle aggressiver Kraft und brutalen Verhaltens, weil von männlichem Chauvinismus bestimmte Gesellschaftssysteme über sexuelle Belohnungen verfügen, um sie aggressiven Männern zuzuteilen und passiven, unaggressiven Männern vorzuenthalten.

Offen gesagt, sehe ich keinen Grund, warum nicht Frauen auf dieselbe Weise brutalisierbar sein sollen. Der Mythos von der Frau als einem kraft Instinkt passiven, sanften, mütterlichen Weibchen ist schlicht und einfach das Komplementärstück zum maskulin-chauvinistischen Mythos vom Mann, der kraft Instinkt brutal sei. Wenn nur streitbare, „vermännlichte" Frauen geschlechtliche Beziehungen zu Männern haben dürften, dann hätten wir keine Schwierigkeiten, jedermann davon zu überzeugen, daß Frauen von Natur zur Aggressivität und Brutalität neigten.

Wenn das Geschlechtsleben dazu benutzt wird, aggressives Verhalten zu mobilisieren und zu steuern, dann folgt daraus, daß nicht beide Geschlechter gleichzeitig und in gleichem Maß zur Brutalität disponiert werden können. Eines von beiden muß zur Dominanz über das andere erzogen werden. Beide können die Rolle nicht übernehmen. Erzieht man beide zur Brutalität, ist das im Wortsinn eine Aufforderung zum Geschlechterkampf. Bei den Yanomamo würde das bedeuten, daß Männer und Frauen mit Waffengewalt darum kämpften, wer wen zum Lohn für Heldentaten auf dem Schlachtfeld beherrschen dürfte. Mit anderen Worten, wenn man aus der sexuellen Befriedigung eine Belohnung für Tapferkeit macht, muß eines der Geschlechter zur Feigheit erzogen werden.

Diese Überlegungen veranlassen mich zu einer kleinen Berichtigung des Grundsatzes der Frauenbewegung, daß „die Anatomie kein Schicksal" sei. Unter bestimmten Umständen *wird* die menschliche Anatomie zum Schicksal. Soweit der Krieg das wichtigste Mittel zur Kontrolle des Bevölkerungswachstums war und soweit die technische Kriegsausrüstung hauptsächlich aus Waffen bestand, die mit der Hand geführt werden mußten, wogen zwangsläufig männlich-chauvinistische Lebensweisen vor. Insofern in unserer heutigen Welt keine dieser Bedingungen vorliegt, hat die Frauenbewegung recht, wenn sie den Niedergang dieser männlich-chauvinistischen Lebensweisen voraussagt. Wie ich hinzufügen möchte, wird das Ausmaß dieses Niedergangs und werden die Aussichten auf eine schließliche Gleichstellung der Geschlechter davon abhängen, ob in Zukunft die herkömmlichen Polizei- und Streitkräfte abgeschafft werden können. Wir wollen hoffen, daß es zu dieser Abschaffung deshalb kommt, weil Polizei- und Streitkräfte nicht mehr gebraucht werden, und nicht bloß, weil sich die Kampfmethoden so perfektioniert haben, daß Körperkraft für sie keine Rolle mehr spielt. Wir hätten die Yanomamo nicht sonderlich weit hinter uns gelassen, wenn das Endergebnis der Umwälzung im Geschlechterverhältnis darin bestünde, daß Frauen an der Spitze von Tränengaseinheiten oder in nuklearen Kommandoposten an ihrem Platz wären.

5

Potlatch

Einer der rätselhaftesten Lebensstile, die im Panoptikum der Weltethnographie zu bewundern sind, ist durch ein merkwürdiges Begehren geprägt, das man als „Geltungstrieb" zu bezeichnen pflegt. Manche Menschen scheinen nach Anerkennung zu gieren wie andere nach Fleisch. Das Rätselhafte ist nicht, daß es Menschen nach Anerkennung verlangt, sondern daß ihr Verlangen gelegentlich so übermächtig wird, daß sie anfangen, mit ihresgleichen genauso um die Anerkennung zu wetteifern, wie andere um Land oder Proteine oder Geschlechtslust miteinander konkurrieren. Manchmal wird dieser Konkurrenzkampf so heftig, daß er wie ein Selbstzweck wirkt. Er gewinnt dann den Anschein einer Obsession, die von jeder rationalen Rücksicht auf die Kosten himmelweit entfernt ist oder ihr sogar diametral zuwiderläuft.

In den Vereinigten Staaten wußte man, was Vance Packard meinte, als er die amerikanische Nation als eine statussüchtige Wettbewerbsgesellschaft charakterisierte. Die Menschen im Westen scheinen sich ihr ganzes Leben lang abzumühen, die soziale Stufenleiter hinaufzuklettern, nur um bei den anderen Eindruck zu schinden. Wir arbeiten allem Anschein nach, um die Leute mit unserem Reichtum zu beeindrucken, und nicht so sehr um des Reichtums selbst willen, der oft genug aus Chromschlitten und lästigen oder nutzlosen Dingen besteht. Es ist verblüffend, welche Anstrengungen Menschen zu unternehmen bereit sind, um, wie Thorstein Veblen meint, die Ersatzbefriedigung genießen zu können, daß man sie für Angehörige einer Klasse hält, die nicht zu arbeiten braucht. Veblens ätzendes Wort vom „demonstrativen Konsum" oder von der „demonstrativen Verschwendung" vermittelt einen zutreffenden Eindruck von dem seltsam dringlichen Bedürfnis, „es den Schmidts von nebenan zu zeigen", das hinter den unablässigen kosmetischen Veränderungen bei den Produkten der Automobil-, Geräte- und Kleidungsindustrie steckt.

Anfang dieses Jahrhunderts stellten Ethnologen überrascht fest, daß bestimmte primitive Stämme demonstrativen Konsum und demonstrative Verschwendung in einem Maße trieben, wie es nicht einmal die verschwenderischsten unter den modernen Konsumgesellschaften fertigbrachten. Man traf auf ehrgeizige Männer, die so süchtig nach Ansehen waren, daß sie einander durch riesige Feste auszustechen suchten. Die konkurrierenden Gastgeber maßen einander an der Menge des aufgebotenen Essens, und ein Fest galt nur als gelungen, wenn die Gäste sich bis zur Besinnungslosigkeit vollstopfen und so viel essen konnten, daß sie sich im Busch den Finger in den Hals stecken und übergeben mußten, um Platz für den Nachschub zu schaffen.

Die bizarrste Form dieser Geltungssucht entdeckte man bei den nordamerikanischen Indianern, die früher die Küstenregionen des südlichen Alaska, der kanadischen Provinz British Columbia und des Bundesstaats Washington bewohnten. Hier praktizierten die Geltungssüchtigen eine allem Anschein nach wahnwitzige Form des demonstrativen Konsums und der demonstrativen Verschwendung, die unter dem Namen *potlatch* bekannt ist. Beim Potlatch besteht das Ziel darin, mehr Reichtum zu verschenken oder zu zerstören als der Konkurrent. Wenn der Veranstalter des Potlatch ein mächtiger Häuptling war, konnte er versuchen, durch die Vernichtung von Lebensmitteln, Kleidung und Geld seine Rivalen zu beschämen und bei seinen Gefolgsleuten ewige Bewunderung zu ernten. Manchmal steckte einer im Streben nach Anerkennung sogar sein eigenes Haus in Brand.

Ruth Benedict hat das Potlatch durch ihr Buch *Urformen der Kultur* bekannt gemacht. Darin schildert sie seine Funktionsweise bei den Kwakiutl, den Ureinwohnern von Vancouver Island. Benedict sah im Potlatch den Ausdruck einer von Größenwahn beherrschten Lebensweise, die sie für ein Grundmerkmal der Kultur der Kwakiutl hielt. Gott hatte ihnen eben aus diesem „Becher" zu trinken gegeben, wie sie in Anlehnung an den zitierten Kwakiutl-Mythos meinte. Seitdem gilt das Potlatch als Beleg für die Behauptung, daß Kulturen die Schöpfungen unergründlicher Kräfte und gestörter Persönlichkeiten sind. Die Lektüre von *Urformen der Kultur* vermittelte Fachleuten auf vielen Gebieten den Eindruck, daß der Geltungstrieb alle Versuche ad absurdum führt, den Grund für bestimmte Lebensweisen in praktischen, irdischen Verhältnissen zu finden.

Ich möchte hier zeigen, daß dem Potlatch der Kwakiutl keine Manie und Willkür, sondern ganz bestimmte ökonomische und ökologische Bedingungen zugrunde liegen. Wenn diese Bedingungen nicht bestehen, verschaffen sich der Geltungstrieb und das Bedürfnis, bewundert zu werden, Ausdruck in völlig andersgearteten Lebensweisen. An die Stelle des demonstrativen Konsums tritt der Konsum, der kein Aufsehen erregen will; alle demonstrative Verschwendung ist verpönt, und einen Wettstreit, der von der Sucht nach Geltung bestimmt ist, gibt es nicht.

Die Kwakiutl lebten in Blockhüttendörfern in den Regenwäldern aus Zedern und Tannen unmittelbar an der Küste. Sie fischten und jagten in riesigen Einbäumen entlang der inselreichen Buchten und Fjorde von Vancouver Island. Stets eifrig darauf bedacht, Händler anzulocken, machten sie ihre Dörfer dadurch auffällig, daß sie am Strand die riesigen geschnitzten Baumstämme errichteten, die wir fälschlich als „Totempfähle" bezeichnen. Die Schnitzereien an diesen Baumstämmen symbolisierten die Titel, auf die der jeweilige Häuptling des Dorfes kraft Abstammung Anspruch erhob.

Ein Häuptling bei den Kwakiutl ruhte sich nie auf den Lorbeeren des Respekts aus, den ihm seine eigenen Gefolgsleute und benachbarte Häuptlinge zollten. Er war sich seiner Position nie sicher. Gewiß, die Familientitel, auf die er Anspruch erhob, stammten von seinen Ahnen. Aber es gab auch noch andere Leute, die ihre Abstammung von denselben Ahnen herleiteten und deshalb Grund hatten, mit ihm um die Anerkennung als Häuptling zu wetteifern. Jeder Häuptling fühlte sich deshalb verpflichtet, seine Ansprüche auf das Häuptlingsamt zu rechtfertigen und zu bekräftigen. Die hergebrachte Weise dafür bestand in der Abhaltung eines Potlatch. Jedes Potlatch wurde von einem gastgebenden Häuptling und seinen Gefolgsleuten für einen Gasthäuptling und dessen Gefolgsleute veranstaltet. Ziel des Potlatch war der Nachweis, daß der gastgebende Häuptling seine Stellung als Häuptling mit Recht innehatte und daß er höher stand als der Gasthäuptling. Diesen Nachweis führte der Gastgeber in der Weise, daß er dem rivalisierenden Häuptling und dessen Gefolgsleuten wertvolle Geschenke in großer Menge überreichte. Die Gäste bekrittelten das Empfangene und schworen, ihrerseits ein Potlatch abzuhalten, bei dem der eigene Häuptling mit noch riesigeren Mengen wertvoller Geschenke antworten werde, um zu zeigen, daß er der Größte sei.

Zur Vorbereitung eines Potlatch mußten frischer und getrockneter Fisch, Fischtran, Beeren, Tierfelle, Decken und andere Wertsachen zusammengetragen werden. Am vereinbarten Tag paddelten die Gäste zum Gastgeberdorf und ließen sich im Haus des Häuptlings nieder. Dort mästeten sie sich an Lachs und Wildbeeren, während sie von Tänzern in der Maske von Bibergöttern und Donnervögeln unterhalten wurden.

Der gastgebende Häuptling und seine Gefolgsleute türmten die Reichtümer, die verschenkt werden sollten, zu ordentlichen Stapeln auf. Die Gäste starrten mürrisch auf den Gastgeber, während er auf und ab stolzierte und damit prahlte, was er ihnen alles geben werde. Während er die Dosen mit Fischtran, die Körbe voller Beeren und die Deckenstapel aufzählte, äußerte er sich verächtlich über die Armut seiner Rivalen. Mit Geschenken beladen, durften die Gäste schließlich zu ihrem Dorf zurückrudern. Ins Herz getroffen, schworen der Gasthäuptling und seine Gefolgsleute, sich zu revanchieren. Das konnte nur dadurch geschehen, daß man die Rivalen zu einem Gegenpotlatch einlud und sie zwang, noch größere Mengen Wertsachen anzunehmen, als sie verschenkt hatten. Nimmt man alle Kwakiutl-Dörfer als Einheit, kann man feststellen, daß die Potlatch-Feste einen unablässigen Fluß von Prestige und Wertgegenständen bewirkten, der sich in die eine wie in die andere Richtung bewegte.

Ehrgeizige Häuptlinge und ihre Gefolgschaft hatten Potlatch-Rivalen in mehreren Dörfern gleichzeitig. Spezialisten für das Zählen von Besitztümern forschten aus, was nötig war, um mit den einzelnen Dörfern ins reine zu kommen. Gelang es einem Häuptling, seinen Rivalen im einen Dorf auszustechen, mußte er sich immer noch seinen Gegnern in anderen Dörfern stellen.

Beim Potlatch tat der gastgebende Häuptling Äußerungen wie die folgende: „Ich bin der eine große Baum. Bringt euren Zähler der Besitztümer, auf daß er vergeblich versuchen möge, die Besitztümer zu zählen, die weggegeben werden." Dann forderten die Gefolgsleute des Häuptlings die Gäste zum Schweigen auf und warnten sie: „Macht keinen Lärm, Stämme. Seid still, oder wir bewirken einen Felssturz aus Reichtümern unseres Häuptlings, des überhängenden Berges." Bei manchen Potlatch-Festen wurden die Decken und andere Gegenstände von Wert nicht verschenkt, sondern vernichtet. Manchmal entschlossen sich erfolgreiche Potlatch-Häuptlinge, „Tranfeste" abzuhalten, bei denen sie dosenweise Tran einer bestimmten Lachsart ins Feuer schütteten, das in der Mitte des Hauses brannte. Während die Flammen emporloderten, erfüllte dunkler fettiger Rauch den Raum. Die

Gäste saßen teilnahmslos da oder beklagten sich gar über die Kühle, die im Raum herrsche, während der Reichtumvernichter tönte: „Ich bin der einzige auf Erden – der einzige in der ganzen Welt, der diesen Rauch von Anfang bis Ende des Jahres für die Stämme aufsteigen läßt." Bei manchen Tranfesten gerieten die Dachbalken in Brand, und das ganze Haus verwandelte sich in eine Potlatch-Gabe, zur großen Beschämung der Gäste und zum Jubel der Gastgeber.

Ruth Benedict zufolge war an dem Potlatch-Brauch die obsessive Geltungssucht der Gastgeber schuld. „Gemessen an den Gepflogenheiten in anderen Kulturen, sind die Reden ihrer Häuptlinge Ausdruck schamlosen Größenwahns", schreibt sie. „Alle Unternehmungen der Kwakiutl dienten dem Zweck, sich ihren Rivalen überlegen zu zeigen." Nach ihrer Ansicht stand das gesamte ökonomische System der Eingeborenen am Nordwestpazifik „im Dienste dieses Wahns".

Ich glaube, hier irrt Benedict. Das ökonomische System der Kwakiutl stand nicht im Dienste des Wettstreits um gesellschaftliche Geltung; vielmehr stand der Wettstreit um gesellschaftliche Geltung im Dienste des ökonomischen Systems.

Abgesehen von den zerstörerischen Aspekten findet man alle wesentlichen Elemente des Schenkverhaltens der Kwakiutl auch rund um den Erdball verstreut bei anderen primitiven Gesellschaften. Im Kern ist das Potlatch ein festlicher Wettstreit, ein fast universaler Mechanismus, um die Erzeugung und Verteilung von Reichtum bei Völkerschaften sicherzustellen, die noch keine herrschende Klasse im Vollsinn des Wortes ausgebildet haben.

Melanesien und Neuguinea bieten das beste Anschauungsmaterial für diesen festlichen Wettstreit in seiner relativ ursprünglichen Form. Es gibt dort überall sogenannte Große, die ihre herausragende Stellung der Vielzahl von Festen, die jeder von ihnen während seines Lebens veranstaltet, verdanken. Jedem Fest gehen intensive Anstren-

gungen voraus, die der Anwärter auf den Status eines
Großen unternimmt, um den erforderlichen Überfluß
anzuhäufen.

Bei den kaokasprechenden Bewohnern der Salomonin-
seln zum Beispiel beginnen die geltungssüchtigen Männer
ihre Karriere damit, daß sie ihre Frau und ihre Kinder
größere Jamspflanzungen anlegen lassen. Wie vom australischen Ethnologen Ian Hogbin geschildert, bringt der
Kaoka, der ein Großer werden will, sodann seine Sippen-
und Altersgenossen dazu, ihm beim Fischfang zu helfen.
Später bittet er seine Freunde um Säue und vergrößert mit
ihnen seine Schweineherde. Von den Würfen bringt er
einen Teil der Ferkel bei seinen Nachbarn unter. Es dauert
nicht lange, bis seine Verwandten und Freunde überzeugt
davon sind, daß er Erfolg haben wird. Sie sehen seine ausgedehnten Gärten und seine große Schweineherde und
tragen mit verdoppeltem Eifer dazu bei, das kommende
Fest denkwürdig zu gestalten. Wenn er ein Großer wird,
soll der junge Kandidat sich daran erinnern, daß sie ihm
geholfen haben. Schließlich kommen sie alle zusammen
und bauen ein besonders schönes Haus. Die Männer
unternehmen einen letzten Fischzug. Die Frauen ernten
Jams und sammeln Brennholz, Bananenblätter und Kon-
kusnüsse. Wenn die Gäste eintreffen, wird (genauso wie
beim Potlatch) der Reichtum in ordentlichen Stapeln auf-
getürmt, damit ihn jedermann anschauen, zählen und
bewundern kann.

Am Tag des Festes, das von einem jungen Mann namens Atana gegeben wurde, registrierte Hogbin folgende
Posten: 250 Pfund getrockneten Fisch, 3000 Jams- und
Kokonsnußfladen, 11 große Schalen mit Jamspudding und
8 Schweine. All dies war das Ergebnis der besonderen
Arbeitsanstrengungen, die Atana organisiert hatte. Aber
auch einige Gäste brachten in der Voraussicht eines
bedeutenden Ereignisses Geschenke mit, um sie zu den
Gaben hinzuzufügen. Ihre Mitbringsel erhöhten die Gesamtmenge auf 300 Pfund Fisch, 5000 Fladen, 19 Schalen

Pudding und 13 Schweine. Atana machte sich nun daran, den Reichtum in 257 Portionen aufzuteilen, eine für jede Person, die ihm geholfen oder Geschenke mitgebracht hatte, wobei die Belohnungen verschieden groß ausfielen. „Für Atana selbst blieben nur die Reste", vermerkt Hogbin. Für Geltungssüchtige in Guadalcanal ist das der Normalfall, wie ihre stehende Redewendung bezeugt: „Der Veranstalter des Fests bekommt die Knochen und das trockene Gebäck; das Fleisch und das Fett kriegen die anderen."

Wie für den Potlatch-Häuptling sind auch für jeden Großen die Festveranstaltungen eine nicht enden wollende Pflicht. Will er nicht riskieren, auf das Niveau der Gemeinen hinabzusinken, muß er für immer neue Feste Pläne machen und Vorbereitungen treffen. Da es pro Dorf und Gemeinschaft mehrere Große gibt, führen diese Pläne und Vorbereitungen häufig zu komplizierten Formen des Wettstreits um die Unterstützung von Verwandten und Nachbarn. Die Großen arbeiten viel mehr, haben mehr Sorgen und konsumieren weniger als jeder andere. Gesellschaftliches Ansehen ist ihr einziger Lohn.

Der Große läßt sich als ein Arbeiter-Unternehmer – die Russen sprechen von Stachanowiten – beschreiben, der das Produktionsniveau hebt und damit der Gesellschaft wertvolle Dienste leistet. Dank des Geltungsstrebens des Großen arbeiten mehr Menschen schwerer und produzieren mehr Lebensmittel und andere Dinge von Wert.

Wo jeder gleichen Zugang zu den Subsistenzmitteln hat, erfüllt der in Form von Festen ausgetragene Wettstreit die praktische Aufgabe, die Arbeitskraft vor dem Rückfall auf ein Produktionsniveau zu bewahren, das keine Vorsorge für Krisenzeiten wie Kriege oder Mißernten erlaubt. Darüber hinaus schafft der festliche Wettstreit ein umfassendes System ökonomischer Erwartungshaltungen in Abwesenheit förmlicher politischer Einrichtungen, die imstande wären, die unabhängigen Dörfer in einen gemeinsamen wirtschaftlichen Rahmen einzubinden. Dadurch wird es

möglich, die produktiven Anstrengungen größerer Bevöl-
kerungseinheiten zu vereinigen, als die einzelnen Dörfer
allein aufzubieten vermögen. Schließlich wirkt sich der
festliche Wettstreit der Großen im Sinne eines selbsttäti-
gen Ausgleichsmechanismus für die alljährlichen Schwankungen in der Produktivität einer Reihe von Dörfern aus,
die in unterschiedlichen Mikromilieus liegen – an der
Küste, an der Lagune oder im Landesinneren. Die größten
Feste werden in jedem Jahr stets von solchen Dörfern veranstaltet, deren klimatische Verhältnisse – Regen, Temperatur und Luftfeuchtigkeit – für die Produktion am gün-
stigsten waren.

All das gilt auch für die Kwakiutl. Ihre Häuptlinge
waren wie die melanesischen Großen, allerdings verfügten
sie über ein viel größeres produktionstechnisches Inventar
in einer viel reicheren Umwelt. Wie die Großen wetteifer-
ten sie miteinander darum, Männer und Frauen in ihr Dorf
zu ziehen. Die größten Häuptlinge waren die größten
Wohltäter und veranstalteten das größte Potlatch. Die
Gefolgsleute des Häuptlings sonnten sich in seinem Glanz
und halfen ihm, noch mehr Ehre zu erringen. Die geschnitzten „Totempfähle" wurden von den Häuptlingen in
Auftrag gegeben. Faktisch handelte es sich dabei um riesige Litfaßsäulen, die durch ihre Höhe und ihre kraftvollen
Darstellungen verkündeten, daß sich hier ein Dorf mit
einem mächtigen Häuptling befand, der große Dinge verrichten und seine Gefolgschaft vor Hungersnot und
Krankheit bewahren konnte. Mit ihrem erblichen Anspruch auf die Wappentiere, die in den Pfahl geschnitzt
waren, beanspruchten sie faktisch die Rolle der großen
Wohltäter, die für Nahrung und Wohlergehen sorgten. Potlatch war ein Mittel, den Rivalen zu bedeuten, daß sie ein-
packen konnten beziehungsweise die Klappe halten sollten.

Trotz der wettbewerbsorientierten Stoßrichtung, die das
Potlatch nach außen hatte, fungierte es im Rahmen der
Eingeborenenkultur als ein Mittel, Lebensmittel und an-

dere Dinge von Wert aus Zentren hoher Produktivität an weniger begünstigte Dörfer abzugeben. Oder noch deutlicher gesagt: Eben die wettbewerbsorientierte Stoßrichtung war es, die den Transfer sicherstellte. Da die Fischwanderungen und die Ausbeute bei Wildfrüchten und Gemüsen unvorhersehbaren Schwankungen unterworfen waren, lagen die Potlatchwettkämpfe zwischen den einzelnen Dörfern im Interesse der Gesamtbevölkerung der Region. Wenn die Fische in den nahegelegenen Flüssen laichten und die Beeren nebenan reiften, wurden die Gäste des Vorjahres die Gastgeber des laufenden Jahres. Aus der Perspektive der Eingeborenen bedeutete Potlatch, daß jedes Jahr die Besitzenden gaben und die Habenichtse nahmen. Um Essen zu bekommen, mußte ein Habenichts bloß dem rivalisierenden Häuptling den Anspruch bestätigen, ein großer Mann zu sein.

Warum entging die praktische Basis der Potlatch-Institution der Aufmerksamkeit von Ruth Benedict? Als die Ethnologen das Potlatch zu erforschen anfingen, unterhielten die Eingeborenenvölker an der Nordwestküste des Pazifik längst Handelsbeziehungen mit Russen, Engländern, Kanadiern und Kaufleuten und Siedlern aus den Vereinigten Staaten. Diese Kontakte hatten rasch Pockenepidemien und den Ausbruch anderer europäischer Seuchen zur Folge, die einen großen Teil der Eingeborenenbevölkerung dahinrafften. Zum Beispiel ging zwischen den Jahren 1836 und 1886 die Bevölkerungszahl bei den Kwakiutl von 23 000 auf 2 000 zurück. Der Rückgang hatte automatisch eine gesteigerte Arbeitskräfte-Nachfrage zur Folge. Gleichzeitig strömten durch die von den Europäern gezahlten Löhne Reichtumsmengen in das Potlatch-System hinein, wie sie bis dahin unbekannt waren. Im Austausch gegen Tierfelle erhielten die Kwakiutl von der Hudson's Bay Company Tausende von fabrikmäßig gefertigten Decken. Bei den großen Potlatch-Festen traten diese Decken als wichtigster Geschenkartikel an die Stelle der Nahrungsmittel. Die schwindende Bevölkerung sah sich bald mit mehr Decken und Wertsachen versehen, als sie brauchen konnte. Und doch war wegen der Knappheit an Arbeitskräften die Notwendigkeit, Gefolgsleute zu gewinnen, größer denn je. Also ließen die Häuptlinge Besitztümer zerstören, in der eitlen Hoffnung, durch solche spektakulären Demonstrationen ihres Reichtums Leute in die leeren Dörfer zurückzulocken. Aber das waren Veranstaltungen einer sterbenden Kultur, die sich um die Anpassung an ein System neuer politischer und ökonomischer Verhältnisse bemühte; sie hatten wenig Ähnlichkeit mit dem Potlatch der alten Eingeborenenzeit.

Der in Form von Festen ausgetragene Wettstreit, wie ihn die Beteiligten sehen, schildern und sich vorstellen, ist etwas ganz anderes als dieser Wettstreit, wenn er als Anpassung an materiale Gegebenheiten und Zwänge betrachtet wird. In der sozialen Traumarbeit – dem Bewußtsein der Beteiligten, das die Lebensweise begleitet – ist der festliche Wettstreit Ausdruck der unersättlichen Gier des Großen oder Häuptlings nach gesellschaftlicher Anerkennung. Aber aus der Sicht, die dieses Buch pflegt, ist die unersättliche Geltungssucht umgekehrt eine Funktion des festlichen Wettstreits. Jede Gesellschaft nutzt das Bedürfnis nach Anerkennung, aber nicht jede Gesellschaft verknüpft die Anerkennung mit dem Erfolg in einem Wettstreit, bei dem es um die Veranstaltung von Festen geht.

Um den festlichen Wettstreit recht zu verstehen, muß man ihn in entwicklungsgeschichtlicher Perspektive betrachten. Große wie Atana oder die Häuptlinge der Kwakiutl sorgen für eine Form des ökonomischen Austauschs, die als Umverteilung bezeichnet wird. Das heißt, sie koordinieren die Produktionsanstrengungen vieler einzelner und verteilen dann den angehäuften Reichtum in unterschiedlichen Portionen unter eine andere Gruppe von Menschen. Wie gesagt, der Große, der bei den Kaoka als Umverteiler wirkt, arbeitet härter, macht sich mehr Sorgen und konsumiert weniger als irgendein anderer im Dorf. Das gilt nicht von den Umverteiler bei den Kwakiutl, dem

Häuptling. Die großen Potlatch-Häuptlinge übernahmen die unternehmerischen und organisatorischen Funktionen, die für die Veranstaltung eines großen Potlatch nötig sind, aber abgesehen von gelegentlichen Fischzügen oder der Jagd auf Seelöwen überließen sie die schwerste Arbeit ihren Gefolgsleuten. Die größten Potlatch-Häuptlinge hatte sogar ein paar Kriegsgefangene, die als Sklaven für sie arbeiteten. Unter dem Gesichtspunkt der Konsumprivilegien betrachtet, hatten die Häuptlinge der Kwakiutl begonnen, die Kaoka-Devise umzudrehen, und behielten etwas von dem „Fleisch und Fett" für sich, während sie „die Knochen und das trockene Gebäck" ihren Gefolgsleuten überließen.

Wenn wir die Entwicklungslinie weiterverfolgen, die von Atana, dem Arbeiterunternehmer, der sich arm schenkt, um den Ruf eines Großen zu erwerben, zu den halberblichen Häuptlingsämtern bei den Kwakiutl führt, landen wir bei staatlich organisierten Gesellschaften, die unter der Herrschaft eines erblichen Königtums stehen, das keine grundlegende Arbeit auf handwerklichem oder landwirtschaftlichem Gebiet mehr verrichtet und das meiste und beste von allem für sich behält. Auf der Ebene der großen Imperien sichern erlauchte Herrscher, die über göttliche Legitimation verfügen, durch den Bau von aufsehenerregenden Tempeln, Palästen und Großmonumenten ihren Ruhm und verteidigen ihren Anspruch auf ererbte Vorrechte gegen alle Herausforderer nicht durch Potlatch-Feste, sondern mit Waffengewalt. Gehen wir in umgekehrter Richtung, so gelangen wir von den Königen über die Potlatch-Häuptlinge und die Großen zurück zu einer egalitären Lebensweise, in der aller Aufwand und demonstrative Konsum, den konkurrierende Individuen treiben, verschwunden ist und jeder, der dumm genug ist, sich in die Brust zu werfen, der Zauberei angeklagt und gesteinigt wird.

In den wirklich egalitären Gesellschaften, die noch von Ethnologen untersucht werden konnten, weil sie lange genug bestanden, kommt Umverteilung in der Form eines festlichen Wettstreits nicht vor. Statt dessen herrscht die Austauschform, die auf dem Prinzip der Gegenseitigkeit beruht. Austausch auf Gegenseitigkeit ist der Fachausdruck für eine Form des ökonomischen Austauschs zwischen einzelnen, bei der weder die Art noch der Zeitpunkt der Gegenleistung genau festgelegt ist. Oberflächlich betrachtet macht der Austausch auf Gegenseitigkeit gar nicht den Eindruck eines Austauschs. Die Erwartungen der einen und die Verpflichtungen der anderen Partei bleiben unerklärt. Die eine Partei kann eine ganze Zeitlang die nehmende sein, ohne daß ihr dies Unbehagen bereitet oder die gebende Partei Anstoß daran nimmt. Dennoch läßt sich die Transaktion nicht als eine reine Schenkung betrachten. Es gibt einen unterschwelligen Anspruch auf die Gegenleistung, und wenn die Bilanz zwischen den beiden Parteien zu sehr aus dem Lot gerät, fängt der Gebende an zu murren und zu tratschen. Man fängt an, sich über die körperliche und geistige Gesundheit des Nehmenden Gedanken zu machen, und wenn sich die Situation nicht normalisiert, verdächtigt man schließlich den Nehmenden, von bösen Geistern besessen zu sein oder Zauberei zu üben. In egalitären Gesellschaften sind einzelne, die ständig gegen das Prinzip der Gegenseitigkeit verstoßen, im Zweifelsfall psychisch krank und bedrohen durch ihr Verhalten die Gemeinschaft, in der sie leben.

Wir erhalten eine Vorstellung davon, was Austauschakte auf Gegenseitigkeit sind, wenn wir überlegen, wie wir mit unseren engen Freunden oder Verwandten Güter und Leistungen austauschen. Für Brüder zum Beispiel gehört es sich nicht, alles, was sie für einander tun, auf Heller und Pfennig aufzurechnen. Sie dürfen sich berechtigt fühlen, die Hemden oder Plattenalben des anderen zu borgen, und dürfen ihn ohne Hemmungen um diesen oder jenen Gefallen bitten. Bei geschwisterlichen oder freundschaftlichen Beziehungen akzeptieren beide Parteien das Prinzip, daß auch durch ein unausgewogenes Geben und Nehmen das solidarische Verhältnis zwischen ihnen nicht gestört wird. Wenn wir einen Freund zum Essen einladen, dann zögern wir nicht, auch ohne Gegeneinladung dies ein zweites oder drittes Mal zu tun, ebensowenig wie er zögert, die Einladung ein zweites oder drittes Mal anzunehmen. Und doch hat auch das seine Grenzen, weil nach einiger Zeit das unerwiderte Schenken verdächtig nach Ausgebeutet-Werden riecht. Mit anderen Worten, jeder steht gern im Ruf der Großzügigkeit, aber keiner gilt gern als Trottel. Das ist genau die Verlegenheit, in die wir uns zu Weihnachten gestürzt sehen, wenn wir im Versuch, zum Prinzip der Gegenseitigkeit zurückzukehren, unsere Geschenklisten aufstellen. Das Geschenk darf nicht zu billig und nicht zu teuer sein; und gleichzeitig muß es den Eindruck machen, frei von jeder Berechnung zu sein, und deshalb entfernen wir das Preisschild.

Aber um das Prinzip der Gegenseitigkeit wirklich in Geltung zu sehen, muß man in einer egalitären Gesellschaft leben, die kein Geld kennt und in der nichts gekauft oder verkauft werden kann. Das Prinzip der Gegenseitigkeit ist das genaue Gegenteil von exakter Buchführung und Aufrechnung der wechselseitigen Schulden. Tatsächlich soll ja gerade geleugnet werden, daß einer dem anderen irgendetwas schuldet. Ob eine Lebensweise auf dem Prinzip der Gegenseitigkeit basiert oder auf etwas anderem, kann man daran erkennen, ob sich die Menschen bedanken oder nicht. In wirklich egalitären Gesellschaften gilt es als unfein, sich für Güter oder Leistungen, die man empfängt, offen dankbar zu zeigen. Wenn zum Beispiel bei den Semai in Zentralmalaysia ein Jäger an seine Jagdgefährten Fleisch in genau gleichen Portionen austeilt, bedankt sich keiner von ihnen. Robert Denton, der bei den Semai gelebt hat, stellte fest, daß es als ausgesprochen unhöflich gilt, sich zu bedanken, weil das entweder bedeutet, daß man die Größe der Fleischportion, die man erhält, taxiert oder daß man sich über den Erfolg und die Großzügigkeit des Betreffenden wundert.

Im Gegensatz zu der demonstrativen Zurschaustellung, die der Große bei den Kaoka treibt, dem großmannssüchtigen Geprahle der Potlatch-Häuptlinge und unserer eigenen Protzerei mit Statussymbolen pflegen die Semai einen Lebensstil, bei dem die Erfolgreichsten zugleich die Unauffälligsten sind. Bei ihrer egalitären Lebensweise ist das Streben nach gesellschaftlicher Geltung durch einen Umverteilungswettstreit wie auch jede Form des demonstrativen Konsums beziehungsweise der demonstrativen Verschwendung buchstäblich undenkbar. In egalitären Völkerschaften genügt die leiseste Andeutung, daß man sich für großzügig oder für besser als die anderen hält, um Ablehnung und Furcht hervorzurufen.

Richard Lee von der University of Toronto erzählt eine amüsante Anekdote, die verdeutlicht, was Austausch auf Gegenseitigkeit bei egalitären Jägern und Sammlern bedeutet. Über den Großteil eines Jahres war Lee den Buschmännern kreuz und quer durch die Kalahari gefolgt und hatte beobachtet, wie sie sich ernährten. Die Buschmänner hatten sich sehr kooperativ verhalten, und Lee wollte ihnen seine Dankbarkeit zeigen, hatte aber nichts, was er ihnen geben konnte, ohne störend in ihre normalen Ernährungsweisen und Tätigkeitsformen einzugreifen. Als Weihnachten vor der Tür stand, erfuhr er, daß die Buschmänner wahrscheinlich am Rand der Wüste in der Nähe von Dörfern kampieren würden; von dort bezogen sie manchmal durch Tauschgeschäfte Fleisch. In der Absicht, ihnen zu Weihnachten einen Ochsen zu schenken, fuhr er mit dem Jeep von einem Dorf zum anderen und suchte nach dem größten Ochsen, den er kaufen konnte. In einem abgelegenen Dorf machte Lee schließlich ein Exemplar von gewaltiger Größe und mit einer dicken Fettschicht ausfindig. Wie viele primitive Völker gieren die Buschmänner nach fettem Fleisch, weil die Tiere, die sie durch die Jagd erbeuten, gewöhnlich mager und sehnig sind. Nach der Rückkehr ins Camp zog Lee seine Freunde bei den Buschmännern einen nach dem anderen ins Vertrauen und erzählte ihnen, daß er den größten Ochsen gekauft habe, der ihm je unter die Augen gekommen sei, und daß er sie den Ochsen zu Weihnachten schlachten lassen werde. Der erste, dem er die gute Nachricht erzählte, war sichtlich beunruhigt. Er wollte von Lee wissen, wo er den Ochsen gekauft habe, welche Farbe dieser habe und wie groß seine Hörner seien, und schüttelte dann den Kopf! „Ich kenne den Ochsen", sagte er. „Ich bitte Sie, der ist nichts als Haut und Knochen! Sie müssen betrunken gewesen sein, so ein wertloses Tier zu kaufen!" Lee, der überzeugt war, daß sein Freund tatsächlich gar nicht wußte, von welchem Ochsen er sprach, vertraute sich weiteren Buschmännern an, stieß aber überall auf das gleiche Erstaunen: „Dieses wertlose Tier haben Sie gekauft? Wir essen es natürlich", sagte einer nach dem anderen, „aber satt machen wird es uns nicht. Wir werden mit knurrenden Mägen heimgehen und uns ins Bett legen." Als Weihnachten kam und der Ochse endlich geschlachtet wurde, zeigte sich, daß er in eine dicke Fettschicht gehüllt war; er wurde mit großem Genuß verschlungen. Es gab mehr als genug Fleisch und Fett für alle. Lee ging zu seinen Freunden und bestand darauf, daß sie ihm ihr Verhalten erklärten. „Ja, wir haben natürlich die ganze Zeit gewußt, wie es wirklich um den Ochsen stand", gab einer der Jäger zu. „Aber wenn ein junger Mann viel Fleisch macht, dann sieht er sich schon als ein Häuptling oder großer Mann, und uns übrige sieht er als seine Diener oder Untergebenen. Das können wir nicht hinnehmen", fuhr er fort. „Wir wollen von Angebern nichts wissen, denn irgendwann bringt ihre Überheblichkeit sie dazu, jemanden zu töten. Also sagen wir immer, ihr Fleisch ist nichts wert. Auf diese Weise kühlen wir sie ab und bringen ihnen Bescheidenheit bei."

Die Eskimos begründeten ihre Angst vor prahlerischen und großkotzigen Schenkern mit dem Sprichwort „Geschenke machen Sklaven, genauso wie Peitschen Hunde machen." Und genau das passiert auch. Entwicklungsgeschichtlich gesehen, teilten die Schenkenden zuerst Geschenke aus, die sie durch eigene zusätzliche Arbeit produziert hatten; es dauerte indes nicht lange, da fanden sich die Menschen in der Situation, härter arbeiten zu müssen, um sich revanchieren zu können und den Schenkern zu ermöglichen, ihnen noch mehr Geschenke zu machen; schließlich wurden die Schenker so mächtig, daß sie das Prinzip der Gegenseitigkeit außer Kraft setzen konnten. Sie konnten die Menschen zwingen, ihnen Abgaben zu zahlen und für sie zu arbeiten, ohne die Güter, die sich in ihren Vorratshäusern und Palästen sammelten, tatsächlich umzuverteilen. Natürlich ist es, wie auch heutige Große aus Wirtschaft und Politik immer wieder einsehen müssen, leichter, „Sklaven" zur Arbeit anzuhalten, wenn man ihnen gelegentlich ein großes Fest gibt, statt sie die ganze Zeit über mit der Peitsche zu traktieren.

Wenn Völker wie die Eskimo, die Buschmänner und die Semai die Gefahren erkennen, die in der Übung des Schenkens stecken, warum haben dann andere die Schenker zum Zuge kommen lassen? Und warum ließ man zu, daß Große sich derart breitmachten, daß sie imstande waren, in einer Kehrtwendung eben die Menschen zu versklaven, deren Arbeit ihnen zu ihrer glorreichen Stellung verholfen hatte? Auch hier wieder laufe ich Gefahr, wie mir scheint, alles auf einmal erklären zu wollen. Aber ein paar Thesen seien mir erlaubt.

Der ökonomische Austausch, der vom Prinzip der Gegenseitigkeit bestimmt wird, ist hauptsächlich auf Verhältnisse abgestellt, in denen es dem Überleben der Gruppe abträglich wäre, wenn der Anreiz für intensive zusätzliche Produktionsanstrengungen geschaffen würde. Diese Verhältnisse trifft man bei bestimmten Jäger- und Sammlervölker wie den Eskimo, den Semai und den Buschmännern an, deren Überleben vollständig vom Gedeihen der natürlichen Pflanzen- und Tierbestände in ihrem Lebensraum abhängt. Würden sich die Jäger plötzlich zu einer organisierten Anstrengung zusammenfinden, mehr Tiere zu erbeuten und mehr Pflanzen zu sammeln, sie liefen Gefahr, den Wildbestand in ihrem Gebiet dauerhaft zu schädigen. Lee stellte zum Beispiel fest, daß seine Buschmänner nur zehn bis fünfzehn Stunden pro Woche für ihren Unterhalt arbeiteten. Diese Entdeckung macht einem der abgeschmacktesten industriegesellschaftlichen Ammenmärchen ein Ende – daß wir heute nämlich mehr Freizeit hätten als jemals Menschen zuvor. Primitive Jäger und Sammler arbeiten weniger als wir – ohne über eine einzige Gewerkschaft zu verfügen –, weil ihre Ökosysteme eine wochen- oder monatelange intensive Produktionsanstrengung nicht vertragen. Bei den Buschmännern wären stachanowitische Charaktere, die herumliefen und Freunde und Verwandte durch das Versprechen eines großen Festes dazu brächten, härter zu arbeiten, eine eindeutige Gefahr für die Gesellschaft. Wenn es einem Ehrgeizling bei den Buschmännern gelänge, seine Gefolgsleute einen Monat lang so arbeiten zu lassen, wie das die Großen bei den Kaoka tun, hätte er in einem Umkreis von vielen Kilometern jedes Wild erlegt oder verscheucht und dafür gesorgt, daß seine Leute bis Jahresende Hungers gestorben wären. Deshalb herrscht bei den Buschmännern nicht die Umverteilung, sondern die Gegenseitigkeit, und das höchste Ansehen genießt der stille und zuverlässige Jäger, der nie mit seinen Großtaten angibt und der jeden Anschein eines Schenkakts meidet, wenn er ein erlegtes Beutetier verteilt.

Der in Form von Festen ausgetragene Wettstreit und andere Formen der Umverteilung verdrängten in dem Augenblick das ursprüngliche Vertrauen auf das Prinzip der Gegenseitigkeit, als es möglich wurde, die Dauer und Intensität der Arbeit zu erhöhen, ohne der Tragfähigkeit des Lebensraums irreparablen Schaden zuzufügen. Dies war normalerweise dann der Fall, wenn Kulturpflanzen und Haustiere an die Stelle der natürlichen Lebensmittelquellen traten. Im großen und ganzen läßt sich aus Kulturpflanzen und Haustierarten um so mehr Nahrung gewinnen, je mehr Arbeit man in ihren Anbau und in ihre Zucht steckt. Das Problem ist nur, daß Menschen gewöhnlich nicht schwerer abeiten, als sie unbedingt müssen. Die Antwort auf dieses Problem bestand in der Umverteilungsprozedur. Das Umverteilungsverfahren begann zu wirken, als die Menschen härter arbeiten mußten, um zwischen geltungssüchtigen, übereifrigen Produzenten ein Gleichgewicht der gegenseitigen Leistungen zu erhalten. Als dieses Gleichgewicht der ausgetauschten Güter verlorenging, wurden daraus Geschenke; und je höher sich die Geschenke stapelten, desto mehr errangen die Schenkenden Ansehen und wurden mit Gegengeschenken belohnt. Bald triumphierte das Prinzip der Umverteilung über das Prinzip der Gegenseitigkeit, und das höchste Ansehen gewannen die prahlerischsten, berechnendsten Schenker, die jedermann beschwatzten, mittels Angst vor Schande in Bewegung setzten und schließlich mit Gewalt zwangen, Arbeitsleistungen zu erbringen, die von den Buschmännern nicht im Traum für möglich gehalten worden wären.

Wie das Beispiel der Kwakiutl zeigt, waren die geeigneten Bedingungen für das Aufkommen eines festlichen Wettstreits und der in dieser Form praktizierten Umverteilung manchmal auch bei nichtagrarischen Bevölkerungen vorhanden. Für die Völker der Küstengebiete im Nordwesten des Pazifik stellten die jährlichen Laichzüge des Lachs sowie anderer Wanderfische sowie die Wanderbewegungen von Seesäugetieren ein ökologisches Pendant zu landwirtschaftlichen Erntevorgängen dar. Die Lachs- oder Stintschwärme waren so gewaltig, daß die Menschen nur härter zu arbeiten brauchten, um mehr Fisch zu fangen. Solange sie mit dem Streichnetz der Eingeborenen fischten, konnten sie außerdem nie so viel fangen, daß die Laichzüge beeinträchtigt und der Nachschub für das nächste Jahr gefährdet wurde.

Unterbrechen wir einen Augenblick unsere Untersuchung der Systeme, in denen gesellschaftliches Ansehen im Dienste der Gegenseitigkeit und der Umverteilung steht, um die Vermutung auszusprechen, daß sich die wesentlichen politischen und ökonomischen Systemtypen auf je eigene Weise des gesellschaftlichen Geltungsbedürfnisses bedienen. Mit dem Auftreten des Kapitalismus in Westeuropa zum Beispiel wurde der wettbewerbsorientierte Erwerb von Reichtum erneut zum Hauptmerkmal für den Status eines Großen. Nur versuchten jetzt die Großen, sich gegenseitig den Reichtum wegzunehmen, und die größte Macht und das meiste Ansehen gewann, wer das größte Vermögen anhäufen und zusammenhalten konnte. In den Anfangsjahren des Kapitalismus genoß das größte Ansehen, wer am reichsten war und am sparsamsten lebte. Sobald die kapitalistische Oberschicht um ihren Reichtum nicht mehr ständig bangen mußte, kehrte sie zur Praxis des demonstrativen Konsums und der demonstrativen Verschwendung zurück, die sie im großen Stil betrieb, um ihre Rivalen zu beeindrucken. Sie baute ausgedehnte Landsitze, trug elegante Kleider, schmückte sich mit erlesenen Edelsteinen und sah voll Verachtung auf die verarmten Massen herab. Die mittleren und unteren Schichten zollten unterdes nach wie vor denjenigen die größte Anerkennung, die am schwersten arbeiteten, am wenigsten ausgaben und allen Formen des demonstrativen Konsums und der demonstrativen Verschwendung ganz nüchtern widerstanden. Aber je mehr die wachsenden industriellen Produktionskapazitäten den Konsumgütermarkt überschwemmten, wurde es nötig, den mittleren und unteren Schichten ihre genügsame Lebensführung abzugewöhnen. Werbung und Massenmedien bemühten sich mit vereinten Kräften, die mittleren und unteren Schichten vom Sparen abzubringen und dazu anzuhalten, immer größere Massen von Waren und Dienstleistungen zu kaufen, zu verschwenden, zu vernichten oder sonstwie aus der Welt zu schaffen. Und so kommt es, daß heute unter den Geltungssüchtigen der Mittelschicht derjenige das höchste Ansehen genießt, der den größten und demonstrativsten Konsum betreibt.

Währenddessen aber fanden sich die Reichen durch neue Formen der Besteuerung bedroht, die auf Umverteilung ihres Reichtums zielten. Demonstrativer Konsum im großen Stil wurde gefährlich, deshalb genießt jetzt wieder die größte gesellschaftliche Anerkennung, wer am meisten hat, es aber am wenigsten zur Schau stellt. Und da nun die angesehensten Mitglieder der Oberschicht nicht mehr mit ihrem Reichtum protzen, ist auch die Mittelschicht teilweise von dem Druck, demonstrativen Konsum zu betreiben, befreit. Daß die Jugendlichen der Mittelschicht neuerdings zerrissene Jeans tragen und unverhohlenes Konsumdenken ablehnen, hätte diesen Überlegungen zufolge mehr mit der Trendsetter-Rolle der Oberschicht als mit einer sogenannten Kulturrevolution zu tun.

Ein letzter Punkt. Wie gezeigt wurde, konnten dank der Ersetzung des Prinzips der Gegenseitigkeit durch Formen des Wettstreits um gesellschaftliche Geltung in einer bestimmten Region mehr Menschen leben und gedeihen. Nun mag man durchaus nach dem Sinn dieses ganzen Vorgangs fragen, durch den die Menschheit mit List und Tücke dazu gebracht wurde, härter zu arbeiten, nur damit mehr Menschen auf einem Niveau materiellen Wohlergehens leben konnten, das im wesentlichen nicht höher oder sogar niedriger lag als das der Eskimo oder Buschmänner. Auf diese Frage läßt sich meines Erachtens nur antworten, daß viele primitive Gesellschaften sich genau deshalb weigerten, ihre Produktionsanstrengungen zu vergrößern, und genau deshalb darauf verzichteten, ihre Bevölkerungsdichte zu vergrößern, weil sie feststellten, daß die neuen „arbeitssparenden" Techniken in Wirklichkeit härtere Arbeit bei gleichzeitigem Sinken des Lebensstandards bedeuteten. Aber das Schicksal dieser primitiven Völker war in dem Augenblick besiegelt, als auch nur eines von ihnen – mochte es noch so weit weg von den anderen leben – die Schwelle zur Umverteilung und zur umfassenden Klassenschichtung, die sich daraus entwickelte –

überschritt. Praktisch alle Jäger- und Sammlervölker auf Basis der Gegenseitigkeit wurden von größeren und mächtigeren Gesellschaften, die ihre Produktion und Bevölkerungszahl so weit wie möglich steigerten und unter der organisatorischen Leitung herrschender Klassen standen, zerstört oder in Rückzugsgebiete abgedrängt. Im Kern war diese Verdrängung Konsequenz der Fähigkeit größerer, volkreicherer und besser organisierter Gesellschaften, einfache Jäger- und Sammlervölker in bewaffneten Konflikten zu besiegen. Mehr arbeiten oder untergehen, so lautete die Alternative.

6

Phantomfracht

Ich möchte an dieser Stelle auf die Phantomfracht der
Cargo-Kulte zu sprechen kommen, weil das Thema direkt
mit dem Austausch durch Umverteilung und dem System
der Großen zusammenhängt. Dieser Zusammenhang ist
vielleicht nicht ohne weiteres einsichtig. Aber schließlich
gibt es bei dem Phantomfracht-Phänomen überhaupt
nichts, was ohne weiteres einsichtig wäre.
Ort der Handlung ist eine Landepiste im Urwald hoch
oben in den Bergen von Neuguinea. In der Nähe der Piste
befinden sich strohgedeckte Hangars, ein Schuppen für
die Funkstation und ein Leuchtturm aus Bambusstangen.
Auf der Erde steht ein Flugzeug aus Ästen und Laub. Der
Flugplatz ist rund um die Uhr von einer Gruppe Eingeborener besetzt, die Nasenschmuck und Muschelarmbänder
tragen. Nachts lassen sie ein Signalfeuer brennen. Sie warten auf das Eintreffen eines wichtigen Flugtransports:
Frachtflugzeuge voller Lebensmitteldosen, Kleider, trag-
barer Radios, Armbanduhren und Motorräder. Die Piloten
werden ins Leben zurückgekehrte Ahnen sein. Warum die
Verspätung? Ein Mann geht in die Funkhütte und spricht
in das Blechdosenmikrophon. Die Anweisungen gehen
über eine Antenne aus Bindfaden und Weinranken in den
Äther hinaus: „Können Sie mich hören? Verstanden,
Ende." Von Zeit zu Zeit sehen sie einen Kondensstreifen
am Himmel entlanglaufen; gelegentlich hören sie das Ge-
räusch ferner Motoren. Die Ahnen ziehen über ihren Köpfen ihre Bahn. Aber die Weißen in den Städten schicken
ebenfalls Funkbotschaften aus. Die Ahnen sind desorien-
tiert. Sie landen auf dem falschen Flugplatz.

Die Eingeborenen fingen schon vor langer Zeit damit an, auf Schiffe oder Flugzeuge zu warten, die verstorbene Ahnen und Fracht heranbringen würden. In den frühesten Kulturen der Küstenbewohner hielt man nach einem großen Kanu Ausschau. Später spähte man nach Segeln aus. Im Jahr 1919 suchten die Anführer des Kults den Horizont nach dem Qualm der Dampfschiffe ab. Nach dem Zweiten Weltkrieg erwartete man, daß die Ahnen in Landungsbooten, Truppentransportern und Bombern des Typs Liberator eintreffen würden. Heute kommen sie in „fliegenden Häusern", die höher fliegen als Flugzeuge. Die Fracht selbst hat sich ebenfalls modernisiert. In den Anfängen bestand die Phantomfracht zum größten Teil aus Streichhölzern, Stahlwerkzeugen und Kattunballen. Später waren es dann Reissäcke, Schuhe, Dosenfleisch und Sardinen, Gewehre, Messer, Munition und Tabak. In neuerer Zeit transportieren die Phantomflotten Autos, Radios und Motorräder. Einige Propheten der Cargo-Kulte in der indonesischen Provinz Irian Jaya sagen die Ankunft von Dampfschiffen voraus, die ganze Fabriken und Hüttenwerke ausspeien werden.

Eine genaue Aufzählung der erhofften Güter wäre ab-. wegig. Was die Eingeborenen erwarten, ist eine umfassende Verbesserung ihrer Lebensbedingungen. Die Phantomschiffe und Phantomflugzeuge sollen eine ganz neue Epoche einläuten. Die Toten und die Lebenden werden wiedervereint, der Weiße Mann wird aus dem Land vertrieben oder unterworfen, die Plackerei hat ein Ende; es wird an nichts mehr mangeln. Von westlichen Heilsvorstellungen unterscheidet sich diese Vision nur durch die grotesk prominente Rolle, die Industrieprodukte darin spielen. Düsenflugzeuge und Ahnen; Motorräder und Wunder; Radios und Gespenster. Unsere eigene Tradition läßt uns auf Erlösung, Wiederauferstehung, ewiges Leben gefaßt sein – aber eines mit Flugzeugen, Autos und Radios? Phantomschiffe sind nichts für uns. Wir wissen, wo die Sachen herkommen. Oder etwa nicht?

Missionare und Regierungsbeamte erzählen den Eingeborenen, daß harte Arbeit und Maschinen die Füllhörner
seien, aus denen sich die Reichtumsströme der Industrie
ergössen. Aber die Propheten der Cargo-Kulte vertreten
andere Theorien. Sie behaupten steif und fest, der Reichtum des Industriezeitalters werde in Wirklichkeit nicht
mit menschlicher Kraft, sondern von übernatürlichen
Mächten an einem fernen Ort geschaffen. Missionare,
Händler und Regierungsbeamte wüßten, wie man sich
Ladungen dieses Reichtums per Flugzeug oder Schiff
schicken lassen könne – sie seien in das „Cargo-Geheimnis" eingeweiht. Cargo-Propheten der Eingeborenen stehen und fallen mit ihrer Fähigkeit, dieses Geheimnis zu
ergründen und ihren Anhängern Frachtgüter zu verschaffen.

Die Cargo-Theorien der Eingeborenen tragen in ihrer
Entwicklung den im ständigen Wandel begriffenen Verhältnissen Rechnung. Vor dem Zweiten Weltkrieg waren
die Ahnen weißhäutig; später hieß es, sie sähen aus wie
Japaner; aber als schwarze amerikanische Soldaten die
Japaner vertrieben, stellte man sich die Ahnen schwarz-
häutig vor.

Nach dem Zweiten Weltkrieg drehte sich die Cargo-
Theorie häufig um die Amerikaner. Auf den Neuen He-
briden gewann man die Überzeugung, ein gewisser US-
Soldat namens John Frum sei König von Amerika. Seine
Propheten bauten einen Flugplatz, auf dem amerikanische
Bomber des Typs Liberator mit einer Fracht Milch und
Eiskrem landen sollten. Reliquien, die von Schlachtfeldern
auf den Pazifikinseln stammen, sind der Beweis dafür,
daß John Frum dort war. Eine Gruppe glaubt, daß er eine
Kampfjacke der US-Armee mit Unteroffiziersstreifen und
dem roten Kreuz des Sanitätskorps auf den Ärmeln trug,
als er versprach, mit Frachtgütern zurückzukommen.
Überall auf der Insel Tanna hat man kleine rote Kreuze
des Sanitätskorps aufgestellt, und jedes ist mit einem
ordentlichen Zaun umgeben. Im Jahr 1970 bemerkte der

Häuptling eines zur Anhängerschaft von John Frum gehörenden Dorfes in einem Interview: „Die Menschen haben fast 2000 Jahre auf die Wiederkunft Christi gewartet, da können wir auch noch ein bißchen länger auf John Frum warten."

Im Jahr 1968 verkündete ein Prophet auf der Insel New Hanover im Bismarck-Archipel, das Cargo-Geheimnis sei nur dem Präsidenten der Vereinigten Staaten bekannt. Die Anhänger des Kults hörten auf, Steuern zu zahlen, und sparten 75000 Dollar zusammen, um Lyndon B. Johnson, den damaligen Präsidenten, zu „kaufen" und dafür, daß er ihnen das Geheimnis verriet, zum König von New Hanover zu machen.

1962 errichtete die Luftwaffe der Vereinigten Staaten auf dem Gipfel von Mt. Turu in der Nähe von Wewak auf Neuguinea einen Markierungspunkt aus Beton. Der Prophet Yaliwan Mathias gewann die Überzeugung, die Amerikaner seien die Ahnen und die Fracht liege unter der Betonmarkierung. Im Mai 1971 grub er mit seinen Anhängern, nachdem sie eine Nacht lang zur Begleitung von Popmusik aus ihrem Transistorradio gebetet hatten, die Landmarke aus. Fracht wurde keine gefunden. Yaliwans Erklärung zufolge hatten die Behörden sie weggeschafft. Seine Anhänger, deren finanzielle Beiträge sich auf 21000 Dollar beliefen, hielten an ihrem Glauben fest.

Es ist leicht, die Cargo-Vorstellungen als Phantastereien primitiver Gemüter abzutun: Die prophetischen Führer der Kulte sind demnach entweder ausgemachte Schurken, die aus der Habgier, Unwissenheit und Leichtgläubigkeit ihrer Anhänger Gewinn schlagen; oder wenn sie es ehrlich meinen, sind sie Geistesgestörte, deren verrückte Ideen in Sachen Cargo durch Autosuggestion und Massenhysterie Verbreitung finden. Dieses Urteil hätte Hand und Fuß, wenn der Art und Weise, wie industrieller Reichtum erzeugt und verteilt wird, nicht wirklich etwas Geheimnisvolles anhaftete. In der Tat aber ist es gar nicht so leicht zu erklären, warum manche Länder arm und andere reich sind, oder anzugeben, warum der Reichtum innerhalb der modernen Gesellschaften so außerordentlich ungleich verteilt ist. Ich will damit sagen, daß es tatsächlich ein Cargo-Geheimnis gibt und daß die Eingeborenen zu Recht versuchen, dieses Geheimnis zu lüften.

Um in das Cargo-Geheimnis einzudringen, müssen wir uns auf einen bestimmten Fall konzentrieren. Ich habe dafür die Kulte in der Gegend von Madang an der Nordküste des heute zu Papua-Neuguinea gehörenden Teils von Neuguinea ausgesucht, die Peter Lawrence in seinem Buch *Road Belong Cargo* beschrieben hat.

Zu den ersten Europäern, die an der Küste von Madang aufkreuzten, gehörte ein russischer Entdeckungsreisender namens Miklouho-Maclay. Unmittelbar nachdem das Schiff vor Anker gegangen war, begann seine Mannschaft, Stahläxte, Stoffballen und andere wertvolle Dinge als Geschenke zu verteilen. Die Eingeborenen kamen zu dem Schluß, die weißen Männer seien Ahnen. Die Europäer bestärkten sie bewußt in dieser Überzeugung, indem sie dafür sorgten, daß die Eingeborenen niemals beim Tode eines Weißen zugegen waren – sie entledigten sich der Weißen heimlich auf See und erklärten, die Verschwundenen seien in den Himmel zurückgekehrt.

Im Jahr 1884 setzte das Deutsche Reich die erste Kolonialverwaltung in Madang ein. Kurz danach kamen protestantische Missionare ins Land, aber ihre Bekehrungsversuche blieben erfolglos. Eine Mission bestand dreizehn Jahre lang, ohne daß sie einen einzigen· Eingeborenen hätte taufen können. Um sie zu bekehren, mußte man sie mit Stahlwerkzeugen und Lebensmitteln ködern. Und nun wird wohl deutlich, warum ich meinte, die Vorstellung vom wohltätigen Großen spiele hier eine Rolle. Wie die Großen der Eingeborenenkultur, von denen ich im letzten Kapitel gesprochen habe, behaupteten auch die Großen von jenseits des Meeres nur so lange ihre Glaubwürdigkeit und Legitimität, wie sie ständige Schenkveranstaltungen abhielten. Daß sie zurückgekehrte Ahnen oder Götter waren, machte keinen Unterschied, da sich von göttergleichen Großen noch größere Gaben erwarten ließen als von normalen Großen. Das Absingen geistlicher Lieder und die Aussicht auf künftiges Heil reichten nicht aus, um die Eingeborenen bei der Stange zu halten. Sie wollten und erwarteten Cargo – all das, was die Missionare und ihre Freunde als Schiffsfracht über das Meer erreichte.

Große müssen, wie wir gesehen haben, ihren Reichtum umverteilen. Für die Eingeborenen gibt es nichts Schlimmeres als einen knauserigen Großen. Die Missionare waren eindeutig Knauser – behielten das „Fleisch und das Fett" für sich und verschenkten „die Knochen und das trockene Gebäck". Auf den Missionsstationen, in den Straßenbautrupps und auf den Plantagen leisteten die Eingeborenen schwere Arbeit und hofften auf ein großes Fest. Warum ließ es auf sich warten? 1904 kam es zu einer Verschwörung der Eingeborenen mit dem Ziel, all die knauserigen Großen umzubringen, aber die Behörden bekamen Wind von dem Plan und richteten die Rädelsführer hin. Das Kriegsrecht wurde verhängt.

Nach dieser Niederlage fingen die Intellektuellen unter den Eingeborenen an, neue Theorien über die Herkunft der Frachtgüter zu entwickeln: Die Ahnen der Eingeborenen und nicht die Europäer erzeugten die Güter. Aber die Europäer hinderten die Eingeborenen daran, sich ihr Teil zu nehmen. 1912 gab es abermals heimliche Pläne für einen bewaffneten Aufstand. Dann brach der Erste Weltkrieg aus. Die deutschen Großen flohen aus dem Land, und die australischen Großen übernahmen die Macht.

Die Eingeborenen hielten nun Versammlungen ab, und sie verständigten sich darauf, daß weiterer bewaffneter Widerstand untunlich sei. Offensichtlich kannten die Missionare das Cargo-Geheimnis. Es blieb deshalb gar nichts anderes übrig, als es von ihnen zu lernen. Die Eingeborenen kamen scharenweise in die Kirchen und Missionsschulen und wurden Christen, die eifrig und begeistert mitmachten. Sie lauschten aufmerksam der folgenden Geschichte: Am Anfang schuf Gott, der in der Eingeborenenmythologie Anus hieß, Himmel und Erde. Anus gab Adam und Eva ein Paradies, gefüllt mit Cargo: Dosenfleisch, Stahlwerkzeuge, Reis in Beuteln und Streichhölzer, soviel sie brauchen konnten. Als Adam und Eva das Geschlechtsleben entdeckten, nahm ihnen Anus die Güter weg und schickte die Sintflut. Anus leitete Noah an, ein riesiges hölzernes Dampfschiff zu bauen, und machte ihn zum Kapitän. Sem und Japhet gehorchten ihrem Vater Noah. Aber Ham war töricht und gehorchte ihm nicht. Noah nahm das Cargo Ham weg und schickte ihn nach Neuguinea. Nachdem die Kinder von Ham viele Jahre in Unwissenheit und Finsternis gelebt hatten, erbarmte sich Anus ihrer und schickte die Missionare, um Hams Fehler wiedergutzumachen. Er sagte: „Ihr müßt seine Nachkommen wieder zu mir zurückfinden lassen. Wenn sie mir erneut folgsam sind, werde ich ihnen genauso Cargo schicken, wie ich es euch Weißen jetzt schicke."

Der Aufwärtstrend bei den Kirchenbesuchen und die respektvolle Nüchternheit der Neubekehrten machte den Behörden und Missionaren Hoffnung. Nur wenige Weiße begriffen, wie stark die Eingeboreneninterpretation des christlichen Glaubens von ihren eigenen Vorstellungen abwich. Gepredigt wurde in Pidgin, einer Mischung aus Deutsch, Englisch und Eingeborenensprachen. Die Missionare wußten, daß für die Eingeborenen der Ausdruck „und Gott segnete Noah" gleichbedeutend war mit „und Gott gab Noah Cargo". Und wenn sie über den Spruch aus dem Matthäus-Evangelium predigten „Trachtet am ersten nach dem Reich Gottes und nach seiner Gerechtigkeit, so wird euch solches alles zufallen", wußten sie, daß die Eingeborenen verstanden: „Gute Christen werden mit Cargo belohnt." Aber sie wußten auch, daß eine ganz und gar spirituelle oder jenseitige Darstellung des Lohns für christlichen Gehorsam bei den Eingeborenen entweder auf Unglauben stoßen oder dazu führen mußte, daß sie das Interesse verloren und in die Kirche eines anderen abwanderten. Für den intelligenten Eingeborenen war die Botschaft klar vernehmlich: Jesus und die Ahnen gaben den Gläubigen Cargo, die Ungläubigen erhielten nicht nur kein Cargo, sondern sie mußten auch noch in der Hölle braten. So kam es, daß in den zwanziger Jahren die führenden Köpfe der Eingeborenen geduldig ihre christlichen Pflichten erfüllten – Lieder sangen, für ein paar Pfennige Stundenlohn arbeiteten, ihre Kopfsteuer zahlten, ihre Nebenfrauen aufgaben und den weißen Herren mit Achtung begegneten. Aber zu Beginn der dreißiger Jahre war ihre Geduld so ziemlich erschöpft. Wenn harte Arbeit mit Cargo belohnt wurde, dann hätten sie es mittlerweile bekommen haben müssen. Sie hatten für ihre weißen Herren zahllose Schiffe und Flugzeuge entladen, aber kein Eingeborener hatte je ein einziges Paket aus Übersee erhalten.

Die Katecheten und Missionshelfer waren besonders verärgert. Sie beobachteten aus nächster Nähe, wie gewaltig die Reichtumsunterschiede zwischen ihnen selbst und den europäischen Großen waren. Und sie sahen, wie offenkundig nutzlos im Blick auf die Verringerung dieser Unterschiede alle Bekehrungsanstrengungen und alle Bemühungen um christliches Wohlverhalten waren. Im Jahr 1933 betrat ein bekannter protestantischer Pastor, Roland Hanselmann, eines Sonntagmorgens die Kirche und fand alle seine eingeborenen Helfer hinter einem Seil versammelt, das sie quer durch den Mittelgang gespannt hatten. Sie verlasen eine Petition: „Warum erfahren wir nicht das Cargo-Geheimnis? Das Christentum bedeutet für uns Schwarze keine praktische Hilfe. Die Weißen verstecken das Cargo-Geheimnis." Es gab noch weitere Anschuldigungen: Die Bibel sei versehentlich oder mit Absicht ungenau übersetzt – der Text werde zensiert; die erste Seite fehle; der wahre Name Gottes werde verschwiegen.

Die Eingeborenen boykottierten die Missionen und brachten eine neue Lösung für das Cargo-Geheimnis in

Vorschlag. Jesus Christus hatte den Europäern Cargo gegeben. Jetzt wollte er es den Eingeborenen geben. Aber die Juden und die Missionare hatten sich verschworen, das Cargo für sich zu behalten. Die Juden hatten Jesus festgenommen und hielten ihn in oder über der Stadt Sydney in Australien gefangen. Aber bald würde Jesus freikommen, und der Cargo-Strom würde einsetzen. Die Ärmsten würden am meisten bekommen („die Sanftmütigen erben das Himmelreich"). Die Leute hörten auf zu arbeiten, schlachteten ihre Schweine, brannten ihre Pflanzungen nieder und versammelten sich massenhaft auf den Friedhöfen.

Diese Vorgänge fielen mit dem Ausbruch des Zweiten Weltkrieges zusammen. Anfangs hatten die Eingeborenen keine Schwierigkeiten, diesen neuen Krieg zu verstehen. Die Australier hatten die Deutschen vertrieben, und jetzt waren die Deutschen dabei, die Australier zu vertreiben. Nur diesmal waren die Deutschen Eingeborenenahnen, die sich als deutsche Soldaten verkleidet hatten. Die Behörden setzten die Führer der Kulte wegen Propagandatätigkeit für die Deutschen fest. Aber trotz aller Nachrichtensperren begannen die Eingeborenen bald zu begreifen, daß ihre australische Verwaltung in Gefahr stand, aus Neuguinea vertrieben zu werden, und zwar nicht von den Deutschen, sondern von den Japanern.

Die Cargo-Propheten bemühten sich, dieser überraschenden neuen Entwicklung einen Sinn abzugewinnen. Ein Kultführer namens Tagarab verkündete, die Missionare hätten sie die ganze Zeit über hinters Licht geführt. Jesus sei ein unbedeutender Gott. Der wahre Gott – der Cargo-Gott – sei eine Eingeborenengottheit namens Kilibob. Die Missionare hatten die Eingeborenen zu Anus beten lassen. Aber Anus war ein gewöhnlicher Mensch, der nur zufällig der Vater von Kilibob war, der seinerseits Jesus zum Sohn hatte. Kilibob stand im Begriff, die Weißen für ihre Gemeinheiten zu bestrafen. Er und die Ahnen waren mit einer Schiffsladung von Gewehren,

Munition und anderer militärischer Ausrüstung unterwegs. Bei der Landung würden sie das Aussehen japanischer Soldaten haben. Die Australier würden vertrieben und alle Eingeborenen bekämen Cargo. Zur Vorbereitung auf das Ereignis mußte jedermann mit der normalen Arbeit aufhören, seine Schweine und Hühner schlachten und mit dem Bau von Lagerhäusern für das Cargo beginnen.

Als die Japaner schließlich im Dezember 1942 Madang eroberten, wurden sie von den Eingeborenen als Befreier begrüßt. Auch wenn die Japaner kein Cargo mitbrachten, verstanden die Propheten ihre Ankunft doch zumindest als eine teilweise Erfüllung der Cargo-Prophezeiungen. Die Japaner versuchten nicht, sie eines Besseren zu belehren. Sie vermittelten den Eingeborenen den Eindruck, das Cargo habe sich nur wegen der anhaltenden Kämpfe ein bißchen verspätet. Sie erzählten, daß nach Kriegsende Madang zu der unter japanischer Führung geplanten Großostasiatischen Gemeinschaftlichen Wohlstandszone gehören werde. Jeder werde an dem künftigen Wohlleben teilhaben. Vorher aber gab es noch Arbeit zu tun; die Hilfe der Eingeborenen wurde gebraucht, um die Australier und ihre amerikanischen Verbündeten zu besiegen. Die Eingeborenen strömten herbei, um beim Entladen der Schiffe und Flugzeuge zu helfen; sie leisteten Trägerdienste und brachten als Geschenk Frischgemüse. Abgeschossene amerikanische Piloten waren unangenehm überrascht von der Feindseligkeit, die ihnen im Busch begegnete. Kaum waren sie auf der Erde, sahen sie sich von bemalten Stammeskriegern umringt, die ihnen Hände und Füße fesselten und sie an Stangen hängten, um sie zum nächsten japanischen Offizier zu schleppen. Zum Lohn schenkten die Japaner den Cargo-Propheten Samurai-Schwerter und machten sie zu Offizieren der örtlichen Polizeitruppe.

Aber der Kriegsverlauf setzte dieser euphorischen Phase bald ein Ende. Die Australier und Amerikaner

gewannen die Oberhand und kappten die japanischen
Nachschublinien. Angesichts der Verschlechterung ihrer
militärischen Lage hörten die Japaner auf, für Lebensmittel und Arbeit zu zahlen. Als Tagarab, gegürtet mit seinem Samurai-Schwert, dagegen protestierte, erschoß man
ihn. Die „Ahnen" fingen an, die Eingeborenenpflanzun-
gen, die Kokospalmenhaine und die Bananen- und
Zuckerrohrplantagen auszuplündern. Sie stahlen auch
noch die letzten Hühner und Schweine. Als keine mehr da
waren, fielen sie über die Hunde her, um sie zu verspeisen. Und als es keine Hunde mehr gab, jagten sie die Eingeborenen, um auch sie zu verspeisen.

Als die Australier Madang im April 1944 zurückerober-
ten, fanden sie die Eingeborenen verdrossen vor und
wenig bereit zur Mitarbeit. In einigen Gegenden, wo die
Japaner nicht besonders aktiv gewesen waren, verkündeten Cargo-Propheten bereits, diese würden zahlreicher
denn je zurückkehren. Um die übrigen Eingeborenen für
sich zu gewinnen, fingen die Australier in der Nach-
kriegszeit an, von „Entwicklung" zu reden. Den Führern
der Eingeborenen wurde erzählt, in der kommenden Frie-
denszeit würden Schwarze und Weiße einträchtig zusam-
menleben. Alle bekämen eine ordentliche Behausung,
Elektrizität, Kraftfahrzeuge, Boote, gute Kleider und
Lebensmittel in Hülle und Fülle.

Zu diesem Zeitpunkt waren die weltzugewandtesten
und intelligentesten unter den führenden Köpfen der Eingeborenen bereits fest davon überzeugt, daß die Missionare ausgemachte Lügner seien. Der Prophet Yali, auf dessen
Karriere ich mich im folgenden beschränken werde, ließ
in diesem Punkt besonders wenig mit sich reden. Yali war
während des Krieges den Australiern treu geblieben und
wurde dafür mit dem Rang eines Oberfeldwebels der australischen Armee belohnt. Man brachte ihn nach Australi-
en und zeigte ihm verschiedene Einrichtungen, von denen
man ihn glauben machen wollte, sie enthielten das ganze
Cargo-Geheimnis: Zuckerfabriken, Brauereien, eine Repa-

raturwerkstatt für Flugzeuge und Lagerhäuser im Hafen. Yali konnte nun zwar bestimmte Aspekte des Produktionsprozesses mit eigenen Augen erleben, aber er konnte auch beobachten, daß nicht alle, die in Autos herumfuhren und in großen Häusern wohnten, in Fabriken und Brauereien arbeiteten. Er konnte Männer und Frauen in organisierten Gruppen arbeiten sehen, aber die Organisationsprinzipien, denen ihre Arbeit letztlich gehorchte, begriff er nicht. Nichts von dem, was er sah, half ihm zu verstehen, warum von diesem gewaltigen Güterstrom nicht einmal ein Rinnsal seine eingeborenen Landsleute zu Hause erreichte.

Yali war nicht von den Straßen, den Lichtern und den Hochhäusern am meisten beeindruckt, sondern vom Queensland-Museum und vom Zoo in Brisbane. Zu seiner Verblüffung war das Museum vollgestopft mit Artefakten der Eingeborenenkulturen von Neuguinea. Zu den Ausstellungsstücken gehörte sogar eine Ritualmaske seines eigenen Stammes, die bei den großen Pubertätsriten früherer Zeiten getragen worden war – eben dieselbe Maske, die von den Missionaren zu einem „Werk des Teufels" erklärt worden war. Sorgfältig hinter Glas aufbewahrt, wurde die Maske jetzt von Priestern in weißen Kitteln und von einem unablässigen Strom gutgekleideter Besucher verehrt, die sich im Flüsterton unterhielten. Im Museum befanden sich auch Glaskästen, in denen eine Vielzahl seltener Tierknochen sorgsam aufbewahrt wurde. In Brisbane führte man Yali in den Zoo, und dort sah er, wie die Weißen weitere merkwürdige Tiere fütterten und umhegten. Als er nach Sydney kam, registrierte Yali aufmerksam, wie viele Hunde und Katzen die Leute als Haustiere hielten.

Erst nach dem Krieg, während er an einer behördlichen Konferenz in Port Moresby, der Hauptstadt des australischen Teils von Neuguinea, teilnahm, erkannte Yali, wie ungeheuerlich die Missionare die Eingeborenen belogen hatten. Im Verlauf der Konferenz zeigte man Yali ein bestimmtes Buch, in dem Affen und Menschenaffen abgebildet waren. An ihnen wurde die fortschreitende Entwicklung zum Menschen demonstriert. Jetzt endlich dämmerte ihm die Wahrheit: Die Missionare hatten behauptet, Adam und Eva seien die Ahnen der Menschheit, aber in Wirklichkeit hielten die Menschen Affen, Hunde, Katzen und andere Tiere für ihre Ahnen. Sie hegten genau die Glaubensvorstellungen, denen auch die Eingeborenen angehangen hatten, ehe die Missionare sie mit List und Tücke dazu brachten, ihre Totems aufzugeben.

Später, als er seine Erlebnisse mit dem Propheten Gurek erörterte, übernahm Yali dessen Ansicht, das Museum in Queensland sei in Wirklichkeit Rom, wohin die Missionare die Götter und Mythen Neuguineas verschleppt hätten, um das Cargo-Geheimnis in ihre Macht zu bringen. Wenn es gelang, die alten Götter und Göttinnen nach Neuguinea zurückzulocken, würde eine neue Ära des Wohlstands anbrechen. Aber erst einmal mußte man sich vom Christentum lösen und die einheimischen heidnischen Riten wiederbeleben.

Yali war außer sich vor Zorn über die Doppelzüngigkeit der Missionare. Er brannte vor Begierde, den australischen Behörden bei der restlosen Ausmerzung aller Cargokulte zu helfen, in denen Gott oder Jesus eine Rolle spielte. Weil Yali Kriegsdienst geleistet hatte, Brisbane und Sydney kannte und mit großer Beredsamkeit gegen die Kulte vom Leder zog, nahm der Bezirksbeamte von Madang an, daß er nicht an den Cargokult glaube. Er wurde aufgefordert, auf Massenkundgebungen, die von den Behörden veranstaltet wurden, zu sprechen. Er widmete sich begeistert der Aufgabe, die christlichen Cargokulte lächerlich zu machen, und versicherte allen, daß nur harte Arbeit und Gesetzestreue zu Cargo führen könne.

Yali war auch deshalb bereit, mit den australischen Behörden zusammenzuarbeiten, weil er immer noch an die Versprechungen glaubte, die man ihm während seines Armeedienstes im Krieg gemacht hatte. Yali klammerte sich an die Worte, die ein Werbeoffizier in Brisbane 1943 geäußert hatte: „In der Vergangenheit hat man euch Schwarze in eurer Rückständigkeit festgehalten, aber wenn ihr uns jetzt helft, den Krieg zu gewinnen und die Japaner zu vertreiben, dann werden wir Weiße euch helfen. Wir werden euch dabei helfen, daß ihr Häuser mit verzinkten Wellblechdächern, Bohlenwänden und elektrischem Licht und Kraftwagen, Boote, gute Kleider und gutes Essen kriegt. Euer Leben wird nach dem Krieg ganz anders werden."

Tausende kamen, um Yali zu hören, wie er gegen die alten Wege zum Cargo eiferte. Ausgestattet mit Podium und Lautsprechern und umringt von leutseligen Beamten und weißen Geschäftsleuten, fand Yali Gefallen an seiner Aufgabe. Je mehr er den bisherigen Cargoglauben angriff, um so überzeugter waren die Eingeborenen davon, daß er das wahre Cargogeheimnis zu kennen beanspruchte. Als die Nachricht von diesem Verständnis der Eingeborenen den behördlichen „Drahtziehern" Yalis zu Ohren kam, verlangten sie von ihm, daß er weitere Reden hielt, um den Eingeborenen zu versichern, daß er kein zurückgekehrter Ahn sei und das Cargogeheimnis nicht kenne. Diese öffentlichen Dementis überzeugten die Eingeborenen vollends davon, daß Yali im Besitz übernatürlicher Kräfte war und Cargo herbeischaffen konnte.

Als Yali mit anderen regierungstreuen Sprechern der Eingeborenen nach Port Moresby eingeladen wurde, glaubten seine Anhänger, er werde an der Spitze einer riesigen Flotte von Frachtschiffen zurückkehren. Yali selbst hat vielleicht geglaubt, man sei gerade dabei, ihm einige wichtige Zugeständnisse zu machen. Er ging geradewegs zum zuständigen Verwaltungsbeamten und fragte ihn, wann die Eingeborenen die Belohnung bekommen sollten, die der Offizier in Brisbane versprochen hatte. Wann bekamen sie endlich das Baumaterial und die Maschinen, von denen ständige die Rede war? Lawrence berichtet in *Road Belong Cargo*, was der Beamte geantwortet haben soll.

„Angeblich antwortete der Beamte, die Verwaltung sei natürlich dankbar für die Dienste der Eingeborenenkontingente im Kampf gegen die Japaner und werde den Leuten natürlich eine ansehnliche Belohnung zukommen lassen. Die australische Regierung stecke riesige Geldsummen in die Entwicklung der Wirtschaft, Erziehung und Politik, in die Wiedergutmachung für Kriegsschäden und in Projekte zur Verbesserung der medizinischen Versorgung, der Hygiene und der allgemeinen Gesundheit. Natürlich sei das Ganze ein langwieriger Prozeß, aber am Ende würden die Leute sehen, daß die Anstrengungen der Verwaltung Anerkennung verdienten. Eine Belohnung von der Art, wie Yali sie sich vorstelle – die einfache Verteilung einer Masse von Cargo –, komme allerdings gar nicht in Frage. Es tue ihm leid, sagte der Beamte, aber hier handele es sich um schlichte Kriegspropaganda, zu der sich weiße Offiziere in der Hitze des Gefechts unverantwortlicherweise hätten hinreißen lassen."

Auf Fragen, wann die Eingeborenen mit Elektrizität rechnen könnten, antworteten die Behörden, sie bekämen es, sobald sie dafür zahlen könnten, vorher nicht. Yali war zutiefst verbittert. Die Regierung hatte genauso schändlich gelogen wie die Missionare.

Bei seiner Rückkehr aus Port Moresby schloß Yali ein heimliches Bündnis mit dem Cargo-Propheten Gurek. Unter dem Schutz Yalis verbreitete Gurek die Botschaft, nicht die christlichen Götter, sondern die Gottheiten Neuguineas seien die wahre Cargo-Quelle. Die Eingeborenen müßten sich vom Christentum lösen und zu ihren heidnischen Gebräuchen zurückkehren, wenn sie Reichtum und Glück erringen wollten. Traditionelle Rituale und Artefakte sollten ebenso wie die Schweinezucht und die Jagd wiedereingeführt werden. Die alten Initiationsriten für die Männer wollte man neu zelebrieren. Außerdem wies Yali seine Anhänger an, kleine Tische aufzustellen. Sie waren mit Leinentuch bedeckt, und als Schmuck standen auf ihnen Flaschen mit Blumensträußen. An diesen Altären (zu denen die Anregung von häuslichen Szenen stammte, die Yali in Australien beobachtet hatte) sollten Nahrungs- und Tabakopfer dargebracht und damit die heidnischen Gottheiten und die Ahnen bewogen werden, Cargo zu schicken. Die Ahnen würden Gewehre, Munition, militärische Ausrüstung, Pferde und Kühe liefern. Yali sollte fortan den Königstitel tragen, und der Donnerstag, an dem Yali geboren war, sollte für die Eingeborenen den Sonntag als Feiertag ersetzen. Gurek behauptete, Yali könne Wunder wirken und er könne Menschen dadurch töten, daß er sie anspucke oder verfluche.

Yali selbst wurde wiederholt mit dem Auftrag ausgeschickt, seine Kultanhänger zu unterdrücken. Er machte sich diese Gelegenheit zunutze, um rivalisierende Propheten auszuschalten und mit Hilfe von Leuten seines Vertrauens ein weitgespanntes Netz aus Vertrauensleuten in den Dörfern zu schaffen. Er verhängte Geldbußen und andere Strafen, rekrutierte Arbeitskräfte und unterhielt eine eigene Polizeitruppe. Er finanzierte seine Organisation mittels eines heimlichen Umverteilungssystems. Er versprach ein echter Großer zu werden.

Die Missionare bestürmten die Behörden immer wieder, Yali aus dem Verkehr zu ziehen, aber sie hatten Mühe zu beweisen, daß er es tatsächlich war, der hinter der zunehmenden Aufsässigkeit der Eingeborenen stand. Es machte sogar Mühe nachzuweisen, daß es überhaupt einen Cargo-Kult gab, weil die Anhänger von Yalis Kult alle angewiesen worden waren, ihren Cargoglauben zu verleugnen. Wenn sie ihre Kultzugehörigkeit preisgäben, hatte man ihnen gesagt, würden die Weißen die Götter Neuguineas abermals stehlen und für sich behalten. Falls man sie nach dem Tisch mit den Blumen fragte, sollten sie antworten, sie hätten bloß vor, ihre Heime so verschönern, wie das die Weißen täten. Sooft Yali angeklagt wurde, Unruhe zu schüren, verwahrte er sich dagegen und erklärte, er habe nichts mit den Extremisten in den Dörfern zu tun, die seine eigenen öffentlich bekundeten Überzeugungen falsch verstünden.

Es dauerte nicht lange, da sahen sich die australischen Behörden einem ihrer Meinung nach offenen Aufruhr gegenüber. Im Jahr 1950 wurde Yali verhaftet und unter der Anklage vor Gericht gestellt, zu Vergewaltigung und Freiheitsberaubung angestiftet zu haben. Er wurde schuldig gesprochen und zu sechs Jahren Gefängnis verurteilt. Yalis Karriere war damit aber keineswegs zu Ende. Auch während er einsaß, hörten die Anhänger seines Kults nicht auf, in Erwartung seiner triumphalen Rückkehr an der Spitze einer Flotte von Handels- und Kriegsschiffen den Horizont abzusuchen. Im Verlauf der sechziger Jahre machte man schließlich den Eingeborenenstämmen von Neuguinea eine Reihe von politischen und ökonomischen Zugeständnissen. Yalis Anhänger schrieben ihm das Verdienst daran zu, daß mehr Schulen gebaut, die gesetzgebenden Gremien für Kandidaten aus den Reihen der Eingeborenen zugänglich und der Verkauf von alkoholischen Getränken freigegeben wurde.

Nach seiner Entlassung aus dem Gefängnis entschied Yali, der Schlüssel zum Cargo-Geheimnis liege im Parlament von Neuguinea. Er bewarb sich um einen Sitz im Stadtrat von Madang, unterlag aber bei den Wahlen. Als alter Mann war er Mittelpunkt eines großen Kults. „Blumenmädchen" besuchten ihn einmal im Jahr und nahmen Flaschen mit seinem Sperma mit. Die Leute machten ihm nach wie vor Geschenke; er ließ sich dafür bezahlen, daß er Christen taufte, die sich von den Sünden des Christentums reinwaschen und zur heidnischen Religion zurückkehren wollten. Zuletzt prophezeite Yali, Neuguinea werde am 1. August 1969 die Unabhängigkeit erhalten. Im Blick auf dieses Ereignis ernannte er Botschafter für Japan, China und die USA.

Jedes menschliche Tun wird unergründlich erscheinen, wenn es in Schnipsel zerlegt wird, die zu klein sind, um sich noch in das historische Gesamtbild einfügen zu lassen. Faßt man den Cargo-Kult über einen angemessen langen Zeitraum ins Auge, erweist er sich als die vom Weg des geringsten Widerstands bestimmte Form, in der die Eingeborenen ebenso hartnäckig wie einseitig ihren Konflikt mit den Weißen austrugen. Jedem Schnipsel Geheimniskrämerei bei den Wilden entsprach ein Schnipsel Raffgier bei den Zivilisierten, und das Ganze baute nicht auf Phantomen auf, sondern auf handfesten Belohnungen und Strafen.

Wie andere Gruppen, wilde und zivilisierte, deren Hoheitsgebiet und Freiheit von Eindringlingen bedroht ist, versuchten die Menschen von Madang die Europäer aus dem Land zu vertreiben – nicht sofort, denn es vergingen etliche Jahre, ehe die Eindringlinge ihren unersättlichen Hunger nach urbarem Land und billigen Arbeitskräften verrieten. Dennoch ließ der Versuch, die Feinde abzumurksen, nicht lange auf sich warten. Er war zum Scheitern verurteilt, weil hier wie in so vielen anderen Kapiteln der kolonialistischen Kriegsgeschichte die Gegner von drastisch ungleicher Stärke waren. Die Eingeborenen von Madang litten unter zwei unüberwindlichen Handicaps: Sie hatten keine modernen Waffen, und sie waren in Hunderte von kleinen Stämmen und Dorfgemeinschaften zersplittert, die außerstande waren, sich gegen einen gemeinsamen Feind zusammenzuschließen.

Die Hoffnung auf eine gewaltsame Vertreibung der Europäer schwand nie völlig; sie wurde gedämpft, aber erlosch nicht ganz. Die Eingeborenen traten den Rückzug an, nur um auf Bahnen wieder vorzurücken, die den Eindruck verrückter Abwege machten. Die Eindringlinge wurden wie überhebliche Große behandelt, die zwar zu stark waren, um sie zu Fall zu bringen, die sich aber vielleicht noch manipulieren ließen. Um diese merkwürdigen Großen dazu zu bringen, mehr von ihrem Reichtum abzugeben und ihren Appetit auf Land und Arbeitskräfte zu zügeln, bemühten sich die Eingeborenen, ihre Sprache zu lernen und in ihre Geheimnisse einzudringen. Und so begann die Periode, in der sich die Eingeborenen zum Christentum bekehrten, ihre einheimischen Bräuche aufgaben und sich der Besteuerung und der Zwangsarbeit unterwarfen. Die Eingeborenen lernten „Respekt" und wirkten an ihrer eigenen Ausbeutung aktiv mit. Diese Phase hatte Folgen, die keine der beteiligten Parteien beabsichtigt oder vorhergesehen hatte. Stämme und Dörfer, die früher getrennt waren und sich feindselig gegenüberstanden, kamen zusammen, um demselben Herrn zu dienen. Sie vereinigten sich in der Überzeugung, daß die christlichen Großen manipulativ dazu gebracht werden konnten, einen Zustand paradiesischer Erlösung für alle herbeizuführen. Sie beharrten auf der Umverteilung von Cargo. Das war nicht das, was die Missionare unter Christentum verstanden. Aber die Eingeborenen handelten im Eigeninteresse, wenn sie sich weigerten, das Verständnis der Missionare von dem, was christlich sei, zu übernehmen. Sie bestanden darauf, daß die Europäer sich wie echte Große zu verhalten hatten; sie hielten daran fest, daß die Besitzer von Reichtum verpflichtet waren, ihn auszuteilen.

Die Menschen aus den westlichen Gesellschaften sind ebenso amüsiert wie beeindruckt, wenn sie sehen, wie unfähig die Eingeborenen sind, wirtschaftliche und religiöse Lebensweisen des Westens zu verstehen. Stillschweigend wird angenommen, die Eingeborenen seien zu dumm, zurückgeblieben oder abergläubisch, um die Prinzipien, nach denen die Zivilisation funktioniert, zu verstehen. In Yalis Fall ist diese Annahme mit Sicherheit falsch. Yalis Problem war nicht, daß er die fraglichen Prinzipien nicht begreifen konnte, sondern daß er sie unannehmbar fand. Seine weißen Betreuer waren verblüfft, daß jemand, der gesehen hatte, wie moderne Fabriken funktionieren, immer noch an Cargo glauben konnte. Aber je mehr Yali darüber in Erfahrung brachte, wie die Weißen Reichtum produzieren, um so weniger konnte er ihre Erklärung dafür akzeptieren, daß er und seinesgleichen nicht daran teilhaben konnten. Das heißt nicht, daß er verstand, wie es die Weißen zu ihrem Reichtum gebracht hatten. Im Gegenteil, das letzte, was man von ihm hörte, war, daß er an der Theorie bastelte, die Weißen hätten ihren Reichtum durch den Bau von Bordellen erworben. Aber Yali hatte stets genug Verstand, um die „harte Arbeit", mit der die Weißen den Reichtum stereotyp erklärten, als gezielte Täuschung zu durchschauen. Jedermann konnte sehen, daß die europäischen Großen – im Unterschied zu ihren Pendants bei den Eingeborenen – fast überhaupt nicht arbeiteten.

Yalis Verständnis von der Welt war alles andere als ein exklusives Produkt „wilden Denkens". Wie in anderen kolonialen Bereichen genossen auch in der Südsee die Missionen praktisch ein uneingeschränktes Monopol darauf, den Eingeborenen Bildung zu vermitteln. Diese Missionen waren nicht darauf aus, den Eingeborenen das intellektuelle Instrumentarium für politische Analysen zu liefern; sie boten keinen Einstieg in die Theorie des westlichen Kapitalismus; sie bemühten sich auch nicht um eine Analyse der kolonialistischen Wirtschaftspolitik. Statt dessen unterrichteten sie über die Schöpfung, über Propheten und Prophezeiungen, über Engel, über einen Messias, die Erlösung im Jenseits, die Wiederauferstehung und ein ewiges Königreich, in dem die Toten und die Lebenden wiedervereint würden, um in einem Land zu leben, in dem Milch und Honig floß.

Es war unvermeidlich, daß diese Vorstellungen – zu denen es im Glaubenssystem der Eingeborenenkulturen viele recht genaue Parallelen gab – zum Idiom wurden, in dem sich der Widerstand der Massen gegen die koloniale Ausbeutung zuerst Ausdruck verschaffte. Die christliche Mission wurde zum Schoß der Rebellion. Die Europäer unterbanden jede Form der offenen Agitation, alle Streiks, Gewerkschaften oder politischen Parteien, und damit sorgten sie höchstpersönlich für den Siegeszug des Cargo-

Kults. Es war nicht allzu schwer zu erkennen, daß die Missionare logen, wenn sie behaupteten, Cargo bekomme nur, wer hart arbeite. Schwer zu erfassen war hingegen der wirkliche Zusammenhang, der zwischen dem Reichtum, den die Australier und Amerikaner genossen, und der Arbeit der Eingeborenen bestand. Ohne die billige Arbeitskraft der Eingeborenen und ohne die Aneignung ihres Landes wären die Kolonialmächte nie so reich geworden. In gewisser Hinsicht hatten deshalb die Eingeborenen Anspruch auf die Erzeugnisse der Industrienationen, auch wenn sie dafür nicht bezahlen konnten. Der Cargo-Kult war ihre Art, das deutlich zuu machen. Und darin, meine ich, liegt sein wahres Geheimnis.

7

Messiasgestalten

Dem Leser sind gewiß die Ähnlichkeiten zwischen den Cargo-Kulten und frühchristlichen Glaubensvorstellungen aufgefallen. Jesus von Nazareth prophezeite den Sturz der Gottlosen, Gerechtigkeit für die Armen, das Ende von Elend und Leid, die Wiedervereinigung mit den Toten und ein ganzes neues himmlisches Königreich. Das tat auch Yali. Kann das Phantomfracht-Mysterium uns helfen, die Bedingungen zu verstehen, unter denen unsere eigenen religiösen Lebensweisen entstanden? Augenscheinlich gibt es einige wichtige Unterschiede. Die Cargo-Kulte hatten sich dem Sturz einer bestimmten herrschenden politischen Ordnung und der Errichtung eines Königreichs geweiht, das eindeutig auf Erden beheimatet war. Die Eingeborenen erwarteten, daß die Toten als uniformierte Soldaten ins Leben zurückkehrten und mit Waffen für den Kampf gegen die in Neuguinea stationierten Polizeikräfte und Truppen ausgerüstet waren. Jesus von Nazareth hatte an der Beseitigung eines bestimmten politischen Systems kein Interesse; er stand über der Politik, sein Reich war „nicht von dieser Welt". Als die ersten Christen von „Kämpfen" gegen die Gottlosen sprachen, waren ihre „Schwerter", „Feuersbrände" und „Siege" bloße irdische Metaphern für überirdische, spirituelle Vorgänge. Jedenfalls ist dies die fast einhellige Ansicht, daß dies beim ursprünglichen Jesus-Kult der Fall war.

Daß eine von der Anlage her so jenseitsorientierte und so sehr auf Frieden, Liebe und Selbstlosigkeit gerichtete Lebensweise in einem maßgeblichen Sinn Ergebnis bestimmter materieller Bedingungen war, scheint unmöglich. Aber wie alle anderen Rätsel findet auch dieses seine Auflösung in den praktischen Verhältnissen von Menschen und Völkern. Tatsächlich müssen wir uns mit zwei Rätseln befassen. Das Christentum entstand unter den Juden in Palästina. Der Glaube an das Kommen eines Heilands oder *Messias* - eines Gottes in Menschengestalt – war ein wichtiges Kennzeichen des jüdischen Glaubens zur Zeit Christi. Die ersten Anhänger von Jesus, die fast durchweg Juden waren, hielten ihn für diesen Erlöser. („Christus" ist die latinisierte Form von *christós* :„der Gesalbte", dem Wort, das die Juden für ihren erhofften Erlöser verwendeten, wenn sie griechisch sprachen.) Um das Rätsel der frühchristlichen Lebensweise lösen zu können, muß ich erst einmal erklären, welche Basis der jüdische Glaube an einen Messias hatte.

Nicht viel anders als die meisten heutigen Nationen glaubten alle Völker der Antike, daß Kriege nicht ohne göttlichen Beistand zu gewinnen seien. Um ein Reich zu erobern oder einfach nur als unabhängiger Staat zu überleben, brauchte man Krieger, mit denen Ahnen, Engel oder Götter bereit waren zusammenzuarbeiten.

David, der Begründer des ersten und größten jüdischen Reiches, behauptete, in einem heiligen Bund mit Jahwe, dem Gott der Juden, zu stehen. Das Volk bezeichnete David als *Messias* (hebräisch *mashia*; „der Gesalbte"), ein Wort, das auch für Priester, Schilde, Davids Vorgänger Saul und seinen Sohn Salomo gebraucht wurde. So konnte *Messias* wahrscheinlich ursprünglich jede Person heißen, die über große Heiligkeit und sakrale Macht verfügte. Die Bezeichnung Davids als Messias, als Gesalbter, bedeutete, daß er kraft seines Zusammenwirkens mit Jahwe Anspruch darauf hatte, über dessen irdisches Reich zu herrschen.

David hieß von Haus aus Elhanan ben Jesse. Den Namen David, der soviel bedeutet wie „großer Anführer", erhielt er zu Ehren seiner Siege auf dem Schlachtfeld. Sein Aufstieg, der ihn aus kleinen Verhältnissen zur Macht führte, wurde für die Juden zum Vorbild – zum grundlegenden Verlaufsschema – der idealen kriegerisch-messianischen Karriere. Er kam in Bethlehem zur Welt und verbrachte seine Jugend als Schafhirte. Später wurde er geächteter Anführer einer Guerillabewegung in der judäischen Wüste. Sein Hauptquartier hatte er in einer Höhle; seine Siege errang er gegen alle Wahrscheinlichkeit – wie sein Kampf mit Goliath sinnbildlich zeigt.

Bis zu den Zeiten Jesu hielten die Priester daran fest, daß Jahwe einen Bund mit David geschlossen habe. Jahwe hatte David versprochen, daß seine Dynastie ewig dauern werde. Aber Davids Reich fing in Wirklichkeit schon kurz nach seinem Tode an zu zerfallen. Nachdem Nebukadnezar Jerusalem im Jahr 586 v. Chr. erobert und eine große Zahl von Juden in die babylonische Gefangenschaft geführt hatte, verschwand es eine Zeitlang völlig von der Bildfläche. Danach gewann der jüdische Staat als Satellit der einen oder anderen Großmacht wieder eine prekäre Existenz.

Jahwe hatte zu Moses gesagt: „Du sollst über viele Völker herrschen, aber sie sollen nicht über dich herrschen." Und doch war das Land, das Jahwe seinem Volk verheißen hatte, kein sehr wahrscheinlicher Ausgangspunkt für eine Welteroberung. Zum einen war es ein militärisches Durchmarschgebiet, der Hauptkorridor, durch den die Heere der asiatischen und europäischen Reiche gegen Ägypten und dessen Armeen gegen die ersteren marschierten. Ehe sich in Palästina ein einheimisches Reich fest etablieren konnte, war schon wieder irgendein vielfüßiges Monsterheer in der einen oder anderen Richtung durchgezogen und hatte es in Grund und Boden gestampft. Ägypter, Assyrer, Babylonier, Perser, Griechen und Römer stürmten durch das Heilige Land und brannten oft denselben Ort zweimal nieder, ehe der nächste Aggressor an der Reihe war.

Diese Erfahrungen setzten die Glaubwürdigkeit der heiligen Bücher Jahwes und seiner übriggebliebenen Priesterschaft einer schweren Belastungsprobe aus. Warum hatte Jahwe zugelassen, daß so viele Völker groß wurden, während sein erwähltes Volk immer wieder unterworfen und versklavt wurde? Warum hatte Jahwe sein Versprechen an David nicht gehalten? Dies war das große Rätsel, das die heiligen Männer und Propheten der Juden immer wieder aufzulösen suchten.

Ihre Antwort: Jahwe hatte sein Versprechen gegenüber David nicht gehalten, weil die Juden ihr Versprechen gegenüber Jahwe nicht gehalten hatten. Das Volk hatte die heiligen Gesetze übertreten und sich unreinen religiösen Bräuchen verschrieben. Sie hatten gesündigt, hatten Schuld auf sich geladen, hatten ihr Verderben selber heraufbeschworen. Aber Jahwe war ein barmherziger Gott und würde sein Versprechen an die Juden immer noch einlösen, vorausgesetzt, diese hielten trotz ihrer Bestrafung an dem Glauben fest, daß er der eine wahre Gott sei. Wenn sie Einsicht zeigten, bereuten und um Vergebung baten, konnten sie ihre Sünde sühnen; Jahwe würde dann den Bund erneuern, sie erretten, erlösen und größer machen, als sie je zuvor waren. Wenn die Sühne vollendet war – wann das der Fall sein würde, wußte nur Jahwe selbst –, würde dem Volk Gottes wunderbarerweise Genugtuung widerfahren. Jahwe würde einen neuen Kriegsfürsten nach Art des David, des Messias, des Gesalbten, schicken, damit er die feindlichen Völker zerschlug. Große Schlachten würden ausgefochten; der ganze Erdball würde unter dem Zusammenstoß großer Heere und dem Fall großer Städte erbeben. Das war dann das Ende einer Welt und der Anfang einer anderen, denn Jahwe hätte die Juden nicht so lange warten und leiden lassen, wenn er nicht beabsichtigte, sie großartiger zu entschädigen als jemals Menschen zuvor. Und so quillt das Alte Testament über von Verheißungen der heilverkündenden Propheten – Jesaja, Jeremia, Hesekiel, Micha, Sacharja und andere –, die allesamt einer kriegerisch-messianischen Lebensform das Wort reden und ihren Segen geben.

Jesaja nennt den Messias „Wunderbar, Rat, Kraft, Held, Ewig-Vater, Friedefürst", der für alle Zeit auf dem Thron Davids regieren werde. Dieser Erretter werde die Assyrer „zerschlagen" und „zertreten", werde Babylon „zum Erbe der Igel und zum Wassersumpf" machen, werde dafür sorgen, daß der Moabiter „Haupt kahlgeschoren" und ihr „Bart abgeschnitten" und daß Damaskus zu einem „zerfallenen Steinhaufen" werde; er werde „die Ägypter aneinander hetzen, daß ein Bruder wider den andern, ein Freund wider den andern, eine Stadt wider die andere, ein Reich wider das andere Streiten wird".

Jeremia läßt Jahwe sagen: „In denselben Tagen und zu derselben Zeit will ich dem David ein gerechtes Gewächs aufgehen lassen, und er soll Recht und Gerechtigkeit anrichten auf Erden." Und dann wird die Ägypter „das Schwert fressen und von ihrem Blut voll und trunken werden". Die Philister „werden schreien und alle Einwohner im Lande heulen". Von Moab hört man „ein Geschrei" und „großen Jammer". Ammon „soll auf einem Haufen wüst liegen und ihre Töchter mit Feuer angesteckt werden". Edom soll „wüst werden". In Damaskus wird „ihre junge Mannschaft auf den Gassen darniederliegen". Hazor „soll eine Wohnung der Schakale und eine ewige Wüste werden". Hinter Elam will der Herr „das Schwert her schicken, bis ich sie aufreibe". Und was Babylon betrifft: „Kommet her wider sie, ihr vom Ende, öffnet ihre Kornhäuser, werfet sie in einen Haufen und verbannet sie, daß ihr nichts übrig bleibe."

Das Buch Daniel – das um 165 v. Chr. geschrieben wurde, als in Palästina syrische Griechen herrschten – spricht ebenfalls von einer kriegerisch-messianischen Erlösung durch einen Gesalbten, den Fürsten, der ein großes jüdisches Reich gründen werde: „Ich sah in diesem Gesichte des Nachts, und siehe, es kam einer in des Himmels Wolken wie eines Menschen Sohn bis zu dem Alten und ward vor ihn gebracht. Der gab ihm Gewalt, Ehre und Reich, daß ihm alle Völker, Leute und Zungen dienen sollten. Seine Gewalt ist ewig, die nicht vergeht, und sein Königreich hat kein Ende."

Die meisten Menschen wissen aber nicht, daß diese rachsüchtigen Prophezeiungen im Zusammenhang mit echten Befreiungskämpfen unter Führung wirklicher kriegerischer Messiasgestalten entstanden. Diese Kämpfe fanden Unterstützung im Volk, weil sie nicht nur darauf zielten, die Unabhängigkeit des jüdischen Staates wiederherzustellen, sondern auch mit dem Versprechen einhergingen, die ökonomischen und sozialen Ungleichheiten zu beseitigen, die sich unter der jeweiligen Fremdherrschaft bis zur Unerträglichkeit verschärft hatten.

Wie der Cargo-Kult entsprang auch der Kult des als Racheengel erscheinenden Messias dem Bemühen, ausbeuterische Systeme eines politischen und ökonomischen Kolonialismus zu Fall zu bringen, und erneuerte sich ebenso regelmäßig wie die Ausbeutungssysteme selbst. Nur hatten in diesem Fall die Eroberer, militärisch gesehen, kein so leichtes Spiel mit den Eingeborenen. Die Juden kämpften unter der Führung gebildeter Kriegerpropheten, deren Erinnerung in eine ferne Zeit zurückreichte, in der die „Ahnen" über ein eigenes Reich geherrscht hatten.

Wenn sich überhaupt von einer Lebensform sagen läßt, daß sie in Palästina zur Zeit der römischen Herrschaft hervorstach, so ist es diejenige, die mit dem Glauben an einen kriegerischen Messias verknüpft ist, der kommen wird, um Vergeltung zu üben. Inspiriert vom Vorbild des Sieges, den David über Goliath errungen hatte, und von Jahwes Verheißung einer kriegerisch-messianischen Erlösung, führten jüdische Guerillas einen langen Kampf gegen die römische Verwaltung und das römische Heer. Allem Anschein nach in völligem Gegensatz zur Taktik und Strategie der Befreiungskämpfer entwickelte sich der Kult des friedfertigen Messias – die Lebensform Jesu und seiner Anhänger – inmitten dieses Guerillakriegs und in genau den Regionen Palästinas, in denen die Aufstände ihren Schwerpunkt hatten.

Die christlichen Evangelien schweigen sich über die Beziehung Jesu zum jüdischen Befreiungskampf aus. Wer nur das Neue Testament liest, würde nie auf den Gedanken kommen, daß Jesus einen Großteil seines Lebens auf dem zentralen Schauplatz eines der heftigsten Guerillaaufstände der Weltgeschichte verbrachte. Sogar noch weniger verraten die Evangelien dem Leser über die Tatsache, daß dieser Kampf auch lange nach der Hinrichtung Jesu mit zunehmender Heftigkeit weiterging. Nichts läßt ahnen, daß die Juden 68 n. Chr. eine regelrechte Revolution anzettelten, deren Niederschlagung den Einsatz von sechs römischen Legionen und zwei späteren Kaisern nötig machte. Und am allerwenigsten käme man darauf, daß Jesus selbst dem römischen Versuch zum Opfer fiel, das kriegerisch-messianische Bewußtsein der jüdischen Revolutionäre zu zerstören.

Als römische Kolonie legte Palästina alle klassischen politischen und wirtschaftlichen Symptome kolonialer Mißwirtschaft an den Tag. Die Juden in hohen zivilen oder religiösen Ämtern waren Marionetten oder Schützlinge der Römer. Die hochrangigen Priester, reichen Landbesitzer und Kaufleute lebten in orientalischer Pracht, aber das Gros der Bevölkerung bestand aus landlosen, entwurzelten Bauern, schlechtbezahlten oder arbeitslosen Handwerkern, Knechten und Sklaven. Das Land stöhnte unter der Last von Zwangseintreibungen, korrupter Verwaltung, willkürlichen Tributforderungen, Zwangsarbeit und galoppierender Inflation. Die Landbesitzer führten fern von ihren Gütern ein aufwendiges Leben in Jerusalem, während ihre Pächter die fünfundzwanzigprozentige Steuer verkraften mußten, die von den Römern auf landwirtschaftliche Produkte erhoben wurde, und dazu noch eine Abgabe in Höhe von 22 Prozent, mit der das Restliche vom Tempel belegt wurde. Der Haß der galiläischen Bauern auf die Aristokraten in Jerusalem war besonders heftig und wurde von der anderen Seite voll und ganz erwidert. In den Kommentaren des Talmud werden die wahren Juden ermahnt, ihre Töchter nicht mit „den Leuten des flachen Landes", wie die galiläischen Bauern genannt wurden, zu verheiraten, „weil sie unreine Tiere sind". Rabbi Eleazar empfahl sarkastisch, diese Typen sogar am heiligsten Tag des Jahres, wenn sonst kein Tier geschlachtet werden durfte, abzumurksen; und Rabbi Joahanan sagte, man dürfe „einen Bauernkerl in Stücke reißen wie einen Fisch", während Rabbi Eleazar äußerte: „Die Feindseligkeit eines Bauernkerls gegenüber einem Gelehrten ist intensiver als die des Heiden gegenüber den Israeliten."

Die Begeisterung des Volkes für das kriegerisch-messianische Ideal ging über das Verlangen hinaus, jüdische Nationalisten an die Stelle der vom Ausland gesteuerten Marionetten treten zu sehen. Die Galiläer sehnten Davids Königreich herbei, weil die Propheten verkündet hatten, der Messias werde der ökonomischen und sozialen Ausbeutung ein Ende machen und die niederträchtigen Priester, Grundbesitzer und Könige bestrafen. Dieses Thema wird im apokryphen Buch Henoch zur Sprache gebracht:

„Weh über dich, du Reicher, denn du hast auf deinen Reichtum gebaut und sollst von deinem Reichtum fortgerissen werden... Weh über dich, der du deinem Nachbarn mit Bösem vergiltst, denn es wird dir nach deinen Werken vergolten werden. Weh über euch, die ihr falsch Zeugnis redet... Aber fürchte dich nicht, du Dulder, denn Heilung wird dein Teil sein."

Die Dialektik des Königreichs Jahwes bezog zwangsläufig die Gesamtheit menschlicher Erfahrung ein. Wie bei den Cargo-Kulten waren auch hier weltliche und sakrale Aspekte nicht voneinander zu trennen; „diesseitige" und jenseitige Themen bildeten eine Einheit. Politik, Religion und Ökonomie waren miteinander verschmolzen; Himmel und Erde gingen ineinander über, die Natur war mit Gott vermählt. In dem neuen Leben war alles völlig anders, alles war auf den Kopf gestellt. Die Juden herrschten, und die Römer dienten. Die Armen waren reich, die Bösen wurden bestraft, die Siechen geheilt und die Toten wieder zum Leben erweckt.

Die Juden begannen ihren Krieg, kurz nachdem Herodes der Große vom Römischen Senat als Marionettenkönig Roms bestätigt worden war. Anfangs wurden die Guerillas von den Römern und der herrschenden Klasse der Juden einfach als Räuber (griechisch: *lestai*) angesehen. Aber diese Räuber machten sich nicht so sehr des Raubes schuldig als vielmehr der Unternehmungen gegen abwesende Grundbesitzer und römische Steuereintreiber. Der andere Name für die Aufständischen war „Zeloten" oder Eiferer – als Hinweis auf den Eifer, mit dem sie für das jüdische Gesetz und die Erfüllung des Bundes mit Jahwe eintraten.

Nur zusammengenommen können die beiden Begriffe einen angemessenen Eindruck davon vermitteln, was diese Kämpfer taten. Nur wenn man sie als zelotische Banditen faßt, lassen sich ihre Unternehmungen in den alltäglichen Zusammenhang ihrer Welt einordnen. Die zelotischen Banditenguerillas glaubten, daß sie mit Hilfe eines Messias schließlich den Sturz des Römischen Reiches herbeiführen würden. Ihr Glaube war keine bloße innere Einstellung, sondern drückte sich in einer revolutionären Praxis aus, zu der Belästigungen, Provokationen, Raub, Meuchelmord, Terrorismus und tollkühne Aktionen gehörten, die mit dem Tod bezahlt wurden. Einige Spezialisten in städtischer Guerillataktik wurden „Dolchmänner" (lateinisch: *sicarii*) genannt; die anderen lebten auf dem Land, in Höhlen und Bergverstecken und waren darauf angewiesen, daß die bäuerliche Landbevölkerung sie versorgte und ihnen Deckung gab.

Jede Schilderung der politischen und kriegerischen Ereignisse in Palästina während des 1. Jahrhunderts n. Chr. muß sich weitgehend auf die Schriften des Flavius Josephus, eines der großen Historiker der Antike, stützen.

Da der Leser mit den Vorgängen, über die ich sprechen will, vermutlich nicht vertraut ist, darf ich ein Wort über die Zuverlässigkeit dieser Quelle verlieren. Josephus war ein Zeitgenosse der Verfasser der frühesten christlichen Evangelien. Zwei seiner Werke, *Der Jüdische Krieg* und *Jüdische Archäologie*, gelten der Wissenschaft als ebenso wichtige Quellen für die Geschichte Palästinas im 1. Jahrhundert wie die Evangelien selbst. Wir wissen genau, wer Josephus war und wie er dazu kam, seine Bücher zu schreiben – was sich von den Verfassern der Evangelien nicht behaupten läßt. Josephus kam 37 n. Chr. unter dem Namen Joseph ben Matthias als Angehöriger der jüdischen Oberschicht zur Welt. Im Jahr 68 n. Chr., im Alter von nur einunddreißig Jahren, wurde er Statthalter von Galiläa und General in der jüdischen Befreiungsarmee, die gegen das römische Heer kämpfte. Nachdem seine Streitkräfte bei der Belagerung von Jotapata aufgerieben worden waren, kapitulierte er und wurde vor Vespasian, den römischen General, und dessen Sohn Titus gebracht. Josephus erklärte nun, Vespasian sei der Messias, auf den die Juden gewartet hätten, und sowohl Vespasian als auch Titus würden römische Kaiser werden.

Vespasian wurde tatsächlich 69. n. Chr. zum Kaiser gemacht, und zum Dank für Josephus' prophetische Verkündigung nahm er ihn mit nach Rom und reihte ihn dem neuen kaiserlichen Gefolge ein. Er wurde römischer Bürger, erhielt eine Wohnung im kaiserlichen Palast und eine lebenslängliche Pension aus den Einkünften von Gütern in Palästina, die zur römischen Kriegsbeute aus den Kämpfen in Palästina gehörten.

Josephus verbrachte sein restliches Leben damit, Bücher zu schreiben, in denen er erklärte, warum die Juden sich gegen Rom erhoben hatten und warum er selbst zu den Römern übergelaufen war. Da er in Rom und für römische Leser schrieb – von denen viele, auch der Kaiser, Augenzeugen der geschilderten Ereignisse waren –, dürfte er die grundlegenden Fakten seiner Geschichte schwerlich er-

funden haben. Die Entstellungen, hinter die man gekommen ist, hängen augenscheinlich mit Josephus' Wunsch
zusammen, nicht als Verräter abgestempelt zu werden,
und lassen sich leicht ausklammern, ohne daß die Glaubwürdigkeit der Hauptgeschichte dadurch Schaden erleidet.

Josephus' Schilderung der Vorgänge läßt deutlich werden, daß die Guerillatätigkeit und das kriegerisch-messianische Bewußtsein der Juden eine parallele Wachstumskurve beschrieben. Das staubige, sonnengedörrte Hinterland war voller heiliger Männer, die als seltsam gekleidete
Orakel herumwanderten und in Bildern und Gleichnissen
Prophezeiungen über die kommende Schlacht um die
Weltherrschaft verlautbarten. Erfolgreiche Guerillaführer
nährten Gerüchte, die im Licht und Zwielicht dieser ewig
wiederkehrenden messianischen Spekulationen gediehen.
In stetigem Strom traten charismatische Führer ins Ram-
penlicht der Geschichte und beanspruchten die Rolle des
Messias; mindestens zwei von ihnen gelang es tatsächlich,
das Römische Reich in seinen Grundfesten zu erschüttern.

Herodes der Große lenkte erstmals die Aufmerksamkeit
seiner römischen Gönner durch die Energie auf sich, mit
der er gegen einen Banditenhäuptling ins Feld zog, der
einen ganzen Bezirk in Nordgaliläa kontrollierte. Laut
Josephus lockte Herodes diesen Banditen namens Ezechias in einen Hinterhalt und brachte ihn auf der Stelle
um. Aber wir wissen, daß Ezechias kein gewöhnlicher
Räuber, sondern ein Guerillaführer war; denn seine Sym-
pathisanten in Jerusalem waren mächtig genug, um Herodes einen Mordprozeß anzuhängen. Ein Vetter von Julius
Caesar schaltete sich ein, erwirkte die Freilassung von
Herodes und und verschaffte ihm in Rom so viel Ansehen, daß er bald schon als römische Marionette zum
König der Juden ernannt wurde.

Herodes mußte noch gegen weitere Banditen vorgehen,
um seine Herrschaft über Palästina zu festigen. Josephus
zufolge „brach er gegen die in Höhlen wohnenden Räuber

auf, die weite Teile des Landes durchstreiften und den Einwohnern nicht weniger Not machten als ein Krieg". Als man die Banditen in ihren Höhlen umzingelt hatte, stellte sich heraus, daß sie von ihren Familien begleitet waren und es ablehnten, sich zu ergeben. Ein alter Bandit stand in der Öffnung einer unzugänglichen Höhle und brachte vor Herodes Augen seine Frau und jedes einzelne seiner sieben Kinder um; er „schmähte den Herodes noch wegen seiner niedrigen Herkunft", ehe er selber in den Tod sprang. „Auf diese Weise bekam Herodes die Höhlen und ihre Bewohner in seine Gewalt" und zog nach Samaria weiter. Nach seinem Abzug „faßten dann die gewohnheitsmäßigen Unruhestifter wieder Mut und töteten den Feldherrn Ptolemäus bei einem unerwarteten Überfall; sie machten die Sumpfniederungen und die schwer erforschbaren Gegenden zu ihren Schlupfwinkeln und verheerten das Land."

Als Herodes im Jahr 4 v. Chr. starb, brachen in allen Randgebieten Aufstände los. Ezechias' Sohn, Judas von Galiläa, „erbrach die königlichen Waffenlager". Gleichzeitig brannte in Peraea auf der anderen Seite des Jordans ein Sklave namens Simon „den königlichen Palast in Jericho nieder, dazu viele andere Landhäuser der Reichen". Ein dritter Aufständischer, ein früherer Schafhirte namens Athrongaios, „spielte den König" – womit Josephus wahrscheinlich sagen will, daß seine Anhänger in ihm den Messias sahen. Bevor Athrongaios und seine vier Brüder einer nach dem anderen von den Römern getötet wurden, „überzogen sie ganz Judäa mit ihren Raubzügen". Varus, der römische Statthalter von Syrien, stellte die Ordnung wieder her. Er nahm 2000 Rädelsführer gefangen und ließ sie allesamt kreuzigen. Das ereignete sich ein Jahr vor Jesu Geburt.

Judas von Galiläa brachte es bald zum obersten Führer der wichtigsten Guerillastreitkräfte. Josephus bezeichnet ihn an einer Stelle als „sehr bedeutenden Gelehrten". Im Jahr 6 n. Chr. versuchten die Römer, durch eine Volkszählung die Steuerlisten auf den neuesten Stand zu bringen.

Judas rief seine Landsleute zum Widerstand auf und warnte, die Volkszählung werde „die Knechtschaft unter den Römern" besiegeln. Josephus legt ihm die Äußerung in den Mund, die Juden begingen „einen Frevel, wenn sie bei der Steuerzahlung an die Römer bleiben und nach Gott irgendwelche sterbliche Gebieter auf sich nehmen würden". Josephus berichtet, alle, die bereit waren, sich Rom zu fügen, seien als Feinde behandelt worden: Man habe ihr Vieh zusammengetrieben und ihre Häuser niedergebrannt. Wie und wann Judas von Galiläa den Tod fand, darüber ist uns nichts überliefert. Wir wissen nur, daß seine Söhne den Kampf fortsetzten. Zwei wurden gekreuzigt, und ein anderer erklärte sich zu Anfang der Revolution von 68 bis 73 n. Chr. zum Messias. Den letzten Widerstand in diesem Krieg, die selbstmörderische Verteidigung der Festung von Masada, führte ebenfalls ein Nachkomme von Judas von Galiläa an.

Jesus begann etwa 28 n. Chr. mit der aktiven Verkündigung seiner messianischen Lehren. Zu dieser Zeit war ein „heißer Krieg" im Gange, und das nicht nur in Galiläa, sondern auch in Judäa und Jerusalem. Der Jesuskult war weder die größte noch die bedrohlichste aufrührerische Situation, mit der Pontius Pilatus, der römische Statthalter, der Jesus zum Tode verurteilte, fertig werden mußte. Zum Beispiel schildert Josephus, wie sich eine wütende Volksmenge in Jerusalem, verstärkt durch massiven Zuzug vom Land, zusammenrottete, als Pilatus das jüdische Bilderverbot verletzte. Ein anderes Mal fand sich Pilatus von einer tobenden Menge umringt, die gegen Zweckentfremdung von Teilen des Tempelschatzes für den Bau einer Wasserleitung protestierte. Aus den Evangelien wissen wir, daß Jesus selbst einen Marsch auf den Tempel anführte und daß kurz vor dem Prozeß gegen Jesus ein Aufstand stattgefunden haben muß; denn der beim Volk beliebte Banditenführer Barabbas war zu dieser Zeit mit mehreren seiner Leute in Haft.

Nach der Hinrichtung von Jesus bemühten sich die Römer weiterhin, die Landregionen Judäas von „Banditen" zu säubern. Josephus berichtet, daß im Jahr 44 n. Chr. ein anderer großer Banditenhäuptling namens Tholomaios gefangengenommen wurde. Kurz danach tauchte eine messianische Gestalt namens Theudas in der Wüste auf. Seine Anhänger ließen ihre Häuser und Besitztümer im Stich und versammelten sich in Massen an den Ufern des Jordans. Manche behaupten, Theudas' Absicht sei es gewesen, die Wasser sich teilen zu lassen, wie sie es für Josua getan hatten; nach anderen wollte dieser Messias in die Gegenrichtung, nach dem westlich gelegenen Jerusalem ziehen. Aber wie dem auch sei – der römische Statthalter Cuspius Fadus schickte die Kavallerie; sie köpfte Theudas und massakrierte seine Anhänger.

Während des Passahfestes im Jahr 50 n. Chr. zog ein römischer Soldat seine Tunika hoch und furzte in eine Menge von Pilgern und Gläubigen, die im Tempel ihre Andacht verrichten wollten. „„…einige junge Männer, die zu wenig beherrscht waren, und andere aus dem Volk, die von Natur zum Aufstand neigten, schritten zum Kampf", schreibt Josephus. Römische schwerbewaffnete Fußtruppen marschierten auf, und es kam zu einer riesigen Panik, bei der nach Josephus 30000 Menschen zu Tode getrampelt wurden (manche vermuten, daß er 3000 meint). Die Attacke Jesu gegen den Tempel fiel mit dem Passahfest des Jahres 33 n. Chr. zusammen. Wie wir sehen werden, waren Befürchtungen, daß Reaktionen der Pilgermenge zu Vorfällen wie der Panik von 50 n. Chr. führen könnten, der Grund dafür, daß die jüdischen und römischen Behörden bis zum Einbruch der Nacht warteten, ehe sie Jesus verhafteten.

Zu fast einer Art allgemeinem Aufstand kam es 52 n. Chr. unter der Führung von Eleazar ben Dinäus, einem „Räuberhauptmann", der an die zwanzig Jahre in den Bergen verbracht hatte. Der Statthalter Cumanus „nahm von den Leuten des Eleazar viele gefangen, eine noch

größere Zahl tötete er". Aber die Unruhen griffen um sich;
„über das ganze Land hin ereigneten sich Raubüberfälle,
und die Wagemutigsten unternahmen ganz offene Em-
pörungsversuche". Der syrische Legat schaltete sich ein,
ließ achtzehn Partisanen köpfen und alle Gefangenen, die
Cumanus gemacht hatte, kreuzigen. Der Aufstand wurde
schließlich von einem neuen Statthalter namens Felix niedergeschlagen, der Eleazar gefangennahm und nach Rom
schickte – wahrscheinlich, damit er dort öffentlich erdrosselt wurde. „Die Zahl der von ihm gekreuzigten Räuber
und der Einwohner, denen eine Verbindung mit diesen
nachgewiesen werden konnte und die er darum bestrafte,
stieg ins Ungeheure."

In Jerusalem waren Ermordungen durch Dolchmänner,
die ihre Waffe unter den Kleidern versteckt hielten, mitt-
lerweile an der Tagesordnung. Eines der berühmtesten
Opfer war der Hohepriester Jonathan. Inmitten all dieses
Blutvergießens traten unablässig neue Bewerber um die
Messiasrolle auf. Josephus spricht von einer bestimmten
„Bande" messianischer Führer als von

„nichtswürdigen Menschen, deren Hände zwar reiner,
deren Gesinnung aber um so gottloser waren, die nicht
weniger als die Meuchelmörder zur Zerstörung des
Glückes der Stadt beitrugen. Sie waren nämlich
Schwarmgeister und Betrüger, die unter dem Vorwand
göttlicher Eingebung Unruhe und Aufruhr hervorriefen
und die Menge durch ihr Wort in dämonische Begeisterung versetzten. Schließlich führten sie das Volk in die
Wüste hinaus, dort wolle ihnen Gott Wunderzeichen
zeigen, die die Freiheit ankündigten."

Felix sah in diesen Streifzügen den ersten Schritt zum
Aufstand und befahl der römischen Kavallerie, die Menge
in Stücke zu hauen.

Als nächstes kam ein jüdisch-ägyptischer „falscher Prophet". Er sammelte etliche tausend „Opfer" um sich, führ-

te sie in die Wüste, machte dann kehrt und unternahm einen Angriff auf Jerusalem, womit er den Römern den Beweis lieferte – wenn sie den noch gebraucht hätten –, daß all diese Menschen eine politische Gefahr darstellten. Josephus zeichnet das folgende Bild von der Situation in Palästina um 55 n. Chr.:

„Denn die Wundertäter und Räuber schlossen sich zusammen, verführten viele zum Abfall und ermutigten sie zum Freiheitskampf; diejenigen, die der römischen Herrschaft weiterhin gehorchen wollten, bedrohten sie mit dem Tode und behaupteten, man müsse die, die freiwillig die Knechtschaft vorziehen, mit Gewalt befreien. Sie verteilten sich in einzelnen Banden über das Land, raubten die Häuser der Vornehmen aus, töteten diese selbst und brannten die Dörfer nieder, so daß von ihrem Wahnsinn ganz Judäa erfüllt wurde. Und dieser Krieg entbrannte mit jedem Tag von neuem."

Im Jahr 66 n. Chr. waren die Banditen bereits allgegenwärtig; ihre Agenten hatten die Priesterschaft des Tempels infiltriert und ein Bündnis mit Eleazar, dem Sohn des Hohenpriesters, geschlossen. Eleazar verkündete eine Art Unabhängigkeitserklärung: ein Verbot der täglichen Schlachtopfer zu Ehren Neros, des regierenden Kaisers. Die prorömischen und antirömischen Fraktionen fingen in Jerusalem an, sich in Straßenkämpfen zu bekriegen: Dolchmänner, befreite Sklaven und der Jerusalemer Pöbel unter Führung von Eleazar auf der einen Seite, die Hohenpriester, der Herodianische Adel und die römische königliche Garde auf der anderen.

Unterdes erstürmte im Hinterland Manaem, der letzte lebende Sohn von Judas von Galiläa, die Festung Masada, rüstete seine Banditen mit römischen Waffen aus dem dortigen Zeughaus aus und marschierte auf Jerusalem. Er platzte in eine chaotische Szene hinein und übernahm die Führung des Aufstands – „wie ein König", sagt Josephus.

Er trieb die römischen Truppen aus der Stadt, besetzte den Tempelbezirk und brachte den Hohepriester Ananias um. Manaem hüllte sich sodann in königliche Kleider und schickte sich an, gefolgt von einem Zug bewaffneter Banditen, das Heiligtum des Tempels zu betreten. Aber Eleazar, der möglicherweise den Tod seines Vaters rächen wollte, überfiel die Prozession aus dem Hinterhalt. Manaem floh, wurde aber gefaßt und „unter vielen Foltern" getötet. Die Juden kämpften weiter in der Überzeugung, daß der wahre Messias noch erscheinen werde. Nachdem die Römer mehrere Rückschläge erlitten hatten, rief Nero seinen besten General, Vespasian, einen alten Kämpfer aus den Feldzügen gegen Britannien. Mit 65000 Mann und der fortgeschrittensten Militär- und Belagerungstechnik gelang es den Römern, die kleineren Städte nach und nach zurückzuerobern.

Als Nero im Jahr 68 n. Chr. ermordet wurde, erhielt Vespasian als Kandidat für das kaiserliche Amt den Vorzug. Mit allen Truppen und der gesamten Ausrüstung versehen, die er brauchte, führte Vespasians Sohn Titus den Krieg zu Ende. Trotz hartnäckigsten Widerstands drang Titus im Jahr 70 n. Chr. in Jerusalem ein, steckte den Tempel in Brand und ließ plündern und zerstören, was das Zeug hielt.

Angesichts der Tatsache, daß die Belagerung Jerusalems die Juden eine Million Tote gekostet hatte, äußerte sich Josephus voll Bitterkeit über die messianischen Orakel. Unheilschwangere Vorzeichen hatte es genug gegeben – funkelnde Lichter auf dem Altar, eine Kuh, die ein Lamm warf, Kriegswagen und Bewaffnete, die bei Sonnenuntergang über den Himmel sprengten –, aber die Banditen und ihre abscheulichen Propheten schenkten diesen Hinweisen auf die Katastrophe keine Beachtung. „So ließ sich das elende Volk damals von Verführern und Betrügern, die sich fälschlich als Gesandte Gottes ausgaben, beschwatzen, den deutlichen Zeichen aber, die die kommende Verwüstung im voraus anzeigten, schenkten sie weder Beachtung noch Glauben ..."

Sogar nach dem Fall von Jerusalem wollten die Banditen immer noch nicht glauben, daß Jahwe sich von ihnen abgewandt hatte. Eine weitere heroische Tat – ein weiteres Blutopfer –, und Jahwe würde am Ende doch beschließen, den wahren Gesalbten zu schicken. Wie schon erwähnt, fand das letzte Opfer im Jahr 73 n. Chr. in der Festung von Masada statt. Ein Bandit namens Eleazar, ein Nachkomme von Ezechias und Judas von Galiläa, brachte seine restliche Streitmacht von 960 Männern, Frauen und Kindern dazu, sich lieber gegenseitig umzubringen, als zu kapitulieren.

Fassen wir zusammen: Auch ohne Jesus und Johannes den Täufer finden sich bei Josephus mindestens fünf kriegerische Messiasgestalten zwischen 40 v. Chr. und 73 n. Chr. erwähnt. Das sind Athrongaios, Theudas, der anonyme „nichtswürdige Mensch", den Felix hinrichten läßt, der jüdisch-ägyptische „falsche Prophet" und Manaem. Aber Josephus spielt wiederholt auf weitere Messiasfiguren oder Propheten des Messias an, die er nicht für nötig hält, mit Namen zu nennen oder näher zu beschreiben. Darüber hinaus halte ich es für sehr wahrscheinlich, daß die ganze Linie zelotischer Banditenguerillas, die von Ezechias über Judas von Galiläa und Manaem bis zu Eleazar reichen, von vielen ihrer Anhänger als Messiasfigur oder als Vorläufer des Messias betrachtet wurden. Mit anderen Worten, zu Jesu Zeiten gab es in Palästina ebenso viele Messiasgestalten, wie es heute in den Cargo-Kulten der Südsee Propheten gibt.

Der Fall von Masada war schwerlich das Ende der kriegerisch-messianischen Lebensform der Juden. Fortwährend neu erzeugt durch die praktische Not, die Kolonialismus und Armut mit sich brachten, brach sich der revolutionäre Impuls sechzig Jahre nach Masada erneut Bahn in einem sogar noch aufsehenerregenderen messianischen Drama. Im Jahr 132 organisierte Bar Kochba –

„Sohn eines Sterns" – eine Streitmacht von 200 000 Mann und errichtete einen unabhängigen jüdischen Staat, der drei Jahre lang bestand. Wegen Bar Kochbas wunderbarer Siege begrüßte ihn Akiba, der Oberrabbi von Jerusalem, als den Messias. Menschen berichteten, sie hätten Bar Kochba auf einem Löwen reiten gesehen. Seit Hannibal hatten die Römer keinem Kriegsgegner von solchem Wagemut mehr gegenübergestanden; er focht in vorderster Reihe und an den gefährlichsten Stellen. Eine ganze römische Legion ging verloren, ehe Bar Kochba niedergehauen wurde. Die Römer machten 1000 Dörfer dem Erdboden gleich, töteten 500 000 Menschen und führten Tausende übers Meer in die Sklaverei. Generationen erbitterter jüdischer Schriftgelehrter sahen reuevoll in Bar Kochba den „Sohn einer Lüge", der sie um ihr Heimatland betrogen habe.

Die Geschichte zeigt, daß die kriegerisch-messianische Lebensform der Juden unter Anpassungsgesichtspunkten ein Fehlschlag war. Es gelang mit ihr nicht, Davids Königreich wiederherzustellen; sie hatte vielmehr den totalen Verlust des jüdischen Staats und seines Territoriums zum Ergebnis. In den folgenden achtzehn Jahrhunderten bildeten die Juden, wo immer sie lebten, eine abhängige Minderheit. Heißt dies, daß der kriegerische Messianismus eine kapriziöse, unpraktische, ja, geradezu von Wahnsinn gezeichnete Lebensform war? Müssen wir mit Josephus und mit denen, die später Bar Kochba verdammten, zu dem Schluß kommen, daß die Juden ihre Heimat verloren, weil sie sich durch das messianische Irrlicht zum Angriff gegen die unüberwindliche römische Macht verleiten ließen? Das glaube ich nicht.

Schuld an der jüdischen Erhebung gegen Rom war die Ungerechtigkeit des Kolonialismus und nicht der kriegerische Messianismus der Juden. Wir können nicht den Römern nur deshalb größeren „Pragmatismus" oder „Realismus" zubilligen, weil sie Sieger blieben. Beide Seiten führten Krieg um ganz handfester Interessen willen. Angenommen, George Washington hätte den amerikanischen Revolutionskrieg verloren, würden wir dann daraus folgern, daß die Kontinentalarmee das Opfer einer irrationalen Lebensperspektive war, die sich einem Trugbild namens „Freiheit" verschrieben hatte? Wie in der Natur sind auch in der Kultur Systeme, die dem Ausleseprozeß entspringen, häufig zum Scheitern verurteilt, nicht weil sie fehlerhaft oder irrational wären, sondern weil sie auf andere Systeme treffen, die besser angepaßt und mächtiger sind. Ich glaube, gezeigt zu haben, daß der Kult des Vergeltung übenden Messias ebenso wie der Cargo-Kult den praktischen Erfordernissen eines antikolonialistischen Kampfes entsprach. Dieser Kult war als ein Mittel, ohne die Hilfe eines offiziellen Apparats zur Aushebung und Ausbildung von Truppen massenhaften Widerstand zu mobilisieren, außerordentlich erfolgreich. Zu dem Schluß, daß die zelotischen Banditen einer Täuschung aufgesessen seien, käme ich erst dann, wenn sich zeigen ließe, daß ihre Niederlage von Anfang an derart wahrscheinlich war, daß keine noch so große Anstrengung ein anderes Ergebnis zu zeitigen vermocht hätte als das historische, das wir kennen. Aber wir sind außerstande zu beweisen, daß die zelotischen Banditen ihre Niederlage als unvermeidlich hätten voraussehen können. Der Fortgang der Geschichte zeigt schließlich auch, daß im Blick auf die angebliche Unbesiegbarkeit des Römischen Reiches Judas von Galiläa recht behielt und die Cäsaren irrten. Nicht nur wurde das Römische Reich schließlich zerstört; die es zerstörten, waren dazu noch Kolonialvölker wie die Juden und den Römern nach Zahl, Ausrüstung und Kriegskunst weit unterlegen.

Es gehört schon fast zum Begriff der revolutionären Erhebung, daß sie die Verzweiflungstat einer unterdrückten Bevölkerung ist, die trotz denkbar schlechter Erfolgsaussichten ihre Unterdrücker niederzuwerfen sucht. Klassen, Ethnien und Nationen akzeptieren normalerweise diese schlechten Erfolgsaussichten nicht deshalb, weil sie sich von irrationalen Ideologien täuschen lassen, sondern weil die Alternativen hinlänglich abschreckend sind, um es ihnen lohnend erscheinen zu lassen, das Risiko einzugehen. Das ist meiner Ansicht nach der Grund, warum die Juden sich gegen Rom erhoben. Und das ist auch der Grund, warum das kriegerisch-messianische Bewußtsein der Juden in der Zeit um Christi Geburt eine solche Ausbreitung erfuhr.

Wenn sich nun aber zeigt, daß der Kult des Vergeltung übenden Messias im praktischen Kampf gegen den römischen Kolonialismus seine Wurzeln hatte, so nimmt der Kult des Frieden bringenden Messias den Anschein eines unergründlichen Paradoxons an. Der Friedensmessias der Christenheit erschien im allerunwahrscheinlichsten Augenblick des 180 Jahre währenden Krieges gegen Rom. Der Jesus-Kult entwickelte sich, während das kriegerisch-messianische Bewußtsein noch in beschleunigter Ausbreitung begriffen war und der reinen Verzückung entgegenstrebte, in die es Jahwes Gnade versetzen würde. Der ganze zeitliche Ablauf wirkt von Grund auf falsch. Im Jahr 30 n. Chr. war der revolutionäre Elan der zelotischen Banditen noch nicht auf ernsthaften Widerstand gestoßen. Der Tempel stand unversehrt und war der Schauplatz jährlicher großer Pilgerfeste. Die Söhne des Judas von Galiläa waren noch am Leben. Das Grauen von Masada konnte sich noch niemand vorstellen. Noch sollten viele Jahre vergehen, ehe der kriegerisch-messianische Traum Manaem und Bar Kochba zu Gesalbten machte; warum hätte es da die Juden nach einem Frieden bringenden Messias verlangen sollen? Warum Palästina der römischen Oberherrschaft ausliefern, wo doch die römische Macht in den heiligen Schild Jahwes noch keine einzige Scharte geschlagen hatte? Warum ein neuer Bund, wenn doch der alte noch die Kraft hatte, das Römische Reich zweimal zu erschüttern?

8

Das Geheimnis des Friedensfürsten

Die Traumarbeit der westlichen Zivilisation unterscheidet sich nicht wesentlich von der Traumarbeit anderer Kulturen. Um ihre Geheimnisse zu durchdringen, bedarf es nur der Kenntnis ihrer praktischen Voraussetzungen.

Im vorliegenden Fall haben wir, was die praktischen Voraussetzungen angeht, keine große Auswahl. Es wäre am bequemsten, wenn man das irdische Wirken Jesu falsch datiert hätte – wenn sich zeigen ließe, daß Jesus erst nach dem Fall von Jerusalem begann, seine jüdischen Landsleute zur Liebe gegenüber den Römern anzuhalten. Daß sich die gängige Chronologie bei solchen Ereignissen wie der Steuerrevolte des Judas von Galiläa oder der Statthalterschaft von Pontius Pilatus um vierzig Jahre vertut, ist indes undenkbar.

Aber auch wenn wir uns in der Frage, *wann* Jesus redete, nicht irren können, gibt es doch gute Gründe zu vermuten, daß wir darüber, *was* er sagte, im Irrtum sind. Eine einfache praktische Lösung für die Probleme, die wir am Ende des letzten Kapitels aufgeworfen haben, besteht in der These, daß Jesus nicht so friedfertig war, wie gemeinhin angenommen wird, und daß seine wirklichen Lehren gar keinen grundsätzlichen Bruch mit der Tradition des kriegerischen Messianismus der Juden darstellten. Seine wirkliche Sendung war wahrscheinlich von einem starken zelotenfreundlichen und romfeindlichen Bewußtsein durchdrungen. Zum entscheidenden Bruch mit der jüdisch-messianischen Tradition kam es vermutlich erst nach dem Fall von Jerusalem, als Judenchristen, die in Rom und in anderen Städten des Reiches lebten, in reaktiver Anpassung an die neue Situation nach dem Sieg Roms die ursprünglichen politisch-kriegerischen Komponenten aus den Lehren Jesu tilgten. Dies ist, jedenfalls in Kurzform, die These, mit deren Hilfe ich versuchen werde, die Paradoxa des Frieden bringenden Messias auf die Bewältigung praktischer menschlicher Angelegenheiten zurückzuführen. Auf einen Zusammenhang zwischen den wirklichen Lehren Jesu und der kriegerisch-messianischen Tradition deutet die enge Verbindung hin, die zwischen Jesus und Johannes dem Täufer bestand. Johannes der Täufer, der sich in Tierfelle hüllte und sich von nichts anderem als Heuschrecken und wildem Honig ernährte, entspricht offenkundig jenem Typ von heiligen Männern, die laut Josephus das Ödland des Jordantals durchstreiften, Bauern und Sklaven aufhetzten und den Römern und ihren jüdischen Schützlingen Ärger machten.

Alle vier Evangelien stimmen darin überein, daß Johannes der Täufer der unmittelbare Vorläufer Jesu war. Seine Mission war es, das Werk des Jesaja zu vollbringen, in die Wildnis zu ziehen – das heißt in das banditenverseuchte, höhlenreiche Ödland, das von Erinnerungen an den Bund mit Jahwe widerhallte – und den Ruf erschallen zu lassen: „Bereitet dem Herrn den Weg und machet richtig seine Steige." (Tut Buße, erkennt eure Sündhaftigkeit, so daß ihr schließlich das versprochene Reich als Lohn empfangen könnt.) Johannes „taufte" Juden, die ihre Sünde bekannten und gebührend Reue empfanden, indem er sie in einem Fluß oder Quell badete und sie damit symbolisch von ihren Sünden reinwusch. Jesus war den Evangelien zufolge der berühmteste Büßer, der sich bei Johannes einfand. Nach dem Bad im Jordan begann die entscheidende Phase in Jesu Leben – die Zeit der tätigen Verkündigung, die zu seinem Kreuzestod führte.

Die Laufbahn Johannes' des Täufers entspricht haargenau dem Schema, das ich im vorigen Kapitel von den Aktivitäten der Wüstenpropheten gezeichnet habe. Als die Menge um ihn herum zu groß wurde, nahm ihn der nächstpostierte Vertreter des römischen Landfriedens in Haft. Das war in diesem Fall der Marionettenkönig Herodes Antipas, der den östlich des Jordans gelegenen Teil von Palästina beherrschte, in dem sich der Täufer am meisten betätigt hatte.

In den Evangelien findet sich nicht der leiseste Hinweis darauf, daß Johannes der Täufer verhaftet worden sein könnte, weil seine Aktivitäten als eine Bedrohung der öffentlichen Ordnung angesehen wurden. Die ganze politisch-kriegerische Dimension ist ausgespart. Statt dessen erfahren wir, Johannes der Täufer sei verhaftet worden, weil er Kritik an der Heirat zwischen Herodes und Herodias, der geschiedenen Frau eines der Brüder von Herodes, geübt habe. Des weiteren wird dann in der Geschichte die Hinrichtung des Täufers nicht politisch motiviert, sondern mit dem Rachebedürfnis der Herodias begründet. Sie bringt ihre Tochter dazu, vor Herodes zu tanzen. Der König ist von ihrem Tanz so begeistert, daß sie sich von ihm wünschen darf, was sie will. Salome erklärt, sie wolle „das Haupt Johannes des Täufers auf einer Schüssel". Herodes bereut angeblich sein Versprechen so, wie später Pontius Pilatus von Reue befallen wird angesichts der Hinrichtung Jesu. Bedenkt man, was Johannes der Täufer den Massen in der Wildnis predigte, erscheinen einem die Ausklammerung der politischen Dimension und die angebliche Reue des Herodes höchst unangemessen. Die Predigt des Johannes ist reines kriegerisch-messianisches Drohgebaren:

„... der aber nach mir kommt, ist stärker als ich ... der wird euch mit dem heiligen Geist und mit Feuer taufen. Und er hat seine Worfschaufel in der Hand; er wird seine Tenne fegen und den Weizen in seine Scheune sammeln; aber die Spreu wird er verbrennen mit unauslöschlichem Feuer."

War Herodes blind für die Verbindungen zwischen den Wüstenpropheten und den zelotischen Banditen? Ein König, der 43 Jahre lang regierte und Sohn des despotischen Banditenverfolgers Herodes der Große war, kann wohl kaum die Gefahren ignoriert haben, die man heraufbeschwor, wenn man zuließ, daß Leute wie Johannes der Täufer in der Wüste große Menschenmengen um sich sammelten. Und wie hätte ein Prophet, dessen Messias nicht mit den zelotischen Banditen in Verbindung gebracht wurde, solch große Menschenmengen anziehen können?

Den Schriftrollen, die am Toten Meer entdeckt wurden, verdanken wir eine Klärung des Parts, den der Täufer in der kriegerisch-messianischen Tradition spielte. Diese Dokumente wurden in einer Höhle in der Nähe der Ruinenstätte Qumran gefunden. Der Ort war Sitz einer antiken vorchristlichen Glaubensgemeinschaft und lag in der Gegend, in der Jesus von Johannes getauft wurde. Die Religionsgemeinschaft von Qumran hatte sich wie Johannes der Täufer der Aufgabe verschrieben, „in der Wüste dem Herrn den Weg zu bereiten". Der reichhaltigen und bis dahin unbekannten Literatur der Gemeinschaft zufolge führte die jüdische Geschichte auf ein Armaggedon hin, in dem das Römische Reich seinen Untergang finden würde. An die Stelle Roms würde ein neues Reich mit Jerusalem als Hauptstadt treten, regiert von einem kriegerischen Messias aus dem Hause Davids, der mächtiger sein würde als jeder Cäsar, den die Welt bislang gesehen hatte. Von dem „Gesalbten Israels", einem unüberwindlichen Feldherrn und Oberbefehlshaber, angeführt, würden die „Söhne des Lichtes" gegen die römischen „Söhne der Finsternis" ins Feld ziehen und einen Vernichtungskrieg führen. Achtundzwanzigtausend jüdische Krieger und sechstausend Berittene würden gegen die Römer losschlagen. „Diese alle sollen die Verfolgung aufnehmen, um den Feind im Krieg Gottes zu vernichten zur ewigen Vernichtung." Der Sieg war gewiß, weil „du es uns verkündigt hast seit ehedem mit folgenden Worten: Es geht ein Stern auf aus Jakob, es erhebt sich ein Szepter aus Israel ..." (das war die Prophezeiung im 4. Buch Mose, die später auf Bar Kochba bezogen wurde). Israel würde siegen, denn „die zerschlagenen Geistes sind, entzündest du wie eine Feuerfackel in Garben, die den Frevel verzehrt ... Und seit ehedem hast du uns kundgetan den Zeitpunkt der Kraft deiner Hand ... mit folgenden Worten: Und es fällt Assur durchs Schwert, nicht durch das eines Mannes, und ein Schwert, nicht das eines Menschen, wird es verzehren."

Die Qumraniten hatten die Schlachtordnung bis ins letzte Tüpfelchen ausgearbeitet. Sie hielten sogar schon ein Triumphlied bereit:

„Erhebe dich, Held,
Führe deine Gefangenen fort, Mann der Herrlichkeit,
Und raube deine Beute, der du Macht entfaltest.
Lege deine Hand auf den Nacken deiner Feinde
Und deinen Fuß auf Hügel Erschlagener.
Zerschmettere Völker, deine Feinde,
Und dein Schwert verzehre Fleisch.
Fülle dein Land mit Herrlichkeit
Und den Erbteil mit Segen.
Eine Menge an Vieh sei auf deinen Feldern,
Silber und Gold und Edelsteine in deinen Palästen.
Zion, freue dich sehr,
Und jauchzet alle Städte Judas.
Öffne deine Tore beständig,
Daß man zu dir bringe den Reichtum der Völker.
Und ihre Könige sollen dir dienen
Und dir huldigen alle deine Bedrücker,
Und den Staub deiner Füße werden sie lecken."

Wir wissen, daß die Qumraniten Missionare ausschickten, die als die Vorhut des Gesalbten agieren sollten. Wie Johannes der Täufer ernährten sich auch diese Missionare angeblich von Heuschrecken und wildem Honig und trugen Tierfelle. Wie Johannes sollten auch sie die Kinder Israels bußfertig machen. Daß sie die Menschen auch tauften, läßt sich nicht nachweisen, aber in Qumran selbst hat man umfangreiche rituelle Badeanlagen ausgegraben. Das Taufritual des Johannes könnte sehr wohl als abgekürzte Form der ausgedehnten Waschungs- und Reinigungszeremonien entstanden sein, die in den Bädern der Gemeinschaft gepflegt wurden und die in der einen oder anderen Form schon lange zu den Vorstellungen der Juden von spiritueller Reinheit gehörten.

Besonders muß man hier, meine ich, hervorheben, daß in den Schriften eines Josephus oder der Verfasser der christlichen Evangelien diese Literatur nicht einmal andeutungsweise existiert. Ohne die Schriftrollen wüßten wir absolut nichts von den Zielen dieser kriegerischen heiligen Männer, denn Qumran wurde von den Römern im Jahr 68 n. Chr. zerstört. Die Mitglieder der Gemeinschaft packten ihre heilige Bibliothek in versiegelte Krüge und versteckten diese in nahegelegenen Höhlen, ehe die „Söhne der Finsternis" über sie hereinbrachen und die Gemeinde vom Erdboden tilgten. Weil sie in den zweitausend Jahren, die sie überdauerten, vergessen blieben, konnten sie auch nicht verfälscht werden. Deshalb bilden sie heute eine der großen schriftlichen Informationsquellen über das Judentum für die Zeit unmittelbar vor, während und nach dem Leben Jesu.

Angesichts der Schriftrollen vom Toten Meer ist es außerordentlich schwierig, zwischen den Lehren des Täufers, wie sie die Evangelien aufzeichnen, und dem Hauptstrang der kriegerisch-messianischen Tradition der Juden einen Trennstrich zu ziehen. Im Kontext des andauernden und blutigen Guerillakrieges gegen Rom läßt sich die Rede des Täufers von dem „unauslöschlichen Feuer", das die „Spreu verbrennen" wird, kaum sinnvoll in einen Gegensatz zu der „Feuerfackel" bringen, die nach der Prophezeiung der Qumraniten „in den Garben entzündet" wird. Ich behaupte nicht zu wissen, was Johannes der Täufer im Sinn hatte, aber der irdische Zusammenhang, in dem sein Verhalten beurteilt werden muß, kann nicht der einer noch gar nicht existierenden Religion gewesen sein. Seine überlieferten Aussprüche und Handlungen kann ich mir nur vor dem Hintergrund einer zusammengewürfelten Masse von Bauern, Guerillas, Steuerverweigerern und Dieben vorstellen, die, bis zu den Knien im Jordan stehend, in unauslöschlichem Haß gegen die herodianischen Tyrannen, die Marionetten im Priesteramt, die anmaßenden römischen Statthalter und die heidnischen Soldaten entbrannt sind, die an heiligen Plätzen Fürze lassen.

Unmittelbar nach der Gefangennahme Johannes' des Täufers – wahrscheinlich noch während dieser im Kerker von Herodes Antipas auf seinen Prozeß wartete –, fing Jesus an, unter genau derselben Sorte von Menschen und unter den gleichen gefährlichen Umständen zu predigen. Die Lebensform beider hatte so große Ähnlichkeit, daß unter den ersten Jüngern Jesu mindestens zwei – die Brüder Andreas und Simon Petrus (der spätere Apostel Petrus) – frühere Anhänger des Täufers waren. Für Herodes Antipas bestand später zwischen Jesus und dem Täufer so wenig Unterschied, daß er, als er von Jesus hörte, gesagt haben soll: „Das ist Johannes der Täufer; der ist von den Toten auferstanden ..." Zuerst war es hauptsächlich das Hinterland, wo Jesus predigte, Wunder wirkte und große Menschenmengen um sich sammelte. Wahrscheinlich war ihm die Polizei ständig dicht auf den Fersen. Wie Johannes der Täufer und die messianischen Vorboten, von denen Josephus berichtet, bewegte sich Jesus auf einem Kollisionskurs, der in seiner Verhaftung oder in einem verheerenden Aufruhr resultieren mußte.

Gerade seine wachsende Popularität verstrickte Jesus in immer gefährlichere Unternehmungen. Schon bald machte er sich mit seinen Jüngern auf, Jerusalem zu bekehren, die Stadt, die nach der Verheißung die künftige Hauptstadt des heiligen jüdischen Reiches sein sollte. Er nutzte bewußt die messianische Symbolik des Buches Sacharja und ritt auf einer Eselin (oder vielleicht auch einem Pony) in Jerusalem ein. Katecheten in der Sonntagsschule pflegen zu behaupten, Jesus habe damit seine Absicht kundtun wollen, „Frieden (zu) lehren unter den Heiden". Dabei wird aber die überwältigend messianisch-kriegerische Bedeutung übersehen, die der ganzen Prophetie des Sacharja eignet. Denn nachdem bei Sacharja der Messias erschienen ist, arm und auf einem Esel reitend, werden „deine Kinder, Zion ... um sich fressen und unter sich treten ... und sie sollen sein wie die Riesen, die den Kot auf der Gasse treten im Streit ... denn der Herr wird mit ihnen sein, daß die Reiter zu Schanden werden".

Die bescheidene Gestalt auf dem Esel war kein friedlicher Messias. Sie war der Messias eines kleinen Volkes und dessen scheinbar harmloser Kriegsfürst, ein Abkömmling aus dem Hause Davids, der ebenfalls unscheinbar angefangen hatte, um schließlich die Reiterei und die Kriegswagen des Feindes zu besiegen und „zu Schanden werden" zu lassen. Die Heiden sollten Frieden bekommen – aber den Frieden des lange erwarteten heiligen jüdischen Reiches. So jedenfalls verstand die Menge, die den Weg säumte, die Ereignisse, denn während Jesus vorbeizog, schrien sie: „Hosianna! Gelobt sei, der da kommt in dem Namen des Herrn! Gelobt sei das Reich unsres Vaters David, das da kommt!"

Was Jesus und seine Jünger taten, nachdem sie in die Stadt eingezogen waren, machte auch keinen besonders friedlichen Eindruck. Sie zogen unmittelbar vor Beginn des Passahfestes in Jerusalem ein und sicherten sich damit den Schutz Tausender von Pilger, die aus allen Teilen des Landes und aus dem gesamten Mittelmeerraum zu den Festtagen herbeikamen. Zelotische Banditen, Bauern, Tagelöhner, Bettler und andere potentiell aufrührerische Gruppen strömten alle zur gleichen Zeit in die Stadt. Tagsüber ging Jesus nur aus, wenn er von einer erregten, aufgeputschten Menschenmenge umgeben war. Wurde es dunkel, verschwand er in den Häusern von Freunden, und nur der innerste Kreis seiner Jünger wußte, wo er sich versteckt hatte.

Jesus und seine Jünger taten nichts, um sich dagegen abzugrenzen, daß man sie für Mitglieder einer im Entstehen begriffenen kriegerisch-messianischen Bewegung hielt. Sie provozierten sogar mindestens eine gewalttätige Auseinandersetzung. Sie stürmten in den Vorhof des großen Tempels und griffen die Geschäftsleute tätlich an, die dort mit Genehmigung des Tempels fremde Währungen wechselten, so daß die ausländischen Pilger Opfertiere kaufen konnten. Jesus selbst bediente sich bei diesem Vorfall einer Peitsche.

Die Evangelien berichten, der Hohepriester Kaiphas habe darauf „gesonnen", Jesus zu verhaften. Da Kaiphas den tätlichen Angriff gegen die Geldwechsler miterlebt hatte, konnte er keinen Zweifel daran haben, daß Jesus rechtens ins Gefängnis gehörte. Kaiphas mußte nur zusehen, wie er Jesus festnahm, ohne alle anderen in Harnisch zu bringen, die ihn für den Messias hielten. Volksaufläufe waren damals, als es noch keine Gewehre und Tränengaspatronen gab, außerordentlich gefährlich, zumal wenn das Volk glaubte, einem unüberwindlichen Anführer zu folgen. Kaiphas wies also die Polizei an, Jesus zu greifen, aber mit dem Zusatz: „Ja nicht am Fest, daß nicht ein Aufruhr werde im Volk!"

Die Menge, von der Jesus umgeben war, hatte ganz gewiß noch nicht die Zeit gefunden, eine Lebensform im Zeichen der Gewaltlosigkeit auszubilden. Sogar seine vertrautesten Jünger waren offensichtlich noch nicht darauf vorbereitet, „die andere Wange hinzuhalten". Mindestens zwei von ihnen trugen Spitznamen, die darauf hindeuteten, daß sie mit militanten Aktivisten in Verbindung standen. Der eine war Simon, genannt „Zelotes", und der andere war Judas, genannt „Ischarioth". Zwischen „Ischarioth" und *sicarii*, dem Wort, mit dem Josephus die messerbewaffneten, meuchelmörderischen Dolchmänner benennt, besteht eine geradezu unheimliche Ähnlichkeit. Und in bestimmten alten lateinischen Manuskripten wird Judas tatsächlich auch als *zelotes* bezeichnet.

Zwei weitere Jünger hatten kriegerische Spitznamen – Jakob und Johannes, die Söhne des Zebedäus. Sie hießen „Boanerges", ein aramäisches Wort, das Markus mit „Donnerskinder" übersetzt und was sich auch mit „die Gewalttätigen, Zornentbrannten" wiedergeben ließe. Die Söhne des Zebedäus erwiesen sich ihres Rufes würdig. An einer Stelle in der Evangeliengeschichte wollen sie ein ganzes samaritanisches Dorf dem Erdboden gleichmachen, weil es Jesus nicht willkommen geheißen hatte.

Die Evangelien enthalten auch Hinweise darauf, daß einige der Jünger Jesu ein Schwert trugen und bereit waren, sich einer Festnahme zu widersetzen. Unmittelbar bevor er verhaftet wird, sagt Jesus: „... wer einen Beutel hat, der nehme ihn, ... und wer's nicht hat, verkaufe seinen Mantel und kaufe ein Schwert." Das veranlaßte die Jünger, ihm zwei Schwerter zu zeigen – woraus wir schließen können, daß mindestens zwei von ihnen nicht nur gewohnheitsmäßig bewaffnet waren, sondern mehr noch ihre Waffen unter den Kleidern verborgen trugen, nach Art der Dolchmänner.

In allen vier Evangelien wird überliefert, daß die Jünger bei Jesu Festnahme bewaffneten Widerstand leisteten. Nach dem Abendmahl am Passahfest stahlen sich Jesus und seine vertrautesten Anhänger fort zum Garten Gethsemane, wo sie die Nacht verbringen wollten. Geführt von Judas Ischarioth, fielen der Hohepriester und seine Leute über sie her, während Jesus betete und die Jünger schliefen. Die Jünger zogen die Schwerter, und es entspann sich ein kurzer Kampf, bei dem einer der Wachleute vom Tempel ein Ohr verlor. Als die Polizei Jesus ergriff, stellten die Jünger den Kampf ein und rannten in die Nacht hinaus. Nach Matthäus befahl Jesus einem seiner Jünger, das Schwert in die Scheide zurückzustecken. Der

Jünger gehorchte, war aber offensichtlich auf diese Wendung nicht vorbereitet, da er sich unmittelbar anschließend davonmachte.

Der Lohn, den in der neutestamentlichen Erzählung Judas für seinen Verrat erhält, erinnert an die Intrige der Herodias gegen Johannes den Täufer. Wenn Judas wirklich *zelotes* – ein zelotischer Bandit – war, mochte er Jesus aus allen möglichen taktischen oder strategischen Gründen verraten haben, aber nie und nimmer bloß für Geld. (Einer These zufolge war Jesus dem Judas nicht militant genug.) Damit, daß die Evangelien dem Judas reine Habgier als Motiv unterstellten, setzten sie vielleicht einfach jene Verfälschungstechnik fort, die Josephus und die Römer im Blick auf die zelotischen Banditen habituell und durchgängig praktizierten. Aber zelotische Banditen mußten nicht bezahlt werden, um zu töten – soviel mindestens müßte aus den Vorgängen, von denen im letzten Kapitel die Rede war, deutlich geworden sein.

Warum ergriffen die Jünger alle die Flucht, und warum verleugnete Simon Petrus den Herrn dreimal, ehe der Hahn krähte? Weil die Jünger als Juden mit Kaiphas das Bewußtsein einer bestimmten, von den Vorfahren übernommenen Lebensform teilten und weil für sie der Messias ein unbesiegbarer, Wunder wirkender Kriegsfürst zu sein hatte.

All das läßt nur einen bestimmten Schluß zu: Die Lebenseinstellung, die Jesus mit dem Kreis seiner engsten Jünger verband, war nicht die eines friedfertigen Messias. Obwohl die Evangelien augenscheinlich bestrebt sind, Jesus als unfähig zu gewalttätigen politischen Aktionen hinzustellen, bewahren sie doch so etwas wie eine Unterströmung von Handlungen und Äußerungen, die ihrem Bild von Jesus widersprechen und die ihn ebenso wie Johannes den Täufer mit der kriegerisch-messianischen Tradition verknüpfen und in den Guerillakampf verwickelt zeigen. Das hat seinen Grund darin, daß zur Zeit der Niederschrift des ältesten Evangeliums kriegerische

Handlungen und Aussprüche, die von Augenzeugen und unanfechtbaren apostolischen Quellen Jesus zugeschrieben wurden, unter den Gläubigen weithin im Schwange waren. Die Verfasser der Evangelien verschoben zwar den Akzent der mit dem Jesuskult einhergehenden Lebenseinstellung in Richtung auf den Kult des friedfertigen Messias, aber vollständig konnten sie die Spuren des Zusammenhangs mit der kriegerisch-messianischen Tradition nicht beseitigen. Die Zweideutigkeit, die in dieser Hinsicht die Evangelien aufweisen, läßt sich am besten demonstrieren, wenn man ein paar der friedfertigsten Äußerungen mit anderen konfrontiert, die das genaue Gegenteil besagen:

„Selig sind die Friedfertigen." (Matthäus 5,9)

„Ihr sollt nicht wähnen, daß ich gekommen sei, Frieden zu bringen auf die Erde. Ich bin nicht gekommen, Frieden zu bringen, sondern das Schwert." (Matthäus 10,34)

„Ich aber sage euch, daß ihr nicht widerstreben sollt dem Übel; sondern, wenn dir jemand einen Streich gibt auf deine rechte Backe, dann biete die andere auch dar." (5,39)

„Meinet ihr, daß ich hergekommen bin, Frieden zu bringen auf Erden? Ich sage: Nein, sondern Zwietracht." (Lukas 12,51)

„Denn wer das Schwert nimmt, der soll durchs Schwert umkommen." (Matthäus 26,52.)

„... wer einen Beutel hat, der nehme ihn, ... und wer's nicht hat, verkaufe seinen Mantel und kaufe ein Schwert." (Lukas 22,36)

„Liebet eure Feinde, tut wohl denen, die euch hassen." (Lukas 6,27)

„Und er machte eine Geißel aus Stricken und trieb sie alle zum Tempel hinaus ... und verschüttete den Wechslern das Geld und stieß die Tische um." (Johannes 2,15)

Ich muß an dieser Stelle auch anmerken, wie falsch die traditionelle Auslegung ist, die der Äußerung Jesu anläßlich der Frage gegeben wird, ob Juden den Römern Steuern zahlen sollten: „So gebet dem Kaiser, was des Kaisers ist, und Gott, was Gottes ist." Für die Galiläer, die am Steueraufstand des Judas von Galiläa teilgenommen hatten, konnte das nur eines bedeuten: „Zahlt nicht." Judas von Galiläa hatte nämlich gesagt, alles in Palästina gehöre Gott. Aber die Verfasser der Evangelien und ihre Leser wußten wahrscheinlich nichts von Judas von Galiläa, deshalb bewahrten sie die höchst provokative Antwort Jesu in der irrigen Annahme auf, sie zeige, daß Jesus gegenüber der römischen Herrschaft eine ernsthaft versöhnliche Haltung eingenommen habe.

Nachdem die Römer Jesus festgesetzt hatten, behandelten sie und ihre jüdischen Schützlinge ihn wie den Anführer eines aktuellen oder geplanten kriegerisch-messianischen Aufstands. Das oberste Gericht der Juden klagte ihn gotteslästerlicher und falscher Prophezeiungen an. Er wurde rasch schuldig gesprochen und Pontius Pilatus übergeben, damit der ihn unter der Anklage weltlicher Verbrechen ein zweites Mal vor Gericht stellte. Der Grund dafür dürfte klar sein. Wie ich in dem Kapitel über die Cargo-Kulte gezeigt habe, machen sich volkstümliche Messiasfiguren im kolonialen Zusammenhang stets eines politisch-religiösen Verbrechens und nicht einfach nur eines religiösen Vergehens schuldig. Jesu Verstoß gegen die Vorschriften der Eingeborenenreligion interessierte die Römer nicht, seine Drohung, das Kolonialregime zu stürzen, hingegen um so mehr.

Kaiphas Vorhersage, wie die Menge reagieren würde, wenn sich Jesu Ohnmacht zeigte, fand rasch volle Bestätigung. Pilatus präsentierte den Verurteilten dem Volk, und keine Stimme erhob sich zum Protest. Pilatus ging sogar so weit, dem Volk die Freilassung Jesu anzubieten, wenn es ihn wiederhaben wolle. Die Evangelien behaupten, Pilatus habe dieses Angebot gemacht, weil er selbst von der Unschuld Jesu überzeugt gewesen sei. Aber Pilatus war, wie erinnerlich, ein durchtriebener, rücksichtsloser Militär, der mit harter Hand herrschte und immer wieder mit dem Jerusalemer Mob in Konflikt geriet. Josephus zufolge lockte Pilatus einmal mehrere tausend Menschen in das Stadion von Jerusalem, ließ sie von Soldaten umzingeln und drohte, ihnen die Köpfe abschlagen zu lassen. Ein anderes Mal mischten sich seine Leute mit Zivilkleidung über ihrer Rüstung unter die Menge und fingen auf ein Zeichen an, alles in Reichweite niederzuschlagen. Indem er Jesus dem Pöbel zeigte, der ihn noch gestern angebetet und beschützt hatte, benutzte Pilatus die unerbittliche Logik der kriegerisch-messianischen Tradition, um den Eingeborenen ihre eigene Dummheit vor Augen zu führen. Da stand ihr vermeintlicher göttlicher Befreier, der König des heiligen jüdischen Reiches, und war absolut hilflos angesichts einer Handvoll römischer Soldaten. Die Menge mag darauf sehr wohl mit der Forderung reagiert haben, Jesus als einen religiösen Hochstapler hinzurichten. Aber Pilatus ging es nicht um die Kreuzigung eines religiösen Scharlatans. Für die Römer war Jesus einfach nur ein weiterer Umstürzler, der dasselbe Schicksal verdiente wie all die anderen aufrührerischen Banditen und Revolutionäre, von denen immer neue aus der Wüste krochen. Das war der Grund, warum auf dem Kreuz Jesu „König der Juden" stand.

S. G. F. Brandon, früherer Dekan des Theologieseminars der University of Manchester, erinnert daran, daß Jesus nicht allein gekreuzigt wurde; die Evangelien berichten, daß zwei weitere verurteilte Verbrecher sein Schicksal teilten. Für welches Verbrechen wurden diese Leidensgenossen Jesu hingerichtet? In der deutschen Übertragung der Evangelien werden die beiden als „Mörder" beziehungsweise „Übeltäter" bezeichnet. Aber das griechische Original verwendete für sie den Ausdruck *lestai*, eben jenen Begriff, den Josephus verwendet, wenn er von den zelotischen Banditen spricht. Brandon glaubt, daß wir sogar noch genauer angeben können, wer diese „Banditen" tatsächlich waren. Im Markusevangelium wird berichtet, daß zur Zeit der Verurteilung Jesu eine Reihe von „Aufrührern" im Gefängnis von Jerusalem saßen, „die im Aufruhr einen Mord begangen hatten". Wenn Jesu Leidensgenossen aus der Reihe dieser Aufrührer stammten, bekommt die grausige Szene auf Golgatha einen inneren Zusammenhang, der ihr andernfalls abgeht: der angebliche messianische König der Juden in der Mitte, flankiert von zwei zelotischen Banditen – eine Szene, die in jeder Hinsicht der Mentalität von Kolonialoffizieren entspricht, deren Absicht es ist, aufrührerische Eingeborene Mores zu lehren.

Alle vier Evangelien schildern dasselbe düstere Schauspiel, wie Jesus am Kreuz leidet, während weit und breit kein Jünger in Sicht ist. Die Jünger konnten nicht glauben, daß ein Messias zuließ, daß man ihn kreuzigte. Sie hatten noch nicht die mindeste Ahnung, daß der Jesuskult zum Kult eines friedfertigen statt eines Vergeltung übenden Erretters werden sollte. Brandon weist darauf hin, daß das Markusevangelium seine dramatische Kraft gerade daraus schöpft, daß die Jünger nicht begreifen können, warum ihr Messias seine Feide nicht zerschmettert und sich nicht vor dem Tode rettet.

Erst nachdem der Leichnam Jesu aus dem Grab verschwunden war, fing man an, diesen scheinbaren Mangel an messianischer Macht recht zu verstehen. Einige der Jünger hatten Gesichte, die ihnen klarmachten, daß die übliche Probe für den Messias – Sieger zu bleiben –, auf Jesus nicht zutraf. Von ihren Gesichten inspiriert, vollzogen sie eine wichtige, wenn auch nicht vollständig neuartige Wendung und behaupteten, der Tod Jesu beweise nicht, daß er ein falscher Messias gewesen sei; vielmehr bedeute er, daß Gott den Juden eine weitere einmalige Gelegenheit biete, sich des Bundesschlusses mit ihm würdig zu erweisen. Jesus werde wiederkehren, wenn die Menschen über ihre Zweifel an ihm Reue empfänden und Gott um Vergebung bäten.

Wir haben keinen Grund anzunehmen, dieses neue Verständnis vom Tode Jesu habe sofort dazu geführt, daß man die kriegerische und politische Bedeutung seiner messianischen Sendung verwarf. Vieles spricht für die von Brandon überzeugend vorgetragene Ansicht, daß die meisten Juden, die im Zeitraum zwischen seiner Kreuzigung und dem Fall Jerusalems Jesu Wiederkehr erwarteten, auch weiterhin mit einem Messias rechneten, der Rom überwinden und Jerusalem zur Hauptstadt eines heiligen jüdischen Reiches machen werde. Zu Beginn der Apostelgeschichte, in der Lukas berichtet, wie es nach der Kreuzigung Jesu weiterging, steht die politische Bedeutung der Wiederkehr Jesu im Bewußtsein der Apostel ganz und gar im Vordergrund. Die erste Frage, die sie dem wiederauferstandenen Jesus stellen, lautet: „Herr, wirst du in dieser Zeit wieder aufrichten das Reich für Israel?" Eine andere neutestamentliche Quelle, die Offenbarung des Johannes, beschreibt den wiederkehrenden Jesus als einen Reiter, der „Augen wie eine Feuerflamme" hat, ein Kleid trägt, „das mit Blut besprengt" ist, die Völker „mit eisernem Stabe" regiert und zurückkommt, um „die Kelter voll vom Wein des grimmigen Zornes Gottes, des Allmächtigen", zu treten.

In diesem Punkt finden sich übereinstimmende Belege in den Schriftrollen vom Toten Meer. Ich sagte gerade, daß die Vorstellung vom wiederkehrenden Messias nicht völlig neu war. In den Schriftrollen vom Toten Meer ist von einem „Lehrer der Gerechtigkeit" die Rede, der von seinen Feinden getötet werde, aber wiederkehre, um seinen messianischen Auftrag zu erfüllen. Wie die Qumraniten schlossen sich auch die ersten Judenchristen zu einer Gemeinschaft zusammen, während sie auf die Wiederkehr ihres Lehrers der Gerechtigkeit warteten.

Die Apostelgeschichte berichtet:

„Alle aber, die gläubig waren geworden, waren beieinander und hatten alle Dinge gemeinsam. Auch verkauften sie Güter und Habe und teilten sie unter alle, je nachdem einer in Not war. ... Es war aber auch keiner unter ihnen, der Mangel hatte; denn wieviel ihrer waren, die da Äcker oder Häuser hatten, die verkauften sie und brachten das Geld des verkauften Gutes und legten es zu der Apostel Füßen ... "

Es ist höchst interessant, daß sich in den Schriftrollen vom Toten Meer Anweisungen für die Einrichtung von jüdischen Büßergemeinschaften in den Städten finden, die nach eben diesem Muster organisiert werden sollen. Das ist ein weiterer Beweis dafür, daß die militanten Qumraniten und die jüdischen Christen entweder auf ähnliche Verhältnisse in ähnlicher Weise reagierten oder aber tatsächlich Ausprägungen beziehungsweise Ableger derselben kriegerisch-messianischen Bewegung waren.

Zu Beginn dieses Kapitels habe ich bereits angedeutet, daß die Vorstellung von Jesus als friedfertigem Messias sich wahrscheinlich erst nach dem Fall von Jerusalem vollständig herausbildete. In der Zeit zwischen dem Tode Jesu und der Niederschrift des ersten Evangeliums legte Paulus den Grund für einen Kult des messianischen Friedensbringers. Aber diejenigen, für die Jesus vornehmlich ein Erlöser in der kriegerisch-messianischen Tradition der Juden war, beherrschten die Bewegung während der ganzen Periode der um sich greifenden Guerillaaktivitäten, die in der Auseinandersetzung des Jahres 68 n. Chr. gipfelten. Das historische Milieu, in dem die Evangelien geschrieben wurden – die von einem rein friedfertigen und völkerübergreifenden Messias handeln –, war die Zeit nach dem verlorenen Krieg der Juden gegen Rom. Als Vespasian und Titus – die beiden Feldherren, die gerade die jüdisch-messianische Bewegung niedergeschlagen hatten – die Herrschaft über das Römische Reich übernahmen, wurde ein ganz und gar friedfertiger Messias zu einer praktischen Notwendigkeit. Vor dieser Niederlage war es für die Judenchristen in Jerusalem ebenso praktisch notwendig, dem Judentum Loyalität zu bewahren. Nach der Niederlage konnten die Judenchristen in Jerusalem die christlichen Gemeinden in anderen Teilen des Reiches nicht mehr kontrollieren, am allerwenigsten jene Christen, die mit Duldung der Kaiser Vespasian und Titus in Rom lebten. In der Zeit nach dem erfolglosen messianischen Krieg wurde es für Christen bald praktisch unumgänglich zu leugnen, daß ihr Kult aus dem jüdischen Glauben an den Messias entstanden war, der das Römische Reich über den Haufen werfen würde.

Die Jerusalemer Gemeinde wurde von einem Triumvirat geleitet, den „Säulen" des Galaterbriefs, das aus Jakobus, Johannes und Petrus bestand. Unter diesen nahm Jakobus, den Paulus als „des Herrn Bruder" bezeichnet (über die genaue genealogische Verbindung ist nichts bekannt), schon bald eine Vorrangstellung ein. Jakobus war es, der den Widerstand gegen Paulus' Bemühungen anführte, die Herkunft des Jesus-Kult aus dem kriegerischen Messianismus der Juden zu vertuschen.

Auch wenn Jerusalem bis 70 n. Chr. das Zentrum des Christentums blieb, breitete sich der neue Kult doch rasch über die Grenzen Palästinas auf viele der Gemeinden jüdischer Kaufleute, Handwerker und Gelehrter aus, die man in jeder Metropole und größeren Stadt des Römischen Reiches antraf. Die Auslandsjuden erfuhren von Jesus durch Missionare, die in den dortigen Synagogen die Runde machten. Paulus, der wichtigste dieser Missionare, hieß mit Geburtsnamen Saulus von Tarsus und war ein griechisch sprechender Jude, dessen Vater für sich und seine Familie die römische Staatsbürgerschaft erworben hatte. Paulus legte Wert darauf, daß er ein Apostel Jesu kraft Offenbarung und ohne direkten Kontakt zu den ursprünglichen Aposteln in Jerusalem geworden war. In seinem Brief an die Galater, der irgendwann zwischen 49 und 57 n. Chr. geschrieben wurde, sagt Paulus, daß er bereits drei Jahre in Arabien und Damaskus missioniert habe, ohne mit einem der ursprünglichen Apostel gesprochen zu haben, ehe er nach Jerusalem gezogen sei, wo er Simon Petrus kennengelernt und Jakobus, „des Herrn Bruder", getroffen habe.

Die folgenden fünfzehn Jahre war Paulus wieder auf Wanderschaft, ständig unterwegs von einer Stadt zur anderen. Bei seinen ersten Bekehrungen handelte es sich fast durchweg um Juden. Das war zwangsläufig so, weil die Juden am vertrautesten mit der prophetischen Tradition waren, die Jesus laut Paulus erfüllt hatte. Selbst ohne seine Ausbildung als Pharisäer, seine Kenntnis des Hebräischen und sein jüdisches Selbstverständnis hätte Paulus feststellen müssen, daß die in der ganzen Osthälfte des Römischen Reiches verstreuten Juden am ehesten empfänglich waren für die Attraktion des Jesus-Kults. Die Juden waren nicht nur eine der größten versprengten Gruppen im Reich, sie gehörten auch zu den einflußreichsten und genossen bis zum Jahr 71 n. Chr. viele Privilegien, die anderen ethnischen Gruppen versagt blieben. Paulus hatte außerhalb Palästinas zwischen drei und sechs Millionen Juden zu bekehren – mehr als das Doppelte der Zahl der palästinensischen Juden, die Jakobus bekehren konnte –, und praktisch alle Auslandsjuden lebten in den Städten und Großstädten.

Sooft er von den jüdischen Gemeinden im Ausland eine Abfuhr bekam, verstärkte Paulus seine Bemühungen um die Bekehrung von Nicht-Juden. Die Bekehrungspraxis selbst war indes nichts Neues. Wegen der sozialen und ökonomischen Vorteile, die dank ihrer langen Vertrautheit mit kosmopolitischen Verhältnissen Juden genossen, gab es schon lange einen stetigen Strom von Bekehrungen zum jüdischen Glauben. Männliche Konvertiten fanden Aufnahme in die jüdische Gemeinde, sofern sie bereit waren, die Gebote anzunehmen und sich beschneiden zu lassen. Das Neuartigste an der Missionsarbeit des Paulus war nicht seine messianische Verkündigung, sondern seine Bereitschaft, Nicht-Juden als Judenchristen zu taufen, ohne daß sie sich beschneiden lassen oder zu Juden erklären lassen mußten.

Die Apostelgeschichte berichtet, Paulus habe nach langer Abwesenheit Jerusalem aufgesucht und Jakobus und die Jerusalemer Ältesten gedrängt, ihn in seinen Bemühungen um die Bekehrung von Nicht-Juden zum Christentum gewähren zu lassen. Jakobus entschied, daß Nicht-Juden ohne Beschneidung zu Christen werden konnten, vorausgesetzt, sie schworen, sich „von Befleckung durch Götzen und von Unzucht und vom Erstickten und vom Blut" reinzuhalten. Aber Jakobus und die Jerusalemer Gemeindeältesten bestanden darauf, daß die unbeschnittenen Christen im Rang unter den Judenchristen standen. Paulus berichtet, daß Simon Petrus, als er ihn in Antiochien besuchte, die Mahlzeiten zusammen mit allen Christen einnahm. Aber als eine Untersuchungskommission aus Jerusalem eintraf, hörte er schlagartig auf, mit den unbeschnittenen Christen zusammen zu essen, „weil er die aus dem Judentum fürchtete" – das heißt, weil er fürchtete, die Kommission aus Judenchristen werde es Jakobus hinterbringen.

Für Paulus war es angesichts der Ausländerkreise, in denen er missionierte, von Vorteil, die privilegierte Stellung herunterzuspielen, die den Kindern Israels im heiligen jüdischen Reich zugedacht war. Es war auch vorteilhaft für ihn, die diesseitigen kriegerischen und politischen Elemente in der messianischen Sendung Jesu unbeachtet zu lassen. Aber Paulus' ökumenische Neuerungen schufen ein strategisches Problem, das ihm nie zu lösen gelang. Er geriet unvermeidlich immer mehr in Konflikt mit Jakobus und der Jerusalemer Gemeinde, da das Überleben der Christen in Jerusalem davon abhing, daß sie sich das Ansehen guter jüdischer Parioten bewahrten. Für das Überleben inmitten der vielen verschiedenen Fraktionen, die in den eskalierenden Krieg mit Rom verstrickt waren, hatte es entscheidende Bedeutung, daß Jakobus weiterhin im Tempel von Jerusalem den Gottesdienst verrichtete und daß seine Anhänger den Anschein des Gehorsams gegenüber dem jüdischen Gesetz aufrechterhielten. Ihren

Glauben an den Bund mit Jahwe hatte ihre Überzeugung von der baldigen Wiederkunft Jesu nicht geschwächt, sondern gestärkt.

Paulus wurde vorgeworfen, er halte die Juden in den ausländischen Städten dazu an, die Gebote der jüdischen Religion zu übertreten, und behandele Juden und Nicht-Juden so, als gebe es keinen Unterschied zwischen ihnen – als hätten Juden und Heiden gleichermaßen Anspruch auf die Segnungen der kommenden messianischen Erlösung. Sollte diese Lesart des Jesus-Kults sich jemals nach Jerusalem verbreiten, war das Schicksal des Jakobus und seiner Anhänger besiegelt. Um es mit Brandon zu sagen: „Vom jüdischen Standpunkt aus war eine solche Darstellung nicht nur theologisch empörend, sie kam einer ungeheuerlichen Irrlehre gleich, die ebensowohl die Volkszugehörigkeit wie die Religion betraf."

Was uns von den Handlungen und Aussprüchen Jesu überliefert ist, bietet keine Grundlage für den Versuch des Paulus, den Unterschied zwischen Juden und Nicht-Juden in den ausländischen Gemeinden fallenzulassen. Im Markusevangelium zum Beispiel fällt eine griechische Syrophönizierin vor ihm nieder und bittet ihn, ihre Tochter von einem „unsaubern Geist" zu befreien. Jesus weigert sich und sagt: „Laß zuvor die Kinder satt werden; es ist nicht fein, daß man den Kindern ihr Brot nehme und werfe es vor die Hunde." Die Syrerin hält dem entgegen: „Ja, Herr: aber doch essen die Hunde unter dem Tisch von den Brosamen der Kinder." Jesus gibt nach und heilt die Tochter der Frau. „Kinder" kann hier nur „Kinder Israels" bedeuten, und „Hunde" kann nur Nicht-Juden heißen, zumal bei Feinden wie den syrischen Griechen. Vorfälle und Aussprüche dieser Art blieben bei Markus und in den anderen Evangelien aus dem gleichen Grund erhalten, der es unmöglich machte, die übrigen von Vergeltungsdenken und Ethnozentrismus geprägten Handlungen und Aussprüche völlig zu tilgen. Es existierten lebendige mündliche Überlieferungen, in denen die Evangelien gründeten. Zahlreiche Augenzeugen wie etwa Jakobus, Petrus und Johannes waren noch aktiv und hielten an der Echtheit der kriegerisch-messanischen und ethnozentrischen Motive fest. Hinzu kam, daß Markus von Geburt Jude war und deshalb wahrscheinlich sein Leben lang mit gemischten Gefühlen den ethnischen Unterscheidungen gegenüberstand, auf die von den Begründern der Jerusalemer „Mutterkirche" vormals Wert gelegt worden war.

Um die Jerusalemer Gemeinde zu schützen, sandte Jakobus rivalisierende Missionare aus, die den Auftrag hatten, dem Christentum sein jüdisches Gepräge zu erhalten; diese waren sich nicht zu gut dafür, Paulus Glaubwürdigkeit in Zweifel zu ziehen, um seinen Anhang zu verunsichern. Paulus war in dieser Hinsicht verwundbar, weil er zugegebenermaßen Jesus zu dessen Lebzeiten nie gesehen hatte und er ihm nur in Visionen erschienen war. Außerdem war Paulus nach wie vor auf die Unterstützung der Synagogen im Ausland angewiesen. Also beschloß er im Jahr 59 n. Chr. trotz aller unguten Vorahnungen und warnenden Vorzeichen, nach Jerusalem zurückzukehren und die Sache mit seinen Anklägern auszufechten.

Paulus erschien vor Jakobus, wie ein Angeklagter vor einen Richter tritt. Jakobus gab mahnend zu bedenken, daß in Jerusalem Tausende von Juden lebten, die an Jesus glaubten aber zugleich „Eiferer für das Gesetz" seien. Er forderte sodann Paulus auf zu zeigen, „daß du selber auch nach dem Gesetz lebst und es hältst". Er verlangte, Paulus solle sich einem siebentägigen Reinigungsritual im Jerusalemer Tempel unterziehen. Paulus akzeptierte dieses Ansinnen, was beweist, (1) daß Jakobus, der Bruder des Herrn, damals das Haupt der Christenheit war, (2) daß Jakobus und die Judenchristen immer noch ihren Gottesdienst im Tempel verrichteten – keine eigene „Kirche" hatten, (3) daß die Judenchristen glaubten, Jesus werde wiederkehren, um den Bund Gottes mit David zu erfüllen und Jerusalem zum Zentrum eines heiligen jüdischen Reiches zu machen, (4) daß zwar alle getauften Bußfertigen, die an Jesus und Jahwe glaubten, erlöst würden, die Judenchristen aber noch mehr als die übrigen. Paulus' Versuch, seine Anhänglichkeit an das nationale Ideal der Juden unter Beweis zu stellen, fand ein vorzeitiges Ende, zweifellos aufgrund verräterischer Machenschaften. Eine Gruppe von Pilgern aus Asien erkannte ihn, hetzte einen Mob gegen ihn auf, zerrte ihn aus dem Tempel und machte sich daran, ihn zu Tode zu prügeln. Paulus kam nur mit dem Leben davon, weil der römische Hauptmann der Garde rechtzeitig dazwischentrat. Als er sich vor dem Rat der Hohenpriester verantworten mußte, entging er abermals mit knapper Not dem Tode. Es kam zu weiteren Anschlägen gegen ihn, aber weil er sich auf seine römische Staatsbürgerschaft berief und verlangte, vor ein römisches statt vor ein jüdisches Gericht gestellt zu werden, gelang es ihm schließlich, aus Palästina zu entkommen. Er wurde nach Rom geschickt und unter Hausarrest gestellt, aber was danach mit ihm passierte, weiß man nicht mit Sicherheit. Wahrscheinlich starb er im Jahr 64 n. Chr. den Märtyrertod, als Kaiser Nero einen riesigen Brand in Rom – den er seinen Gegnern zufolge selbst gelegt hatte, um die Slums in der Nachbarschaft seines Palastes zu beseitigen – einer passenderweise verfügbaren neuen, blutrünstigen Sekte, die sich unter den Juden gebildet hatte, und deren Anhänger er für „Feinde der Menschheit" erklärte, in die Schuhe schob.

Der Ausbruch eines regelrechten Krieges in Palästina brachte eine radikale Änderung der politischen Bedingungen für die abgebrochene paulinische Mission mit sich, auch wenn diese Änderung für Paulus selbst zu spät kam. Bis zum Jahr 70 n. Chr. hatte die jüdisch-christliche „Mutterkirche" in Jerusalem ihre Oberhoheit über die christlichen Gemeinden im Ausland eingebüßt. Sie stellte keine nennenswerte Macht mehr dar, falls sie den Fall Jerusalems überhaupt in irgendeiner Weise überdauerte. Der jahrelange Aufstand von 68-73 hatte eine gründliche Vergiftung des Verhältnisses zwischen Auslandsjuden und Römern zur Folge. Er ließ außerdem genau diejenigen zu Herrschern über das Reich aufsteigen, die für die Niederlage der Juden verantwortlich waren. Im Jahr 71 n. Chr. hielten Vespasian und sein Sohn Titus einen gewaltigen Triumphzug ab – der Titusbogen auf dem Forum erinnert an das Ereignis –, bei dem Gefangene und Beutestücke aus dem Krieg gegen die Juden durch die Straßen Roms geführt wurden, während der zelotische Bandit Simon ben Gioras, der letzte Befehlshaber im aufständischen Jerusalem, auf dem Forum erdrosselt wurde. Vespasian sprang danach hart mit den Juden im Römischen Reich um, schränkte ihre Freiheiten ein und ließ ihre Tempelsteuer dem Schatzhaus des Saturn zukommen. Während des restlichen 1. Jahrhunderts n. Chr. wurde der Antisemitismus zu einem festen Bestandteil des römischen Lebens und Schrifttums; die Folge war ein Zirkel aus heimlichem Aufbegehren oder offener Empörung auf seiten der Juden und verstärkter Repression auf römischer Seite, der schließlich zu dem zweiten Armaggedon von Bar Kochba im Jahr 135 n. Chr. führte.

Daß im Markusevangelium die Zerstörung des Tempels von Jerusalem als Strafe für die Kreuzigung Jesu herausgestellt wird, bringt Brandon zu dem Schluß, daß dieses Evangelium – das älteste, an dem sich die übrigen orientierten – nach dem Fall von Jerusalem in Rom abgefaßt wurde. Brandon zufolge wurde es wahrscheinlich in unmittelbarer Reaktion auf die große Siegesfeier im Jahr 71 n. Chr. niedergeschrieben.

Somit waren endlich die geeigneten Bedingungen für die Ausbreitung eines Kults des Frieden bringenden Messias in voller Stärke vorhanden. Die Judenchristen schlossen sich nunmehr bereitwillig mit den bekehrten Heiden zusammen, um die Römer davon zu überzeugen, daß *ihr* Messias anders war als die messianisch-zelotischen Banditen, die den Krieg verschuldet hatten und die auch weiter für Unruhe sorgten; sie, die Christen, waren im Unterschied zu den Juden harmlose Pazifisten ohne weltliche Ambitionen. Das christliche Reich Gottes war nicht von dieser Welt; die christliche Erlösung fand im ewigen Leben jenseits des Grabes statt; der christliche Messias war gestorben, um der Menschheit das ewige Leben zu bringen; seine Lehre stellte nur für die Juden, nicht hingegen für die Römer eine Gefahr dar; die Römer wurden von aller Schuld am Tode Jesu freigesprochen; ausschließlich die Juden waren schuld an seinem Tod, während Pontius Pilatus ohnmächtig hatte zuschauen müssen.

In den Schlachten und Nachwirkungen zweier irdischer Armaggedons liegt das Geheimnis des Frieden bringenden Messias. Der Kult des Frieden bringenden Messias, wie wir ihn kennen, hätte nicht gedeihen können, wäre der Krieg zuungunsten der „Söhne der Finsternis" ausgegangen.

Die – wenn schon nicht zahlenmäßig, so jedenfalls dem Einfluß nach – wichtigste Gruppe, aus der sich die Anhänger der neuen Religion rekrutierten, waren nach wie vor die überall im östlichen Mittelmeer verstreuten städtischen Juden. Es ist eine Legende, daß die breite Masse aus Bauern und Sklaven, die das Gros der Bevölkerung im Reich bildete, dem Christentum zum Sieg verholfen hätte. Wie der Historiker Salo W. Baran hervorhebt, wurde für die Christen das lateinische Wort *paganus*, das Bauer bedeutet, zum Synonym für „Heide". Das Christentum war im höchsten Maß die Religion von Volksgruppen, die es in die Großstädte verschlagen hatte. „In den Großstädten, wo häufig ein Drittel der Bevölkerung und mehr Juden waren, trat diese, wie man sagen könnte, neue Spielart der jüdischen Religion ihren Siegeszug an."

Wer von den Juden seiner Religion treu blieb, war weit mehr der Verfolgung durch die Römer ausgesetzt als wer sich zum Christentum bekehrte. Das Zeitalter der umfassenden Verfolgung der Christen durch die kaiserliche Macht fing nicht mit Nero an, sondern erst viel später –

nach 150 n. Chr. Um diese Zeit waren die christlichen Kirchen bereits zu einer Gefahr für die römische Staatsordnung geworden, weil sie sich in den städtischen Zentren konzentrierten, die römische Oberschicht unterwanderten, wirksame soziale Wohlfahrtsprogramme unterhielten und eine finanziell unabhängige internationale Organisation unter der Leitung fähiger Verwaltungskräfte aufbauten. Sie hatten sich zu einem „Staat im Staat" entwickelt.

Ich werde darauf verzichten müssen, die Kette von Ereignissen nachzuvollziehen, an deren Schluß das Christentum sich als die Staatsreligion des Römischen Reiches etablierte. Aber so viel möchte ich dazu doch noch sagen: Als Kaiser Konstantin seinen folgenschweren Entschluß faßte, war das Christentum kein Kult des Frieden bringenden Messias mehr. Konstantins Bekehrung fand im Jahr 312 n. Chr. statt, als er mit einem kleinen Heer über die Alpen zog. Während er sich Rom näherte, hatte der Erschöpfte eine Erscheinung: er sah über der Sonne ein Kreuz, auf dem die Worte standen IN HOC SIGNO VINCES – „In diesem Zeichen wirst du siegen". Jesus erschien Konstantin und wies ihn an, seine Kriegsstandarte mit dem Kreuz zu zieren. Unter diesem seltsamen neuen Banner zogen seine Soldaten in die Entscheidungsschlacht, die sie siegreich bestanden. Sie eroberten das Reich zurück und stellten damit sicher, daß bis zum heutigen Tage unzählige Millionen christlicher Soldaten nebst ihren Gegnern im Zeichen des Kreuzes das Leben lassen durften.

Besenstiel und Hexensabbat

Geradeso, wie die Figur des „Großen" uns zu verstehen half, welche praktische Bedeutung der Messias hat, werden wir nun dank unserer Überlegungen zur Messiasfigur besser verstehen, welche praktische Bewandtnis Hexen haben. Aber auch hier wieder muß ich warnend vorwegschicken, daß der Zusammenhang sich durchaus nicht von selbst versteht. Um die Verbindungslinie ziehen zu können, müssen wir erst einmal eine Reihe von Vorüberlegungen anstellen.

Man schätzt, daß in Europa zwischen dem 15. und 17. Jahrhundert an die 500000 Menschen wegen Hexerei verurteilt und verbrannt wurden. Ihre Verbrechen waren: ein Pakt mit dem Teufel; Langstreckenreisen durch die Luft auf Besenstielen; gesetzwidrige Zusammenkünfte an Sabbaten; Anbetung des Teufels; Bereitschaft, den Teufel unterm Schwanz zu küssen; Geschlechtsverkehr mit männlichen Dämonen, Inkubi geheißen, die mit einem eiskalten Penis ausgerüstet sind; Geschlechtsverkehr mit weiblichen Dämonen, Sukkubi genannt.

Hinzu kamen häufig andere, irdischere Beschuldigungen: Hexen töteten die Kuh des Nachbarn; riefen Hagelstürme hervor, verdarben die Feldfrucht, stahlen Säuglinge und aßen sie auf. Aber manch eine Hexe mußte nur deshalb sterben, weil sie durch die Luft geflogen war, um an einem Sabbat teilzunehmen.

Ich möchte beim Hexenrätsel zwei Fragen unterscheiden. Erstens ist da das Problem, wie es überhaupt zu dem Glauben kommt, daß Hexen auf Besenstielen durch die Luft reiten. Und zweitens haben wir dann das weitgehend

davon unabhängige Problem, warum diese Vorstellung im
16. und 17. Jahrhundert solch eine Popularität gewinnen
konnte. Ich meine, daß sich für beide Rätselfragen Lösungen in der gesellschaftlichen Praxis und in den irdischen
Verhältnissen finden lassen. Konzentrieren wir uns erst
einmal auf eine Erklärung der Flüge zum Hexensabbat,
warum sie stattfanden und wie sie vor sich gingen.

Obwohl es eine große Zahl von „Geständnissen" gibt,
wissen wir tatsächlich wenig über die Fallgeschichten der
geständigen Hexen. Manche Historiker haben die Ansicht
vertreten, der ganze absonderliche Komplex – bestehend
aus Teufelspakt, Ritt auf dem Besenstiel und Hexensabbat
– sei weniger eine Erfindung der auf dem Scheiterhaufen
verbrannten Hexen als ihrer Verfolger. Aber wie wir sehen
werden, fühlten sich zumindest einige Angeklagte während der Prozesse selber als Hexen und waren steif und
fest davon überzeugt, durch die Luft fliegen zu können
und Verkehr mit dem Teufel zu haben.

Das Problem bei den „Geständnissen" ist, daß sie normalerweise mittels Folter erpreßt wurden. Die Folter
wurde routinemäßig angewandt, bis die Hexe gestand,
daß sie mit dem Teufel einen Pakt geschlossen hatte und
zum Hexensabbat geflogen war. Die Folter wurde so
lange fortgesetzt, bis die Hexe die Namen der anderen
Anwesenden beim Hexensabbat preisgab. Versuchte eine
Hexe, ihr Geständnis zu widerrufen, wurde sie einer noch
strengeren Folter unterzogen, bis sie ihr ursprüngliches
Geständnis bekräftigte. Damit stand die der Hexerei angeklagte Person vor der Alternative, entweder auf dem
Scheiterhaufen den Feuertod zu sterben oder immer wieder in die Folterkammer zu wandern. Die meisten entschieden sich für den Scheiterhaufen. Bußfertige Hexen
konnten damit rechnen, daß sie zum Lohn für ihre koope-
rative Haltung erdrosselt wurden, ehe der Scheiterhaufen
in Brand gesetzt wurde.

Aus den Hunderten von Fällen, die der Historiker der
europäischen Hexenverfolgungen Charles Henry Lea do-

kumentiert hat, möchte ich einen typischen Prozeß herausgreifen. Er fand im Jahr 1601 im badischen Offenburg statt. Unter der Folter hatten zwei umherziehende Frauen gestanden, Hexen zu sein. Als man in sie drang, die anderen zu identifizieren, die sie beim Hexensabbat gesehen hatten, nannten sie die Frau des Bäckers, Else Gwinner. Else Gwinner wurde am 31. Oktober 1601 vor das Untersuchungsgericht geführt und leugnete standhaft, von Hexerei irgend etwas zu wissen. Man drängte sie, sich unnötige Qualen zu ersparen, aber sie leugnete weiter. Man band ihr die Hände hinter dem Rücken zusammen und zog sie an einem Seil, das an den Handgelenken befestigt war, vom Boden hoch – eine Foltermethode, die Strappado hieß. Sie fing an zu schreien, sagte, sie werde ein Geständnis ablegen, und bat, sie auf den Boden herunterzulassen. Als man sie herunterließ, war das einzige, was sie herausbrachte: „Vater vergib ihnen, denn sie wissen nicht, was sie tun." Die Folter wurde abermals angewandt, aber das einzige Ergebnis war, daß sie das Bewußtsein verlor. Sie wurde ins Gefängnis gebracht und am 7. November erneut gefoltert. Man hievte sie dreimal zum Strappado hoch, wobei man ihren Körper mit immer schwereren Gewichten behängte. Als sie zum drittenmal hochgezogen wurde, kreischte sie, daß sie es nicht mehr aushalten könne. Man ließ sie herunter, und sie gestand, „mit einem Dämonen gebuhlt" zu haben. Die Inquisitoren waren noch nicht zufrieden und wollten mehr wissen. Sie behängten sie mit den schwersten Gewichten, zogen sie abermals hoch und ermahnten sie, die Wahrheit zu sagen. Als man sie wieder herunterließ, beharrte Else darauf, daß sie gelogen habe, „um den Qualen zu entrinnen", und daß sie „in Wahrheit unschuldig" sei. Unterdes hatten die Inquisitoren Elses Tochter Agathe verhaftet. Sie brachten sie in eine Zelle und schlugen sie, bis sie gestand, daß sie und ihre Mutter Hexen seien und Mißernten verursacht hätten, um die Brotpreise hinaufzutreiben. Als Else und Agathe einander gegenübergestellt wurden, widerrief Agathe den Teil des Geständnisses, der ihre Mutter betraf. Aber sobald sie wieder mit den Inquisitoren allein war, bekräftigte sie ihr Geständnis und bat, sie nicht mehr ihrer Mutter gegenüberzustellen.

Else wurde in ein anderes Gefängnis gebracht und mit Daumenschrauben bearbeitet. Sobald man von ihr abließ, beteuerte sie wieder ihre Unschuld. Schließlich gab sie erneut zu, mit einem Dämonen zu verkehren, aber das war auch alles. Nachdem sie abermals alle Schuld geleugnet hatte, wurde am 11. Dezember wieder die Folter angewandt. Diesmal wurde sie ohnmächtig. Man spritzte ihr kaltes Wasser ins Gesicht; sie schrie und bat flehentlich, von ihr abzulassen. „Aber sobald die Folter aussetzte, widerrief sie ihr Geständnis." Schließlich gestand sie, daß ihr dämonischer Liebhaber sie auf zwei Flügen zum Hexensabbat mitgenommen habe. Die Inquisitoren wollten wissen, wen sie dort gesehen habe. Else nannte zwei Personen – Frau Spiess und Frau Weyss. Sie versprach, später noch mehr Personen zu nennen. Aber am 13. Dezember widerrief sie ihr Geständnis, obwohl ein Priester sie mit weiterem Belastungsmaterial konfrontierte, das ihm Agathe geliefert hatte. Am 15. Dezember sagten ihr die Inquisitoren, sie würden „mit der Folter ohne Gnade oder Mitleid fortfahren, bis sie die Wahrheit sage". Sie war der Ohnmacht nahe, beteuerte aber ihre Unschuld. Sie wiederholte ihr früheres Geständnis, bestand aber darauf, sich mit ihrer Behauptung, sie habe Frau Spiess und Frau Weyss beim Hexensabbat gesehen, geirrt zu haben: „Es herrschte ein solches Gedränge und Durcheinander, daß es schwer war, jemanden zu erkennen, besonders weil alle Anwesenden soweit wie möglich ihr Gesicht verbargen." Obwohl man ihr mit weiterer Folter drohte, weigerte sie sich, ihr Geständnis abschließend zu beeiden. Else Gwinner wurde am 21. Dezember 1601 auf dem Scheiterhaufen verbrannt.

Neben dem Strappado, dem Streckbett und den Daumenschrauben verwendeten die Hexenjäger auch Stühle mit Nagelspitzen, die von unten erhitzt wurden, Dornen-schuhe, stachelbewehrte Reifen, glühende Eisen, glühende Zangen, Hungerfolter, Schlafentzug. Ein zeitgenössischer Kritiker des Hexenwahns, Johann Matthäus Meyfart, schrieb, daß er ein Vermögen dafür geben würde, vergessen zu können, was er in den Folterkammern alles gesehen habe.

„Ich habe gesehen / welcher massen sie den festen Leib des Menschen zertrümmern / die Glieder von einander treiben / die Augen aus dem Heupte zwingen / die Füsse von den Schinbeinen reissen / die Gelenke aus den Spannadern bewegen / die Schulterscheuben aus der Schaufel heben / die tieffe Adern auffblehen / die hohen Adern an etlichen Orten einsencken / bald in die Höhe zerren / bald auff den Boden stürtzen / bald in den Circul weltzen / bald das ober in das unter / bald das unter in das ober wenden.
Ich habe gesehen / wie der Hencker mit Peitzschen geschlagen / mit Ruthen gestrichen / mit Schrauben gequetschet / mit Gewichten beschweret / mit Nägeln gestochen / mit Stricken umbzogen / mit Schwefel gebrennet / mit Öl begossen / mit Fackeln gesenget!
... In Summa ich kan zeigen / ich kan sagen / ich kan klagen / wie der menschliche Leib verödet worden ..."

Während der ganzen Zeit des Hexenwahns mußte jedes Geständnis, das unter der Folter erpreßt worden war, von den Angeklagten bestätigt werden, ehe das Urteil gesprochen wurde. Deshalb findet sich in den Protokollen der Hexenprozesse stets die Formel: „X hat aus freiem Willen das unter der Folter gemachte Geständnis bestätigt." Aber Meyfart weist darauf hin, daß solche Geständnisse für die Unterscheidung zwischen echten und unechten Hexen nutzlos seien. Was bedeute denn, fragt er, die Formel „Margarethe hat vor dem Gerichtshof ihr unter der Folter gemachtes Geständnis aus freiem Willen bestätigt"?

„Es bedeutet, daß der Henker, wen sie nach unerträglichen Qualen ein Geständnis ablegt, zu ihr sagt: ‚Falls du vorhast, dein Geständnis zu widerrufen, sag es mir jetzt, und ich werde mich besser ins Zeug legen. Falls du vor dem Gericht widerrufst, wirst du mir erneut übergeben und feststellen, daß ich bisher nur mit dir gespielt habe, denn ich werde dich so traktieren, daß es selbst Steinen Tränen entlocken würde.' Wenn Margarethe vor das Gericht gebracht wird, ist sie gefesselt, und ihre Hände sind so straff zusammengebunden, ‚daß es ihr das Blut heraustreibt'. Neben ihr stehen der Kerkermeister und der Henker und hinter ihr bewaffnete Wachen. Nach der Verlesung ihres Geständnisses fragt sie der Henker, ob sie es bestätigt oder nicht."

Der Historiker Trevor-Roper betont die Tatsache, daß viele Geständnisse ohne erkennbare Anwendung der Folter vor den Behörden abgelegt wurden. Aber selbst solche „spontanen" oder „freiwilligen" Eingeständnisse muß man vor dem Hintergrund der subtileren Terrorformen beurteilen, die den Inquisitoren und Richtern zur Verfügung standen. Bei den gerichtlichen Hexenverfolgern war es übliche Praxis, erst mit der Folter zu drohen, dann die verwendeten Methoden zu beschreiben und dann die Instrumente vorzuführen. Im Verlauf dieser Prozedur war es jederzeit möglich, daß die Angeklagten sich ein Geständnis abpressen ließen. Das Ergebnis waren dann jene vor dem Untersuchungsrichter abgelegten „Geständnisse", die, obwohl durch Drohungen erzwungen, uns heute „spontan" vorkommen. Ich bestreite nicht, daß es echte Geständnisse oder „echte" Hexen gegeben hat, aber wenn ein heutiger Forscher so tut, als sei die Anwendung der Folter nur ein untergeordneter Aspekt bei den Hexenverfolgungen gewesen, halte ich das für eine grobe Entstellung. Die Inquisitoren gaben sich nie zufrieden, ehe die geständigen Hexen nicht weitere Verdächtige nannten, die dann anschließend ebenfalls angeklagt und gefoltert wurden.

Meyfart erwähnt einen Fall, in dem eine alte Frau, die drei Tage lang gefoltert worden war, dem Mann, dessen Namen sie genannt hatte, gestand: „Ich habe Euch nie beim Hexensabbat gesehen, aber damit die Folter aufhörte, mußte ich jemanden nennen. Ihr fielt mir ein, weil Ihr mir auf dem Weg zum Gefängnis begegnetet und sagtet, Ihr würdet so etwas nie von mir geglaubt haben. Vergebt mir, aber wenn sie mich wieder folterten, würde ich Euch abermals beschuldigen." Die Frau wurde wieder aufs Streckbett gespannt und bestätigte ihre ursprüngliche Anschuldigung. Ohne die Folter hätte meiner Ansicht nach der Hexenwahn nie eine so große Zahl von Opfern finden können, mochten noch so viele Menschen wirklich überzeugt davon sein, daß sie zum Hexensabbat flogen.

Praktisch jede Gesellschaft in der Welt glaubt an irgendeine Art von Zauberkraft. Aber der europäische Hexenwahn wütete heftiger, währte länger und forderte mehr Opfer als jeder andere vergleichbare Ausbruch. Wenn in primitiven Gesellschaften der Verdacht der Zauberei auftaucht, unterwirft man die Verdächtigen unter Umständen qualvollen Prüfungen, um festzustellen, ob sie schuldig oder unschuldig sind. Aber ich kenne keinen Fall, bei dem Hexen gefoltert wurden, um die Namen weiterer Hexen aus ihnen herauszupressen.

Sogar in Europa wurde die Folter erst nach 1480 zu diesem Zweck angewandt. Vor dem Jahr 1000 n. Chr. wurde niemand hingerichtet, weil der Nachbar den Betreffenden angeblich mit dem Teufel zusammen gesehen hatte. Die Menschen beschuldigten einander zwar, Zauberer oder Hexen zu sein und mittels übernatürlicher Kräfte anderen Schaden zuzufügen. Es wurde auch viel über gewisse Frauen gemunkelt, die durch die Luft reiten und mit ungeheurer Geschwindigkeit große Entfernungen überbrücken konnten. Aber die Behörden zeigten wenig Interesse daran, die Hexen systematisch zur Strecke zu bringen und sie Geständnisse ihrer Verbrechen ablegen zu lassen. Tatsächlich bestritt die katholische Kirche ursprünglich, daß es so etwas wie Hexen, die durch die Luft flogen, gebe. Im Jahr 1000 n. Chr. verbot die Kirche, an solche Flüge zu glauben; später, nach 1480, verbot sie, die Wirklichkeit solcher Flüge anzuzweifeln. Im Jahr 1000 n. Chr. vertrat die Kirche offiziell den Standpunkt, daß der Hexenritt eine vom Teufel hervorgerufene Täuschung sei. 500 Jahre danach vertrat die Kirche ebenso offiziell die Meinung, daß diejenigen im Bund mit dem Teufel stünden, die behaupteten, der Hexenritt sei bloß eine Täuschung.

Für den früheren Standpunkt war ein Dokument mit dem Titel Canon Episcopi maßgebend. In bezug auf den verbreiteten Glauben, daß Horden von Hexen durch die Nacht flögen, wurde dort gewarnt: „Der Geist der Gottlosen wähnt, diese Dinge ereigneten sich nicht in der Seele, sondern im Körper." Mit anderen Worten, der Teufel kann einem zwar vorspiegeln, daß man nachts durch die Luft fliege, aber *in Wirklichkeit* ist dazu niemand imstande. Entscheidend für das, was „in Wirklichkeit" bedeutet, und für den Unterschied zu späteren Definitionen von „Wirklichkeit" ist der Umstand, daß niemand, der vermeintlich mit mir im Traum zusammen war, dafür zur Rechenschaft gezogen werden kann. Ich habe nur geträumt, daß andere dabei waren, und für meine Träume können die anderen nicht verantwortlich gemacht werden. Ich allerdings, der Träumer, habe böse Gedanken und verdiene, bestraft zu werden – nicht durch den Tod auf dem Scheiterhaufen, sondern durch die Exkommunikation.

Erst mehrere Jahrhunderte später wurde die Lesart des Canon Episcopi ins Gegenteil verkehrt und die Leugnung der Fähigkeit von Hexen, sich nicht nur in der Phantasie, sondern auch körperlich durch die Luft zu bewegen, zu einer Häresie erklärt. Als die Wirklichkeit der Luftreise feststand, wurde es möglich, die geständige Hexe nach den anderen Anwesenden beim Hexensabbat auszufragen. Wandte man an diesem Punkt die Folter an, war die unausweichliche Folge ein Schneeballsystem. Wie in Zukunftsmodellen von Brutreaktoren führte jede verbrannte Hexe automatisch zu zwei oder mehr weiteren Anwärterinnen auf den Scheiterhaufen. Um zu gewährleisten, daß das System reibungslos funktionierte, gab es zusätzliche Verbesserungen. Man hielt die Unkosten dadurch niedrig, daß man die Familie der Hexe zwang, die Ausgaben für die Anwendung der Folter und die Hinrichtung zu übernehmen. Der Familie wurde auch das Brennholz sowie das Bankett in Rechnung gestellt, das die Richter nach der Hexenverbrennung abhielten. Bei den lokalen Behörden weckte man dadurch ein beträchtliches Interesse an der Hexenjagd, daß man sie ermächtigte, das gesamte Vermögen jeder als Hexe verurteilten Person einzuziehen.

Aspekte des vollständigen Systems der Hexenverfolgung waren bereits im 13. Jahrhundert ausgebildet, allerdings nicht als Bestandteile der Hexenjagd selbst. Die Anwendung der Folter erlaubte die Kirche anfänglich nicht im Kampf gegen Hexen, sondern gegen die Angehörigen der häretischen Sekten, die überall in Europa aus dem Boden schossen und das Monopol der Kirche auf Abgaben und Ausübung der Sakramente bedrohten. Im 13. Jahrhundert hatten sich zum Beispiel die Albigenser (auch Katharer genannt) in Südfrankreich zu einer machtvollen unabhängigen religiösen Gemeinschaft mit eigener Geistlichkeit entwickelt, die unter dem Schutz dissidenter Teile des französischen Adels in aller Öffentlichkeit ihre Zusammenkünfte abhielten. Der Papst rief zu einem heiligen Krieg – dem Kreuzzug gegen die Albigenser – auf, um das südliche Frankreich der Kirche zu erhalten. Die Albigenser wurden schließlich ausgerottet, aber andere häretische Sekten wie die Waldenser und die Vaudois traten an ihre Stelle. Zur Bekämpfung dieser subversiven Bewegungen schuf die Kirche nach und nach die Inquisition, eine spezielle paramilitärische Behörde, deren einzige Aufgabe es war, die Häresie auszurotten. Um der Verfolgung durch die Inquisition zu entgehen, gingen die Häretiker in Frankreich, Italien und Deutschland in den Untergrund, bildeten Geheimzellen und hielten heimliche Zusammenkünfte ab. Da sie ihre Anstrengungen durch die Untergrundtätigkeit ihrer Gegner durchkreuzt sahen, verlangten die päpstlichen Inquisitoren, daß man ihnen die Anwendung der Folter erlaubte, damit sie die Häretiker zwingen konnten, ein Geständnis abzulegen und die Namen ihrer Komplizen zu nennen. Diese Erlaubnis wurde ihnen Mitte des 13. Jahrhunderts von Papst Alexander IV. erteilt.

Während man die Waldenser und Vaudois folterte, genossen die Hexen nach wie vor den Schutz des Canon Episcopi. Hexerei war ein Verbrechen, aber sie war keine Häresie – da es sich beim Hexensabbat um ein Hirngespinst handelte. Aber im Laufe der Zeit beunruhigte es die päpstlichen Inquisitoren immer stärker, daß es für Fälle von Hexerei keine gerichtliche Handhabe gab. Hexerei, so machten sie geltend, sei nicht mehr das, was sie zur Zeit der Abfassung des Canon Episcopi einmal gewesen sei. Eine neue und viel gefährlichere Art von Hexe hatte sich entwickelt – eine, die leibhaftig zum Hexensabbat fliegen konnte. Und diese Hexensabbate waren genau dasselbe wie die Zusammenkünfte anderer häretischer Sekten, die Rituale aber sogar noch verabscheuungswürdiger. Wenn man die Hexen wie andere Häretiker foltern konnte, dann würde man eine riesige geheimbündlerische Verschwörung aufdecken können. Schließlich gab Rom nach. Im Jahr 1484 erließ der Papst Innozenz III. eine Bulle, welche die Inquisitoren Heinrich Institoris und Jakob Sprenger ermächtigte, den Inquisitionsapparat zur Ausrottung der Hexen überall in Deutschland einzusetzen.

Die Argumente, mit denen Institoris und Sprenger den Papst überzeugten, legten sie anschließend in ihrem Buch *Der Hexenhammer* öffentlich dar. Es blieb für alle Zeit das anerkannte Handbuch des Hexenjägers. Es sei wahr, so räumten sie ein, daß manche Hexen nur in der Phantasie am Hexensabbat teilnähmen; viele indes verfügten sich tatsächlich leibhaftig dorthin. Aber beides laufe auf dasselbe hinaus, denn die Hexe, die nur mittels Phantasie teilnehme, bekomme die Vorgänge genauso zuverlässig mit wie die Hexe, die leibhaftig anwesend sei. Wenn ein Ehemann schwöre, daß seine Frau neben ihm im Bett gelegen habe, während andere bezeugten, sie beim Hexensabbat gesehen zu haben, so sei es nicht seine Frau gewesen, die er berührt habe, sondern ein Teufel, der ihre Stelle eingenommen habe. Der Canon Episcopi möge zwar behaupten, daß der Hexenritt nur in der Einbildung stattfinde, aber der Schaden, den Hexen anrichteten, sei alles andere als eine Sache der Einbildung. „... wer möchte so dumm sein, daß er deshalb alle ihre Hexentaten und Schädigungen nur Wahngebilde und in der Vorstellung bestehend nennte, da sich allen das Gegenteil ganz klar und sinnenfällig zeigt?" Jedes denkbare Unheil – Verluste von Vieh und Mißernten, Kindstod, Krankheit, Beschwerden und Schmerzen, Untreue, Unfruchtbarkeit und Geisteskrankheit – an allem war die Hexerei schuld. Zum Schluß legt der *Hexenhammer* in aller Ausführlichkeit dar, wie man vorzugehen hatte, um die Hexen zu identifizieren, gerichtlich anzuklagen und zu verfolgen, zu foltern, zu überführen und zu verurteilen. Das System der Hexenjagd war nunmehr komplett und wartete darauf, die nächsten 200 Jahre lang mit verheerenden Folgen in ganz Europa von Hexenjägern protestantischen ebenso wie katholischen Glaubens praktiziert zu werden. Wartete darauf, Jahr für Jahr einen nicht enden wollenden Nachschub an neuen Hexen zu produzieren und diese an die Stelle ihrer bereits inhaftierten oder verbrannten Leidensgenossinnen treten zu lassen.

Warum wurde der Canon Episcopi außer Kraft gesetzt? Die einfachste Antwort wäre, daß die Inquisitoren recht hatten, daß die Hexen sich tatsächlich bei geheimen Hexensabbaten trafen – auch wenn sie dort nicht auf Besenstielen hinritten – und daß sie tatsächlich für den Frieden der Christenheit eine ebenso große Bedrohung darstellten wie die Waldenser oder die anderen religiösen Geheimbewegungen.

Diese These ist dank neuerer Entdeckungen über die praktischen Bedingungen für den Hexenritt nicht länger haltbar. Michael Harner von der New School for Social Research hat nachgewiesen, daß der Volksglaube in Europa die Hexen mit dem Gebrauch von zauberischen Pflastern und Salben in Verbindung brachte. Ehe sie auf ihrem Besen durch die Luft ritten, „salbten" sich die Hexen. Einer der typischen Fälle, die Harner zitiert, betrifft eine Hexe in England im 17. Jahrhundert, die gestand: „Ehe sie zu ihren Versammlungen getragen werden, salben sie die Stirn und die Handgelenke mit einem Olium, das der Geist ihnen bringt (und das einen rohen Geruch hat)." Andere Hexen in England gaben an, das „Olium" sei von grünlicher Farbe und werde mit einer Feder auf die Stirn aufgetragen. Frühen Berichten zufolge strich die Hexe die Salbe auf einen Stab, woraufhin „sie umherschweifte und durch Dick und Dünn preschte, wie es sie gerade gelüstete". In einer Quelle aus dem 15. Jahrhundert, die ebenfalls bei Harner zitiert wird, ist die Rede davon, daß sowohl der Stab als auch der Körper mit Salbe bestrichen werden: „Sie salben einen Stab und reiten darauf ... oder sie salben sich selbst unter den Armen und an anderen behaarten Stellen." Eine weitere Quelle stellt fest: „Hexen, Männer und Frauen, die einen Pakt mit dem Teufel geschlossen haben, werden, nachdem sie sich mit bestimmten Salben bestrichen und bestimmte Worte rezitiert haben, nachts in ferne Gegenden entführt."

Andrés Laguna, ein lothringischer Arzt aus dem 16. Jahrhundert, berichtet vom Krug einer Hexe, den er entdeckte und der „halbvoll mit einer bestimmten grünen Salbe war ..., mit der sie sich bestreichen: ihr starker und abstoßender Geruch ließ erkennen, daß sie aus Kräutern bestand, die im höchsten Maß kalt und einschläfernd wirken, als da sind Schierling, Tollkirsche, Bilsenkraut und Alraune." Laguna verschaffte sich von der

Salbe eine Dose voll und führte an der Frau des Henkers von Metz ein Experiment damit durch. Er bestrich die Frau von Kopf bis Fuß mit der Salbe, worauf „sie plötzlich in solch einen gesunden Schlaf verfiel, die Augen offen wie bei einem Kaninchen (passenderweise sah sie auch aus wie ein gesottener Hase), daß ich nicht wußte, wie ich sie wecken sollte." Als es Laguna schließlich gelang, sie wachzubekommen, hatte sie sechsunddreißig Stunden lang geschlafen. Sie beklagte sich: „Warum wecken Sie mich zu so ungelegener Zeit? Ich war umgeben von allen Lüsten und Freuden der Welt." Dann sagte sie lachend zu ihrem Mann, der, „eingehüllt in den üblen Geruch der Gehenkten", dabeistand: „Wisse, Schelm, daß ich dir Hörner aufgesetzt habe, mit einem Buhlen, jünger und besser als du."

Harner hat eine Reihe von Quellen zusammengetragen, in denen über Experimente mit solchen Salben an den Hexen selbst berichtet wird. Alle Versuchspersonen fielen in tiefen Schlaf und behaupteten, wenn sie geweckt wurden, sie hätten eine lange Reise gemacht. Das Salbengeheimnis war also vielen Menschen, die zur Zeit des Hexenwahns lebten, bekannt, auch wenn die Historiker normalerweise dazu tendieren, das zu vergessen oder für unwesentlich zu halten. Der beste Augenzeugenbericht zu diesem Thema stammt von einem Kollegen Galileis, Giambattista della Porta, der in den Besitz eines Rezepts für eine Salbe gelangte, die Tollkirsche enthielt.

„Sobald sie fertig ist, salben sie den Körperteil ein, nachdem sie sich sehr sorgfältig geschrubbt haben, so daß die Haut gerötet ist. … Auf diese Weise wähnen sie in manch mondbeschiener Nacht, sie würden zu Festgelagen, Musik, Tänzen und Paarungen mit jungen Männern entführt, welch letzteres sie am allermeisten ersehnen. So stark ist die Kraft der Einbildung und der Sinnenschein der Bilder, daß der Teil des Gehirns, der Gedächtnis heißt, fast angefüllt ist mit dieser Art von

Dingen; und da sie selbst ihrer Natur nach sehr leicht-
gläubig sind, ergreifen die Bilder von ihnen derart
Besitz, daß der Geist selbst verwandelt wird und bei
Tag und bei Nacht an nichts anderes mehr denkt."

Harner, der die Verwendung von Halluzinogenen bei
Schamanen der Jívaro-Indios in Peru erforscht hat, glaubt,
daß es sich bei dem aktiven halluzinogenen Wirkstoff in
den Hexensalben um Atropin handelte, ein starkes Alkaloid, das man in europäischen Pflanzen wie Alraune, Bilsenkraut und Tollkirsche oder Belladonna (wörtl. schöne
Dame!) antrifft. Atropin hat die besondere Eigentümlich-
keit, daß es durch die Haut absorbierbar ist, weswegen
man zur Linderung von Muskelschmerzen Belladonna-
Hautpflaster auflegen kann. In der Moderne wurden etliche Versuche mit Hexensalben gemacht, die auf der
Grundlage von Rezepten hergestellt waren, die sich in
alten Schriften fanden. Eine Gruppe von Versuchspersonen in Göttingen berichtet, in einen vierundzwanzigstün-
digen Schlaf verfallen zu sein, während dessen sie von
„wilden Ritten, rasenden Tänzen und anderen unheimli-
chen Abenteuern von der Art, wie sie mit mittelalterlichen
Orgien in Verbindung gebracht werden" träumten. Eine
andere Versuchsperson, die bloß die Dämpfe von Bilsenkraut einatmete, spricht von der „verrückten Empfindung, daß meine Füße leichter wurden, sich ausdehnten
und von meinem Körper lösten ... gleichzeitig hatte ich
das berauschende Gefühl zu fliegen".

Wozu der Stab oder Besenstiel, auf dem die Hexen
heute noch in Kinderbüchern reiten? Nach Harner war
dieser Stab kein bloßes Phallussymbol:

„Die Verwendung des Stabes oder Besenstiels war un-
zweifelhaft mehr als eine symbolische Freudsche Handlung, denn auf diese Weise kam der atropinhaltige
Pflanzenextrakt mit den empfindlichen vaginalen Haut-
partien in Berührung, und außerdem wurde die Illusion

eines Pferderittes erzeugt, die typischerweise zum Besuch des Hexensabbats dazugehörte."

Wenn Harners Erklärung zutrifft, dann waren bei den meisten „echten" Hexensabbaten halluzinogene Erlebnisse im Spiel. Die Salbe wurde stets aufgetragen, *ehe* die Hexen zum Sabbat ritten, nicht erst, wenn sie angekommen waren. Was immer also hinter der päpstlichen Entscheidung steckte, die Hexerei mit Hilfe der Inquisition auszurotten, eine wachsende Beliebtheit der Hexensabbate als solcher konnte der Grund nicht sein. Denkbar ist natürlich, daß mehr Menschen einen „Trip" unternahmen. Diese Möglichkeit will ich nicht ausschließen. Aber die Inquisition kümmerte sich überhaut nicht darum, ob die Hexen Salben besaßen oder nicht. (Der *Hexenhammer* hat zu diesem Thema wenig beizutragen.) Ich halte es deshalb für wahrscheinlich, daß die meisten der „echten" Hexen – derjenigen, die gewohnheitsmäßig auf den Trip gingen – unerkannt blieben und daß die meisten Opfer, die verbrannt wurden, sich nie in Rauschzustand versetzt hatten.

Halluzinogene Salben erklären viele der spezifischen Erscheinungsformen des Hexenwesens. Die Folter sorgte dafür, daß die Kenntnis dieser Erscheinungsformen sich weit über den Kreis der tatsächlichen Salbenbenutzer hinaus verbreitete. Aber nach wie vor bleibt das Rätsel zu lösen, warum 500 000 Menschen für Verbrechen sterben mußten, die sie in den Träumen anderer Leute begingen.

10

Der große Hexenwahn

Den meisten Menschen ist unbekannt, daß in Europa vom 13. bis zum 17. Jahrhundert kriegerisch-messianische Erhebungen genauso gang und gäbe waren wie zu griechischen und römischen Zeiten in Palästina. Und sie wissen auch nicht, daß die protestantische Reformation in vieler Hinsicht den Schlußpunkt oder das Abfallprodukt dieser messianischen Aufbruchsstimmung bildete. Wie schon in Palästina richteten sich auch in Europa die Ausbrüche messianischer Begeisterung gegen das Monopol auf Reichtum und Macht, das die herrschenden Klassen beanspruchten. Meiner These zufolge war der Hexenwahn im wesentlichen eine Schöpfung und Strategie der herrschenden Klassen, um diese christlich-messianische Bewegung zu unterdrücken.

Es ist kein Zufall, daß das Hexenwesen in eben der Zeit an Bedeutung gewann, als die Proteste gegen soziale und wirtschaftliche Ungerechtigkeiten heftiger wurden. Der Papst erlaubte die Anwendung der Folter gegen Hexen kurz vor Beginn der protestantischen Reformation, und der Hexenwahn erreichte seinen Höhepunkt in den Kriegen und Umwälzungen des 16. und 17. Jahrhunderts, die der Einheit der christlichen Kirche ein Ende machten.

Für die Volksmassen in Europa war die Zeit, in der das mittelalterliche Feudalsystem zerfiel und starke nationale Monarchien entstanden, eine höchst belastende Periode. Durch die Entwicklung des Handels, der Märkte und des Bankwesens wurden die Besitzer von Land und Kapital in Unternehmungen gedrängt, die auf Profitmaximierung abzielten. Das neue Prinzip ließ sich nur um den Preis der

Zerstörung der engen paternalistischen Beziehungen durchsetzen, die für die feudalen Landgüter und Burgstädte typisch waren. Landbesitz wurde aufgeteilt, an die Stelle der Leibeigenen und Hintersassen traten große und kleine bäuerliche Pächter. Vormals autarke Landgüter verwandelte man in marktfruchtorientierte agroindustrielle Betriebe. Die Bauern verloren die Scholle, die ihnen als Existenzgrundlage diente, und ihre kleinen Familienhöfe; die vertriebene Landbevölkerung wanderte in großer Zahl in die Städte ab, wo sie Lohnarbeit suchte. Seit dem 11. Jahrhundert wurde das Leben wettbewerbsorientierter, unpersönlicher und kommerzialisierter – stärker durchs Profitdenken beherrscht als durch die Tradition.

Mit wachsender Verarmung und Entfremdung fingen immer mehr Menschen an, die bevorstehende Wiederkehr Christi zu erwarten. Viele sahen das Ende der Welt kommen, wie es sich vor ihren Augen in der Sündhaftigkeit und dem Wohlleben des Klerus, in der Ungleichverteilung des Reichtums, in Hungersnöten und Seuchen, in der Ausbreitung des Islam und in den unaufhörlichen Kriegen zwischen rivalisierenden Gruppen des europäischen Adels ankündigte.

Der bahnbrechende Theoretiker der messianischen Bewegung in Westeuropa war Joachim von Fiore, von dessen theoretischem System Norman Cohn sagt, es sei „bis zur Entstehung des Marxismus das einflußreichste der europäischen Geschichte geblieben". Irgendwann zwischen 1190 und 1195 entdeckte der kalabrische Abt Joachim, wie sich der Zeitpunkt errechnen ließ, an dem die derzeitige Welt des Leidens dem Reich des Geistes weichen würde. Das erste Weltalter war für Joachim das des Vaters, das zweite das des Sohnes und das dritte das des Heiligen Geistes. Das dritte Zeitalter war das des Sabbats oder der Rast, in ihm gab es kein Verlangen nach Reichtum, Besitz, Arbeit, Nahrung oder Unterkunft mehr; die Existenz war rein spirituell, und alle materiellen Bedürfnisse hatten sich erledigt. An die Stelle hierarchischer Einrichtungen wie Staat und Kirche traten freie Gemeinschaften vollkommener Wesen. Joachim prophezeite, das Zeitalter des Geistes werde im Jahr 1260 beginnen. Dieses Datum wurde der Orientierungspunkt mehrerer kriegerisch-messianischer Bewegungen, die den Stauferkaiser Friedrich II. (1194-1250) für den Initiator des dritten Weltalters hielten.

Friedrich lehnte sich offen gegen die päpstliche Macht auf, woraufhin der Papst ihn mit dem Bann belegte, das heißt, ihn von den Sakramenten der Heiligen Kirche ausschloß. Unterstützt wurde Friedrich von den fanatischen Verfechtern des Armutsgelübdes im Franziskanerorden, den sogenannten Spiritualen. Diese behaupteten, Friedrich werde in Kürze die Rolle des Antichrist übernehmen, die Kirche um ihren Reichtum und Luxus bringen und den Klerus vernichten. In Deutschland wurde Friedrich von joachitischen Wanderpredigern zum Erlöser erklärt. Diese Prediger wetterten gegen den Papst und erteilten, dem päpstlichen Bann zum Trotz, die Sakramente und die Absolution. In Schwaben verkündete einer dieser Prediger namens Arnold, Christus werde 1260 wiederkehren und bestätigen, daß der Papst der Antichrist und die Geistlichkeit die „Glieder" des Antichrist seien. Zur Strafe dafür, daß sie im Luxus geschwelgt und die Armen ausgebeutet und unterdrückt hätten, würden sie alle der Verdammnis anheimfallen. Friedrich II. werde dann den großen Reichtum Roms konfiszieren und unter die Armen – die einzigen wahren Christen – austeilen.

Friedrichs unpassender Tod im Jahr 1250 bedeutete nicht das Ende der mit seiner Herrschaft verknüpften messianischen Phantasien. Er wurde zum „Schlafenden Kaiser", und 1284 erklärte sich in Neuss am Rhein ein Mann zum wiedererwachten Kaiser und sammelte Anhänger um sich, ehe er als Häretiker verbrannt wurde. Erlöser, die behaupteten, Friedrich zu sein, wurden auch noch Hunderte von Jahren danach verbrannt.

Norman Cohn schildert ein Zeugnis dieser kriegerisch-messianischen Bewegung, das als das *Buch der hundert*

Kapitel bekannt ist und Anfang des 16. Jahrhunderts verfaßt wurde. Darin wird prophezeit, Friedrich werde auf einem Schimmel geritten kommen, um die Weltherrschaft anzutreten. Der Klerus, vom Papst abwärts, werde vernichtet; 2300 Geistliche würden pro Tag umgebracht. Der Kaiser werde auch alle Geldleiher, alle Kaufleute, die Preisbindung betrieben, und alle skrupellosen Advokaten umbringen. Aller Reichtum werde beschlagnahmt und den Armen gegeben; Privateigentum werde abgeschafft und alles sei fortan Gemeinbesitz: „was schad von dem eignen nuetz entstait ... darumb not ist, daß alles guet ein guet werd, so wirt ein hirt ein schoffstal."

In Vorbereitung auf das dritte Weltalter, das Joachim von Fiore vorausgesagt hatte, begannen Scharen von Männern, deren Spezialität es war, sich mit metallspitzenbesetzten Lederriemen auszupeitschen, von Stadt zu Stadt zu ziehen. Nach ihrer Ankunft auf dem Marktplatz entblößten diese sogenannten Flagellanten den Oberkörper und geißelten sich den Rücken, bis das Blut floß. Ursprünglich war ihr Ziel, durch solche Bußübungen den Weg für das dritte Weltalter zu ebnen. Aber ihre Aktivitäten nahmen zunehmend subversive und klerusfeindliche Züge an, insbesondere nach 1260 in Deutschland. Als sie anfingen zu behaupten, die bloße Teilnahme an einem ihrer Geißlerzüge mache von Sünden frei, erklärte die Kirche sie für Häretiker und zwang sie, in den Untergrund zu gehen. Im Jahr 1348, als die Pest über Europa hinwegfegte, tauchten die Flagellanten wieder auf. Sie gaben den Juden die Schuld an der Pest und hetzten in einer Stadt nach der anderen den Mob zu Pogromen auf. Sie stellten sich über den Papst und die Geistlichkeit und behaupteten, ihr Blut habe erlösende Kraft und sie selber seien ein Heer von Heiligen, das die Welt vor Gottes Zorn errette. Sie steinigten die Priester, die ihnen entgegentraten, sprengten normale Gottesdienste und beschlagnahmten und verteilten Kirchenbesitz.

Die Flagellantenbewegung gipfelte in einem messianischen Aufstand unter der Führung eines gewissen Konrad Schmid, der behauptete, der Gottkaiser Friedrich zu sein. Schmid peitschte seine Anhänger und badete sie in ihrem eigenen Blut – eine höhere Form der Taufe. Wie die Cargo-Gläubigen in Neuguinea verkauften die Menschen in Thüringen ihre Habe, weigerten sich zu arbeiten und bereiteten sich darauf vor, ihren Platz in der Engelsschar einzunehmen, die nach dem Jüngsten Gericht den Gottkaiser umgeben würde. Das Ereignis selbst war für das Jahr 1369 angesetzt. Dank des energischen Eingreifens der Inquisition landete Schmid auf dem Scheiterhaufen, ehe er sein Werk vollenden konnte. Jahre danach wurden in Thüringen immer noch Geißler entdeckt; an einem einzigen Tag im Jahr 1416 wurden dreihundert von ihnen verbrannt.

Ein Weg, sich der Unruhestifter aus den Schichten der entwurzelten Armen zu entledigen, bestand darin, sie auf die Kreuzzüge zu schicken, in jene Heiligen Kriege, die Jerusalem dem Islam entreißen sollten. Mehrere dieser Kreuzzüge gingen nach hinten los und verwandelten sich in messianisch-revolutionäre Bewegungen, die sich gegen Geistlichkeit und Adel richteten. Im Kreuzzug der Hirten zum Beispiel behauptete ein abtrünniger Mönch namens Jakob, er habe einen Brief von der Jungfrau Maria erhalten, in dem sie alle Schäfer aufrufe, das Heilige Grab zu befreien. Zehntausende armer Leute zogen hinter Jakob her, mit Mistgabeln, Hacken und Dolchen bewaffnet, die sie beim Einzug in eine Stadt hochhielten, um die Behörden soweit einzuschüchtern, daß diese ihnen einen angemessenen Empfang bereiteten. Jakob hatte Erscheinungen, heilte Kranke, veranstaltete wundersame Gastmähler, bei denen das Essen schneller auf den Tisch kam, als es verzehrt werden konnte, beschimpfte die Geistlichkeit und brachte jeden um, der es wagte, seine Predigten zu stören. Seine Anhänger zogen von Stadt zu Stadt und schlugen die Geistlichen nieder oder ersäuften sie im Fluß.

Das Spannungsverhältnis zwischen den im wesentlichen konservativen, aber einander widerstreitenden Interessen von Kirche und Staat einerseits und andererseits der Drohung einer von den unteren Schichten getragenen radikalen Umwälzung trieb Europa stetig auf die protestantische Revolution zu. Wie dieser Prozeß funktionierte, läßt sich an der Hussitenbewegung im 15. Jahrhundert in Böhmen studieren.

Die Hussiten beschlagnahmten Kirchenbesitz und wollten die Geistlichen zwingen, in apostolischer Armut zu leben. Um die Bewegung zu unterdrücken, organisierten der Papst und seine Verbündeten eine Reihe von Feldzügen, die als Hussitenkriege in die Geschichte eingegangen sind. Als die gewalttätigen Auseinandersetzungen um sich griffen, ging aus den verarmten Massen eine dritte Kampfpartei hervor. Das waren die Taboriten – benannt nach dem Berg Tabor, auf dem Jesus verkündet hatte, daß er wiederkehren werde. Für die Taboriten waren die Hussitenkriege der Anfang vom Ende der Welt. Sie stürzten sich in die Schlacht, um „die Hände im Blut zu baden", angeführt von messianischen Propheten, die behaupteten, jeder wahre Priester sei verpflichtet, alle Sünder zu verfolgen, zu verwunden und umzubringen. Die Taboriten erwarteten die Ankunft des dritten Weltalters des Joachim von Fiore, sobald der Feind vernichtet war. Wie üblich, sollte der erhoffte Zustand frei sein von körperlichem Leiden und leiblicher Not; man würde in einer Liebes- und Friedensgemeinschaft ohne Steuern, Eigentum oder gesellschaftliche Klassen leben. Im Jahr 1419 gründeten Tausende dieser böhmischen „Freigeister" (sie gaben dem Bohemien seinen Namen) nahe der Stadt Aussig an der Elbe eine Kommune. Sie erhielten sich durch Raubzüge ins umliegende Land und plünderten und brandschatzten alles, was ihnen in die Hände fiel; als Männer des göttlichen Gesetzes fühlten sie sich berechtigt, sich den Besitz der Feinde Gottes anzueignen.

In Deutschland kam es während des ganzen 15. Jahrhunderts zu ähnlichen Bewegungen. Zum Beispiel erschien im Jahr 1476 die Jungfrau Maria einem Schäfer namens

Hans Böhm. Ihm wurde verkündet, fortan sollten die
Armen in Vorbereitung auf das Reich Gottes keine Steuern
und Zehnten mehr zahlen. Alle Menschen würden bald
schon ohne Rangunterschiede zusammen leben; jeder
würde gleichen Zugang zu Wald, Wasser, Weideland,
Fischgründen und Jagdgebieten erhalten. Scharen von Pilgern aus allen Teilen Deutschlands wallfahrteten nach
Niklashausen bei Helmstadt im Taubertal, um das „Heilige
Pfeiferhänsle" zu sehen. Sie marschierten in langen Kolon-
nen, begrüßten einander als „Bruder und Schwester" und
sangen revolutionäre Lieder.

Die spezifische Form, in der schließlich die lutherische
Reformation verwirklicht wurde, läßt sich nur vor dem
Hintergrund jener radikalen kriegerisch-messianischen
Alternative verstehen, die den weltlichen Mächten eben-
soviel Angst einjagte wie der Kirche. Wie so viele vor ihm
war auch Luther überzeugt davon, daß er in der Endzeit
lebe, daß der Papst der Antichrist und die Zerstörung der
päpstlichen Herrschaft Voraussetzung für die Verwirkli-
chung des Königreichs Gottes sei. Aber das Königreich
Gottes, das Luther im Sinn hatte, war nicht von dieser
Welt; der rechte Weg dorthin bestand ihm zufolge nicht
im bewaffneten Aufstand, sondern in Predigt und Gebet.
Dem Adel in Deutschland gefiel diese Luthersche Mischung aus radikaler Frömmigkeit und politischem Kon-
servativismus. Das war die richtige Kombination, geeig-
net, die päpstliche Oberhoheit abzuschütteln, ohne die
Gefahr einer sozialen Erhebung zu vergrößern.

Thomas Müntzer, ursprünglich ein Schüler Luthers,
sorgte für den radikalen Gegenpol zur lutherischen Bewegung. Im großen Bauernkrieg von 1525 bezogen Luther
und Müntzer gegensätzliche Positionen. In seinem Pam-
phlet „Wider die räuberischen und mörderischen Rotten
der Bauern" verurteilte Luther die Bauern, was Müntzer
mit dem Vorwurf erwiderte, diejenigen, die Luther unter-
stützen, seien selbst Räuber, „die Gottes Gebot ausgehen
(lassen) unter die Armen und sprechen: Gott hat geboten,

du sollst nicht stehlen; ... (dabei) machen die Herren das selber ..." Was Luther Gottes Gebot nannte, war Müntzer zufolge einfach nur eine Strategie der Besitzenden zur Sicherung ihres Eigentums. „... die Grundsuppe des Wuchers, der Dieberei und Räuberei sind unsere Herren und Fürsten ..." Müntzer warf Luther vor, er stärke die Macht der „gottlosen Bösewichter" und ermögliche ihnen, in gewohnter Weise zu verfahren. In der Überzeugung, daß der Bauernaufstand der Beginn des neuen Königreiches sei, übernahm Müntzer den Befehl über das Bauernheer. Er verglich seine Rolle mit der des Gideon in der Schlacht gegen die Midianiter; am Vorabend des Zusammentreffens mit der feindlichen Streitmacht erzählte er seinem schlecht ausgerüsteten und ebenso schlecht ausgebildeten bäuerlichen Anhang, Gott habe zu ihm gesprochen und ihm den Sieg verheißen. Er sagte, er selbst werde sie beschützen, indem er die Kanonenkugeln in seinen Ärmeln auffange. Gott werde niemals zulassen, daß sein auserwähltes Volk zugrunde gehe. Schon bei den ersten Kanonaden brachen die Reihen der Bauern auseinander; 5000 wurden auf der Flucht hingemetzelt. Müntzer selbst wurde gefoltert und später geköpft.

Der radikale Flügel der Reformation blieb im ganzen 16. Jahrhundert und auch noch zu Anfang des 17. als eine starke Kraft erhalten. Bekannt unter dem Namen Wiedertäufer, brachte er mindestens 40 verschiedene Sekten hervor und löste Dutzende von kriegerisch-messianischen Aufständen nach taboritischem und müntzerischem Muster aus. Sämtliche katholischen und protestantischen Fürsten sahen in ihm eine allgegenwärtige häretische Verschwörung mit dem Ziel, alle Eigentumsverhältnisse über den Haufen zu werfen und den Reichtum von Kirche und Staat unter die Armen zu verteilen. So kündigte zum Beispiel Hans Hut, einer von Müntzers Schülern, für das Jahr 1528 die Wiederkehr Christi und die Errichtung des Gottesreiches an, in dem freie Liebe und Gütergemeinschaft herrschen werde. Die Wiedertäufer würden Gericht über die falschen Priester und Pastoren halten. Könige, Adlige und die Großen der Erde würden in Ketten gelegt. Melchior Hoffman, ebenfalls ein Anhänger Müntzers, sagte das Ende der Welt für das Jahr 1533 voraus. Auf Hoffman folgte ein Bäcker namens Jan Matthys von Haarlem, der predigte, die Gerechten müßten zum Schwert greifen und Christus dadurch aktiv den Weg bahnen, daß sie die Erde von den Gottlosen säuberten. Im Jahr 1534 wurde Münster in Westfalen zum Zentrum der Wiedertäufer. Alle Katholiken und Protestanten wurden aus der Stadt vertrieben; das Privateigentum wurde abgeschafft. Bald übernahm Johann von Leiden die Führung. Er behauptete, Davids Nachfolger zu sein, nannte sich König von Zion und verlangte in dem „Neuen Jerusalem", wie die Wiedertäufer ihre Stadt nannten, absoluten Gehorsam.

Im England des 17. Jahrhunderts wurden die unteren Schichten von ähnlich radikalen messianischen Erwartungen motiviert; viel von der Energie, die in den englischen Bürgerkrieg floß, stammte aus dieser Quelle. Zu Oliver Cromwells New Model-Heer gehörten Tausende von Freiwilligen, die glaubten, die Errichtung eines Reiches der „Heiligen" auf englischem Boden stehe bevor und Christus werde herabkommen, um die Herrschaft zu übernehmen. Im Jahr 1649 hatte Gerrard Winstanley eine Erscheinung, in der er angewiesen wurde, durch die Gründung einer Gemeinschaft der „Diggers" Vorbereitungen für das Ende der Welt zu treffen. Privateigentum, Klassenunterschiede und jede Art von Gewalt sollten mit dieser Gemeinschaft unvereinbar sein. Im Jahr 1656 erklärten Cromwells frühere Mitstreiter, die Fifth Monarchy Men, den ersteren zum Antichrist und versuchten, mit Waffengewalt ein Königreich der Heiligen zu errichten – wobei mit Fifth Monarchy ein Tausendjähriges Reich Christi gemeint war.

Was hat das alles mit Hexerei zu tun? Wie eingangs des Kapitels angedeutet, gibt es einen engen chronologischen Zusammenhang zwischen dem Aufkommen des Hexenwahns und der Entwicklung des Messianismus in Europa. Das Hexenverfolgungssystem von Institoris und Sprenger wurde von Innozenz VIII. zu einem Zeitpunkt sanktioniert, da Europa von Endzeiterwartungen und messianischen Bewegungen überquoll. Der Hexenwahn erreichte seinen Höhepunkt im Anschluß an die Reformation – sowohl Luther als auch Calvin waren der festen Überzeugung, daß die Hexerei eine Gefahr darstelle –, und das gleiche gilt auch für die gewalttätigen radikalen Protestbewegungen auf der Grundlage revolutionärer messianischer Lehren vom dritten Weltzeitalter.

Gibt es eine praktische Erklärung für diese Parallelentwicklung zwischen messianisch-sozialem Protest und Hexenwahn? Einer gängigen Ansicht zufolge war der Hexenkult selber eine Art sozialer Protest. Für Jeffrey Burton Russell zum Beispiel, der Experte auf dem Gebiet des mittelalterlichen Sektierertums ist, bilden Hexenkult, Mystik, Flagellantentum und häretische Volksbewegungen eine einzige große Gruppe. „In größerem oder geringerem Umfang waren sie allesamt Proteste gegen einen institutionellen Zusammenhang, der als mangelhaft empfunden wurde."

Dem möchte ich widersprechen. Um im Hexenwahn einen sozialen Protest zu erkennen, muß man ziemlich genau mit dem Realitätsverständnis konform gehen, das der *Hexenhammer* an den Tag legt. Man muß sich der Überzeugung anschließen, daß in Europa eine große Zahl von Menschen herumschwirrten, die den herrschenden Verhältnissen dadurch bedrohlich wurden, daß sie bei geheimen Zusammenkünften Teufelsanbetung betrieben. Aber wenn es sich bei den echten fliegenden Hexen in der Hauptsache um Rauschgiftsüchtige auf Bilsenkrautbasis handelte, dann gehören sie ebensowenig in eine Gruppe mit den Taboriten oder den Wiedertäufern, wie wir heutzutage Fixer mit den Black Panthers in einen Topf werfen würden. Ein paar versprengte Leutchen, die von Beischlaf mit dem Teufel faselten oder die Kuh des Nachbarn ver-

hexten, stellten für den Bestand der besitzenden und herrschenden Klassen keine Bedrohung dar. Die Hexen rekrutierten sich wahrscheinlich aus den Reihen enttäuschter
und unzufriedener Menschen, aber das macht sie noch
nicht subversiv. Damit eine Bewegung einen ernsthaften
Protest gegen die herrschende Ordnung darstellen kann,
muß sie entweder über eine ausgebildete Lehre oder Sozi-
alkritik verfügen, oder sie muß in ihren Aktionen einen
gefährlichen oder bedrohlichen Kurs einschlagen. Was
immer die Hexen an ihrem Sabbat machten, einmal angenommen, er fand tatsächlich statt – daß sie ihre Zeit damit
verbracht hätten, den Luxus der Kirche zu verdammen
oder die Abschaffung des Privateigentums und der Rang-
und Machtunterschiede zu fordern, darauf gibt es nicht
den geringsten Hinweis. Wenn sie Forderungen dieser Art
stellten, dann waren sie nicht Hexen, sondern Waldenser,
Taboriten, Wiedertäufer oder Angehörige einer anderen
radikalen politisch-religiösen Sekte, von denen ohne Frage
viele wegen Hexerei verbrannt wurden statt wegen messianischer Überzeugungen.

Um den Hexenwahn zu verstehen, müssen wir bereit
sein, eine Realität anzuerkennen, die sich von dem Bewußtsein, mit dem gleichermaßen die Hexen und ihre
Verfolger die hexenkultliche Lebensweise begleiteten,
nicht nur unterschied, sondern ihr mehr noch widerstritt.
Nach Russells Vorstellung reicht es aus, daß der Klerus
und der Adel das Hexenwesen für gefährlich und subversiv *ansahen*. „Was nach Ansicht der Menschen passierte",
sagt er, „ist so interessant wie das, was ‚objektiv' passierte,
und weitaus gewisser." Aber genau das sagen auch Inqui-
sitor und Sprenger: du bist verantwortlich für das, was du
in anderer Leute Träumen anstellst!

Bei bestimmten Dingen gibt es kein Herumreden. Else
Gwinner verkehrte nicht mit dem Teufel, und in Anbe-
tracht der Tatsache, daß sie unter eben dieser Anschuldigung verbrannt wurde, ist das mitnichten eine uninteres-
sante oder ungewisse Tatsache.

Wie all die anderen scheinbar abstrusen Lebensformen, die ich bislang behandelt habe, läßt sich auch der Hexenwahn nicht aus dem Bewußtsein der Beteiligten erklären. Alles hängt davon ab, ob der Beobachter den Phantasien der Beteiligten stattgibt oder ihnen Widerstand entgegensetzt. Wenn der Hexenkult tatsächlich eine gefährliche Häresie war, wie von der Inquisition behauptet, dann brauchen wir uns keine Gedanken darüber zu machen, warum die Inquisition alles daransetzte, ihn zu unterdrücken. War er hingegen eine relativ harmlose, wenn nicht überhaupt weitgehend halluzinatorische Aktivität, dann müssen wir uns fragen, warum soviel Mühe darauf verwendet wurde, ihn zu unterdrücken – zumal die Kirche durch die großen kriegerisch-messianischen Aufstände des 15. Jahrhunderts bereits hochgradig in Anspruch genommen war.

Das bringt uns zu einer wichtigen Frage bezüglich der Realität im Unterschied zu dem, was die Beteiligten dafür hielten. Stimmt es wirklich, daß die Inquisition darauf aus war, die Häresie des Hexenkults zu unterdrücken? Die Annahme, daß es den Inquisitoren wesentlich darum ging, die Hexen auszurotten, basiert auf dem Bewußtsein, mit dem die Hexenjäger selbst ihr Tun begleiteten. Aber die gegenteilige Annahme – daß nämlich die Hexenjäger keine Mühe scheuten, immer neue Hexen in die Welt zu setzen, und auf jede erdenkliche Art für die Verbreitung des Glaubens an die Wirklichkeit, Allgegenwart und Gefährlichkeit der Hexen sorgten – diese Annahme ruht auf einer soliden empirischen Basis. Warum sollten moderne Wissenschaftler sich mit den Vorgaben, die das Bewußtsein der Inquisitoren ihnen liefert, zufriedengeben? So, wie die Dinge stehen, muß die Frage nicht lauten, warum die Inquisitoren darauf aus waren, den Hexenkult zu vernichten, sondern vielmehr, warum sie so erpicht darauf waren, ihn ins Leben zu rufen. Gleichgültig, welche Absichten sie oder ihre Opfer verfolgten, der unvermeidliche Effekt des Inquisitionssystems bestand darin, die Hexerei glaubhafter werden zu lassen und folglich für eine Zunahme der Anklagen wegen Hexerei zu sorgen. Die Hexenjagd war allzu sorgfältig durchdacht und wurde gar zu ausdauernd, gar zu wildentschlossen und verbissen betrieben. Dahinter mußten Interessen stecken, die nicht minder ausdauernd, wildentschlossen und verbissen waren. Der Kampf gegen das Hexenwesen und der Hexenwahn hatten neben den offiziellen Zielen der Hexenjäger noch andere, diesseitig-praktische Nutzeffekte. Ich denke dabei nicht an die Bereicherungen und Nebeneinkünfte, von denen bereits die Rede war – die Konfiszierung von Eigentum und die Gebühren, die für die Folter und die Hinrichtung erhoben wurden. Diese Belohnungen erklären unter anderem, warum die Schergen der Hexenjagd sich ihrem Geschäft mit Hingabe widmeten. Aber dergleichen Vorteile sind eher integrierender Bestandteil des Hexenverfolgungssystems als ein Grund für sein Entstehen.

Der Grund für den Hexenwahn läßt sich meiner Meinung nach besser verstehen, wenn man den Blick auf die reellen Ergebnisse statt auf die spirituellen Absichten der Verfolgung richtet. Abgesehen von verkohlten Leichen war das Hauptresultat der Hexenjagd, daß die armen Schichten die Überzeugung gewannen, Opfer der Hexerei und teuflischer Einflüsse und nicht fürstlicher und päpstlicher Machenschaften zu sein. War das Dach undicht, hatte die Kuh einen Fehlwurf, verdorrte der Hafer, vergor der Wein, tat der Kopf weh, starb der Säugling? Ein Nachbar war schuld, jemand, der einem den Zaun kaputtgemacht hatte, der einem Geld schuldete, der einem das Land wegnehmen wollte – dieser Nachbar wurde zur Hexe. Stiegen die Brotpreise, schnellten die Steuern in die Höhe, fielen die Löhne, wurde Arbeit knapp? Schuld daran waren die Hexen. Rafften Seuchen und Hungersnöte in Dörfern und Städten ein Drittel der Bevölkerung dahin? Die teuflischen, höllischen Hexen wurden von Tag zu Tag dreister. Gegen diese Phantomfeinde des Volkes starteten Kirche und Staat eine großangelegte Kampagne. Die Behörden wurden nicht müde, dem Übel zu wehren; Reiche und Arme konnten gleichermaßen froh über die Tatkraft und Tapferkeit sein, mit der diese Schlacht geschlagen wurde. Die praktische Bedeutung des Hexenwahns bestand also darin, daß Kirche und Staat die Verantwortung für die Krise der spätmittelalterlichen Gesellschaft auf imaginäre Dämonen in Menschengestalt abwälzten. Die verzweifelten, entwurzelten, verarmten Massen, deren Einbildungskraft von den Aktivitäten dieser Dämonen in Anspruch genommen wurde, machten für ihre Lage statt der korrupten Geistlichkeit und dem räuberischen Adel den Teufel verantwortlich und das Hexenunwesen, das er trieb. Nicht nur waren Kirche und Staat entlastet, sie zeigten sich mehr noch unentbehrlich. Geistlichkeit und Adel präsentierten sich als große Beschützer der Menschheit gegen einen Feind, der ebenso allgegenwärtig wie schwer aufzuspüren war. Das immerhin war ein Grund, Abgaben zu zahlen und sich den Steuereintreibern zu fügen. Wichtige Dienste, die sich eher auf das diesseitige als aufs jenseitige Leben bezogen, wurden mit etlichem Trara und Tamtam und mit viel Hokuspokus und Feuerwerk geleistet. Man konnte mit Händen greifen, wie die Behörden sich Mühe gaben, das Leben ein bißchen sicherer zu machen; man konnte die Hexen leibhaftig kreischen hören, wenn sie zur Hölle fuhren.

Wer waren die Sündenböcke? H. C. Erik Midelforts einzigartige Untersuchung über 1258 Hexenhinrichtungen in Südwestdeutschland im Zeitraum zwischen 1562 und 1684 ergab, daß 82 Prozent der Hingerichteten Frauen waren. Wehrlose alte Frauen und Hebammen aus den unteren Schichten wurden gewöhnlich bei örtlichen Ausbrüchen des Wahns als erste beschuldigt. Je mehr Namen aus den ersten Opfern herausgepreßt wurden, um so mehr begannen Kinder beiderlei Geschlechts und Männer eine Rolle zu spielen. Auf dem Höhepunkt der allgemeinen Hysterie, in deren Verlauf es zu Massenhinrichtungen kam, wurden auch Gastwirte, der eine oder andere reiche Händler und gelegentlich eine Magistratsperson oder ein Lehrer umgebracht. Aber wenn der Flächenbrand sich Leuten von Stand und mit Einfluß näherte, hörten die Geständnisse auf, den Richtern glaubwürdig zu erscheinen, und die Hysterie verebbte. Ärzte, Rechtsanwälte und Professoren gerieten selten in Gefahr. Offenbar waren auch die Inquisitoren selbst und generell die Geistlichkeit ziemlich sicher. Wenn bei Gelegenheit eine arme, verwirrte Seele töricht genug war, den Bischof oder den Erbprinzen auf einem Hexensabbat gesehen zu haben, trug ihr das mit Sicherheit nichts als unvorstellbare Folterqualen ein. Kein Wunder, daß Midelfort nur auf drei Fälle stieß, in denen Angehörige des Adels beschuldigt worden waren, und daß keiner der drei hingerichtet wurde.

Weit entfernt davon, „Protest gegen einen institutionellen Zusammenhang" zu sein, „der als mangelhaft empfunden wurde", war der Hexenwahn vielmehr ein integrierendes Moment der Verteidigung dieses institutionellen Zusammenhangs. Das kann man am deutlichsten erkennen, wenn man den Hexenwahn mit seinem damaligen Gegenstück, dem kriegerischen Messianismus, vergleicht. Der Hexenwahn und die kriegerisch-messianischen Bewegungen griffen beide volkstümliche religiöse Motive auf, die von der etablierten Kirche teilweise sanktioniert wurden. Sie bauten beide auf dem vorhandenen Alltagsbewußtsein auf, aber mit völlig verschiedenen Konsequenzen. Der kriegerische Messianismus sorgte für den Zusammenschluß der Armen und Entrechteten. Er gab ihnen das Gefühl eines gemeinsamen Anliegens, verringerte den sozialen Abstand, ließ sie wie „Bruder und Schwester" für einander empfinden. Er brachte ganze Regionen auf die Beine, konzentrierte die Energie der Menschen auf eine bestimmte Zeit und einen bestimmten Ort und führte zu offenen Schlachten zwischen den besitzlosen und verarmten Massen und den Schichten am oberen Ende der sozialen Pyramide. Der Hexenwahn dagegen verstreute und zersplitterte das vorhandene Protestpotential. Er nahm den Armen und Entrechteten ihre Bewegungsfreiheit, riß soziale Gräben auf, füllte sie mit gegenseitigem Mißtrauen, schuf Unfrieden zwischen den Nachbarn, trieb jedermann in die Isolation, erfüllte alle mit Angst, erzeugte allenthalben Unsicherheit und Ohnmachtsgefühle, vergrößerte die Abhängigkeit von den herrschenden Klassen, eröffnete dem Zorn und der Verzweiflung der einzelnen ein rein lokales Ventil. Und eben dadurch brachte er die Armen immer weiter davon ab, den kirchlichen und weltlichen Oberen mit Forderungen nach einer Umverteilung des Reichtums und nach sozialer Gleichstellung zu Leibe zu rücken. Der Hexenwahn war radikaler kriegerischer Messianismus, der sich selbst in den Rücken fiel. Er war die Zauberkugel, mit der die privilegierten, herrschenden Schichten das Volk außer Gefecht setzten. Darin lag sein Geheimnis.

11

Die Hexerei kehrt wieder

Nachdem sie lange als Aberglaube verrufen war und Hohn und Spott über sich ergehen lassen mußte, hat es die Hexerei als Disziplin, die Nervenkitzel erregt, zu neuem Ansehen gebracht. Und nicht nur die Hexerei, sondern alle möglichen okkulten und mystischen Richtungen, das ganze Alphabet hindurch von Astrologie bis Zen, einschließlich Meditation, Hare Krischna und *I Ching*, ein magisches System aus dem alten China. Ein ethnologisches Lehrbuch, betitelt *Modern Cultural Anthropology*, verkündete kürzlich im Einklang mit dem Zeitgeist und unter allgemeinem Beifall: „Zur menschlichen Freiheit gehört die Freiheit zu glauben."

Das unerwartete Wiederaufleben von Einstellungen und Ansichten, die lange Zeit für unvereinbar mit der Ausbildung westlicher Wissenschaft und Technik gehalten wurde, steht im Zusammenhang mit der Entwicklung einer Lebensform, die man durch den Begriff der „Gegenkultur" charakterisiert hat. Nach Theodore Roszak, einem der reiferen Propheten der Bewegung, soll die Gegenkultur die Welt vor dem „Mythos des objektiven Bewußtseins" retten. Sie soll „die wissenschaftliche Weltanschauung über den Haufen werfen" und eine neue Kultur an ihre Stelle setzen, in der die nicht vom Intellekt bestimmten Fähigkeiten das Szepter schwingen. Charles A. Reich, ein anderer, weniger bekannt gewordener Prophet der letzten Jahre, spricht von einem millenarischen Geisteszustand, den er als Bewußtsein III bezeichnet. Wer Bewußtsein III erreicht, ist „zutiefst mißtrauisch gegenüber Logik, Rationalität, Analyse und Prinzipien jeder Art".

Dem Lebensstil der Gegenkultur gelten Gefühle, Spontaneität, Phantasie als gut, Wissenschaft, Logik, Objektivität hingegen als schlecht. Seine Anhänger brüsten sich damit, daß sie vor der „Objektivität" wie vor einer Seuche Reißaus nehmen. Ein zentraler Aspekt der Gegenkultur ist ihre Überzeugung, daß die Geschichte vom Bewußtsein bestimmt wird. Das Sein der Menschen entspricht dem, was in ihren Köpfen vorgeht; um sie zu bessern, muß man ihnen einfach nur bessere Ideen eingeben. Objektive Bedingungen sind von geringer Bedeutung. Die ganze Welt läßt sich aufgrund einer „Revolution im Bewußtsein" verändern. Um das Verbrechen zu beseitigen, die Armut zu beheben, die Städte zu verschönern, den Krieg abzuschaffen, in Frieden und Eintracht mit uns selbst und mit der Natur zu leben, müssen wir nur unseren Geist dem Bewußtsein III öffnen. „Bewußtsein ist der Struktur vorgeordnet ... Der gesamte Zusammenhang steht und fällt mit dem Bewußtsein."

Die Gegenkultur stimuliert das Bewußtsein und läßt es seiner ungenutzten Möglichkeiten inne werden. In der Gegenkultur unternehmen die Menschen Reisen – einen „Trip im Kopf" –, um ihr Bewußtsein zu erweitern. Sie haschen, nehmen LSD oder benutzen Pilzextrakte, „um den Kopf frei zu kriegen". In spiritistischen Klopfséancen, Begegnungsgruppen oder Rezitationsübungen „flippen sie aus" – mit Jesus, Buddha, Mao Tse-tung.

Sie wollen Bewußtsein ausdrücken, Bewußtsein demonstrieren, Bewußtsein ändern, Bewußtsein schaffen, Bewußtsein erweitern – sie wollen alles, nur mit objektiven Bedingungen verschone man sie. Für den wassermanngläubigen, bewußtseinstrunkenen, total bekifften, ausgeflippten Parteigänger von Bewußtsein III ist Verstand eine Erfindung des militärisch-industriellen Komplexes. Er verdient „liquidiert" zu werden wie all die anderen „Schweine".

Bewußtseinserweiternde Drogen sind nützlich, weil sie „alogischen" Beziehungen den Anschein „völliger Natürlichkeit" verleihen. Sie sind gut, weil sie, wie Reich formuliert, *„unwirklich* werden lassen, was die Gesellschaft höchst ernst nimmt: Zeitpläne, rationale Zusammenhänge, Wettbewerb, Ärger, Überlegenheit, Autorität, Privateigentum, Gesetze, soziale Stellung, Primat des Staats". Sie sind eine „Wahrheitsdroge, die falsches Bewußtsein wegschafft". Wer Bewußtsein III erlangt hat, „verfügt nicht über ‚Tatsachenwissen'. Er braucht es nicht, weil er noch die Wahrheit ‚weiß', die anderen offenbar verborgen ist." Die Gegenkultur verklärt das angeblich natürliche Leben der primitiven Völker. Ihre Anhänger tragen Perlenschnüre und Stirnbänder, bemalen sich den Körper und ziehen farbenfroh zerlumpte Kleider an; sie möchten gar zu gern zu einem Stamm gehören. Sie huldigen offenbar dem Glauben, Stammesvölker seien frei von Materialismus, seien voll Spontaneität und stünden durch ihre kultische Praxis in Kontakt mit okkulten Zauberkräften.

In der Anthropologie der Gegenkultur wird das primitive Bewußtsein paradigmatisch durch den Schamanen repräsentiert, der über Licht und Energie verfügt, ohne je eine Stromrechnung zu bezahlen. Schamanen werden bewundert, weil sie geübt in „exotischen Wahrnehmungszuständen" sind und „zwischen den verborgenen Kräften des Universums umherwandern" können. Der Schamane verfügt über „Superbewußtsein". Er hat „Augen aus Feuer, die mit ihrer Glut die Alltäglichkeit der Welt durchdringen und die Wunder und Schrecken gewahren, die jenseits liegen". Mittels der Einnahme von Halluzinogenen und anderer Techniken wie freiwilliges Atemanhalten, hypnotisierendes Trommeln oder rhythmisches Tanzen pflegt laut Roszak der Schamane seine „Verbindung zu den nicht intellektgebundenen Quellen der Persönlichkeit ebenso eifrig, wie ein Wissenschaftler sich um Objektivität bemüht".

Über die Gegenkultur können wir viel lernen, wenn wir uns Carlos Castanedas bekannten Helden Don Juan ansehen, einen geheimnisvollen superbewußten Yaqui-Indianer, einen „Wissenden". Castaneda beschreibt seine Erfahrungen als junger, unbedarfter Ethnologiestudent, der in die eigentümliche, nichtalltägliche Realität der Schamanenwelt eindringen wollte. Don Juan nahm Castaneda als Adepten auf, und Castaneda machte sich daran, auf der Grundlage der Lehren Don Juans seine Doktorarbeit zu schreiben. Um den ahnungslosen Studenten in einen „Wissenden" zu verwandeln, machte ihn Don Juan mit verschiedenen halluzinogenen Substanzen bekannt. Nachdem Castaneda einem durchscheinenden, leuchtenden Hund und einer dreißig Meter breiten Stechmücke begegnet war, befielen ihn Zweifel daran, ob die normale Wirklichkeit wirklicher war als die nichtalltägliche Wirklichkeit, in die ihn sein Mentor eingeführt hatte. Anfangs wollte Castaneda nur herausfinden, wie ein „Wissender" die Welt wahrnimmt. Aber allmählich bekam der Adept den Eindruck, daß er etwas über die Welt selbst in Erfahrung brachte.

„Es ist albern und unnütz", meinte David Riesman, ebenfalls Ethnologe, in seiner Besprechung des Castaneda-Buches in der *New York Times*, „in Don Juans Wissen – wie auch im Wissen anderer nichtwestlicher Völker – nichts weiter als eine Lesart der feststehenden einen Wirklichkeit zu sehen. Castaneda läßt deutlich werden, daß die Lehren von Don Juan uns etwas über die Wirklichkeit der Welt selbst verraten."

Fehlanzeige in beiderlei Hinsicht! Castaneda läßt überhaupt nichts deutlich werden. Und Don Juans „andere Wirklichkeit" ist den „westlichen Gesellschaften" keineswegs fremd.

Castanedas berühmtester halluzinogener Trip erinnert stark an Vorgänge, die ich in diesem Buch bereits behandelt habe. Don Juan und Castaneda verbrachten mehrere Tage damit, eine Paste aus *yerba del diablo* – „Teufelskraut" –, vermengt mit Schmalz und anderen Ingredienzien, zuzubereiten. Unter Don Juans Anleitung bestrich der Adept die Fußsohlen und die Innenseiten der Beine mit der Paste, bis hinauf zu den Geschlechtsteilen, auf die er das meiste auftrug. Die Paste strömte einen erstickenden, stechenden Geruch aus – „wie eine Art Gas". Castaneda stand auf und wollte gehen, aber seine Beine waren „weich und lang, extrem lang".

„Ich sah hinunter und sah auf Don Juan, der unter mir saß, weit unter mir. Der Antrieb trug mich einen Schritt weiter, und dieser Schritt war noch elastischer und länger. Und von da an schwebte ich. Ich erinnere mich, einmal heruntergekommen zu sein; dann stieß ich mich mit beiden Füßen ab, sprang rückwärts und glitt auf meinem Rücken. Ich sah den dunklen Himmel über mir und die Wolken, die an mir vorbeizogen. Ich beugte meinen Körper, um hinuntersehen zu können. Ich sah die dunkle Masse des Gebirges. Meine Geschwindigkeit war außerordentlich hoch."

Nachdem er gelernt hat, wie er sich durch Drehen des Kopfes steuern kann, macht er die Erfahrung „einer Freiheit und Geschwindigkeit, wie ich sie noch nie erlebt hatte". Schließlich fühlt er, „daß es Zeit war hinunterzugehen". Es ist Morgen, er ist nackt und einen knappen Kilometer von dem Haus entfernt, in dem er sich mit der Paste bestrichen hatte. Don Juan versichert ihm, er werde im Fliegen noch geübter werden:

„Du kannst Hunderte von Meilen weit durch die Luft jagen und an jedem Ort, den du dir vorstellst, sehen, was geschieht, oder du kannst deinen Feinden in der Ferne einen tödlichen Schlag versetzen."

Castaneda fragt seinen Lehrer: „Bin ich wirklich geflogen, Don Juan?" Darauf antwortet der Schamane: „Das hast du mir doch gesagt. Nicht wahr?"

„Dann bin ich nicht wirklich geflogen, Don Juan. Ich bin in meiner Vorstellung geflogen, allein in meinen Gedanken. Wo war mein Körper?"

Worauf Don Juan erwidert:

„Du glaubst nicht, daß ein Mann fliegt; und doch kann ein *brujo* [ein Hexer] in Sekundenschnelle tausend Meilen zurücklegen, um zu sehen, was vor sich geht. Er kann seinen Feinden auf große Entfernung einen Schlag versetzen. So, fliegt er also oder fliegt er nicht?"

Klingt das nicht vertraut? Jedenfalls sollte es das. Worüber diskutieren Don Juan und Castaneda, wenn nicht darüber, wer recht hat, der Canon Episcopi oder der *Hexenhammer* von Institoris und Sprenger. Fliegt die Hexe in der Einbildung oder auch leibhaftig? Zu guter Letzt fragt Castaneda Don Juan, was passieren würde, wenn er sich mit einer schweren Kette an einem Felsen festschmiedete: „‚Wenn du dich an einen Felsen kettest', sagte er, ‚dann, so fürchte ich, wirst du mit einem Felsen an seiner schweren Kette fliegen müssen'."

Wie wir von Harner erfahren haben, unternahmen die europäischen Hexen ihre Ritte, nachdem sie sich mit Salben und Fetten eingerieben hatten, die das von der Haut absorbierte Alkaloid Atropin enthielten. Harner liefert uns auch die Information, daß sich der Wirkstoff Atropin in der *Datura* genannten Gruppe von Pflanzen findet, die in der Neuen Welt unter den Namen Jimsonkraut, Dornapfel, Gabriels Posaune, Tollapfel und Teufelskraut bekannt sind. Bei letzterem handelt es sich um die Pflanzenart, aus deren Wurzel Castaneda seine Flugfertigkeit gewann. Tatsächlich sagte er Castanedas Hexenflug schon voraus, noch ehe dieser sich mit dem Teufelskraut eingerieben hatte:

„Vor einigen Jahren stieß ich auf einen Hinweis, daß die Yaqui-Indianer Nordmexikos eine aus *Datura* gewonnene Salbe verwenden; dem Bericht zufolge reiben sie sich damit den Bauch ein, um „Visionen zu haben". Ich machte meinen Kollegen und Freund, Carlos Castaneda, der bei einem Yaqui-Schamanen in die Lehre ging, darauf aufmerksam und bat ihn herauszufinden, ob die Yaqui die Salbe zum Fliegen benutzten und welche Wirkungen sie hatte."

Das schamanistische Superbewußtsein ist also das Bewußtsein der Hexen, das in einer Welt, die nicht mehr unter der Drohung der Inquisition steht, zu Ansehen gelangt ist. Die „andere Wirklichkeit", von der die selbstgefällig objektiven „Westler" bis dahin angeblich nichts wußten, ist so sehr Teil der westlichen Zivilisation, daß bei uns noch vor kaum dreihundert Jahren die „Objektivierer" auf dem Scheiterhaufen landeten, weil sie leugneten, daß Hexen fliegen konnten.

Im Prolog habe ich die Behauptung zitiert, die Expansion des „objektiven Bewußtseins" führe unausweichlich zu einem Verlust an „Moralgefühl". Die Gegenkultur und Bewußtsein III stellen sich als humanisierende Kraft dar, der es darum gehe, in den menschlichen Beziehungen wieder Gefühl, Mitleid, Liebe und gegenseitiges Vertrauen zur Geltung bringen. Diese moralisierende Haltung mit dem Interesse an Hexerei und Schamanismus in Einklang zu bringen fällt mir schwer. Don Juan zum Beispiel läßt sich nur als amoralisch bezeichnen. Er mag zwar wissen, wie man „zwischen den verborgenen Kräften des Universums umherwandert", aber über den Unterschied zwischen Gut und Böse im Sinne der traditionellen westlichen Moral zerbricht er sich definitiv nicht den Kopf. Seine Lehren sind bar jeden „Moralgefühls".

Ein Vorfall aus Castanedas zweitem Buch verdeutlicht diese moralische Blindheit des schamanischen Superbewußtseins mehr als alles andere. Nachdem er mit *Die Lehren des Don Juan* Ruhm und Reichtum errungen hatte, versuchte Castaneda, seinen Mentor aufzuspüren, um ihm ein Exemplar des Buchs zu geben. Während er auf Don Juans Erscheinen wartete, beobachtete er eine Bande Schuhputzerjungen, die von den Speiseresten auf den Restauranttischen seines Hotels lebten. Nachdem Castaneda drei Tage lang zugesehen hatte, wie die Kinder raus und reinflitzten und „sich wie Geier auf die kärglichen Reste stürzten", war er „richtig deprimiert". „‚Hast du Mitleid mit ihnen?' rief Don Juan ungläubig." Castaneda bestand darauf, und Don Juan wollte wissen: „Warum?"

„Weil mir am Wohlergehen meiner Mitmenschen gelegen ist. Das sind doch noch Kinder, und ihre Welt ist häßlich und trostlos."

Castaneda sagt nicht, daß die Kinder ihm leid tun, weil sie die Reste essen müssen, die er auf dem Tisch gelassen hat. Ihn scheint vielmehr zu irritieren, daß ihre Welt „häßlich und trostlos" ist. Hunger und Armut führen zu bösen Gedanken oder bösen Träumen. Don Juan greift das Stichwort auf und tadelt seinen Schüler dafür, daß er annimmt, solche streunenden Kinder könnten nicht geistig reifen und zu „Wissenden" werden:

„Glaubst du, daß eine reiche Welt dir helfen kann, ein Wissender zu werden?"

Sobald Castaneda hat zugeben müssen, daß sein Überfluß ihm für seine Karriere als Hexer nicht das geringste genützt hat, nagelt ihn Don Juan fest:

„Wie können dir diese Kinder dann leid tun? … Jedes von ihnen könnte ein Wissender werden. Alle Wissenden, die ich kenne, waren einmal Kinder wie jene, die du Speisereste essen und Teller ablecken gesehen hast."

Für viele Anhänger der Gegenkultur ist das moralisch degenerierteste Produkt der wissenschaftlichen Weltanschauung der Technokrat – der herzlose, unzugängliche Techniker, der dem Fachwissen huldigt, ohne sich darum zu scheren, wer es benutzt und mit welcher Absicht. Und doch ist Don Juan genau solch ein Technokrat. Das Wissen, das er Castaneda mitteilt, verpflichtet moralisch zu nichts. Während er sich um den Status eines „Wissenden" bemüht, ist Castanedas Hauptsorge, daß er nicht ein Rauschmittel einnimmt, das ihn auf einen Trip schickt, von dem er nicht mehr herunterkommt. Was die moralischen Bedenken bezüglich der Anwendung der außerordentlichen Kräfte Don Juans betrifft, könnte er sich genauso gut als Pilot einer B-52 ausbilden lassen. Seine Beziehung zu Don Juan entwickelt sich in einem moralischen Niemandsland, in dem die Technik der höchste Wert ist, auch wenn er und sein Lehrer die „Knöpfe", wie die halluzinogenen Peyote-Pillen genannt werden, schlucken, statt sie zu drücken.

Ich behaupte, daß es völlig unmöglich ist, das objektive Wissen außer Kraft zu setzen, ohne gleichzeitig auch die Basis für moralische Entscheidungen zu untergraben. Wenn wir nicht mit hinlänglicher Sicherheit wissen, wer wann und wo was getan hat, können wir schwerlich hoffen, uns moralisch verantwortlich zu verhalten. Ohne die Möglichkeit, zwischen Verbrechern und Opfern, Reichen und Armen, Ausbeutern und Ausgebeuteten zu unterscheiden, müssen wir entweder einem völligen Verzicht auf moralische Urteile das Wort reden, oder wir müssen uns den Standpunkt der Inquisition zu eigen machen und die Menschen für die Taten zur Verantwortung ziehen, die sie in in anderer Leute Träumen begehen.

Als die Journalisten der Zeitschrift *Time* sich bemühten, eine Story über Castaneda zu schreiben, konnten sie feststellen, wie Bewußtsein III selbst die einfachsten menschlichen Verhältnisse in einen undurchdringlichen Nebel hüllt. Unter Berufung auf seine Glaubensfreiheit fabrizierte, phantasierte, halluzinierte Castaneda große Teile seiner eigenen Biographie:

„Geboren in Peru, nicht in Brasilien
Geburtsjahr 1925, nicht 1935
Tod der Mutter, als er sechs und nicht 24 Jahre alt war
Vater ein Juwelier, kein Literaturprofessor
Studierte Bildende Kunst in Lima, nicht in Mailand"

„Wenn Sie mich auffordern, mein Leben durch statistische Daten zu belegen", meinte Castaneda, „dann ist das, als wollte man mittels Wissenschaft die Zauberei belegen. Man nimmt der Welt den Zauber." Castaneda zufolge ist es bei Don Juan genauso. Der berühmteste Schamane der Welt läßt sich nicht photographieren, mit Tonband aufnehmen oder interviewen, nicht einmal von seinem Adepten. Niemand außer Castaneda weiß offenbar, wo man Don Juan findet. Castaneda gibt freimütig zu: „Ach, ich rede gern Scheiß! Nichts mache ich lieber, als große Töne zu spucken." Mindestens einer seiner Freunde aus Peru erinnert sich, er sei „ein großes Lügenmaul" gewesen.

Don Juan gibt es vielleicht gar nicht. Oder vielleicht sollten wir besser sagen, die Begegnung Castanedas mit dem Yaqui-Hexer habe nur „im Geist" und nicht „leibhaftig" stattgefunden. Nach dem Zeugnis der Inquisition könnte dann Castanedas Bericht immer noch eine korrekte Wiedergabe der Lehren Don Juans sein. Oder vielleicht war Castaneda manchmal in der „Phantasie" und manchmal „leibhaftig" dort. Das sind faszinierende Vorstellungen, aber zur Hebung des Moralgefühls können sie höchstens einen imaginären Beitrag leisten.

Die Gegenkultur erhebt Ansprüche, die weit über die angeblich angestrebte Wahrung der Moral des einzelnen hinausgehen. Ihre Befürworter behaupten, das Superbewußtsein könne aus der Welt einen freundlicheren und wohnlicheren Ort machen; in der Abwendung vom Objektivitätsideal sehen sie einen politisch wirksamen Weg zur gleichmäßigen Verteilung des Reichtums, zur Wiederverwendung von Rohstoffen, zur Abschaffung entmenschlichter Bürokratien und zur Beseitigung anderer inhumaner Aspekte der technokratischen Gesellschaften der Moderne. Diese gesellschaftlichen Mißstände haben angeblich ihren Grund in unserem irrgeleiteten Statusdenken und Arbeitsverhalten. Wenn wir mit unserem gesellschaftlichen Imponiergehabe aufhören und wenn wir in der Arbeit nicht länger einen Selbstzweck sehen, dann kommt es zu einer revolutionären Umwandlung, ohne daß irgend jemand dabei Schaden erleidet. Wie im Märchen „können wir uns zum Neuanfang entschließen, vorausgesetzt, wir sind innerlich bereit dazu". Der Kapitalismus, der allmächtige Staat, das naturwissenschaftliche Zeitalter, die protestantische Ethik – all das sind Bewußtseinszustände, die sich dadurch ändern lassen, daß man sich für ein neues Bewußtsein entscheidet. „Wir müssen nichts weiter tun, als die Augen schließen und uns vorstellen, daß jedermann zum Bewußtsein III fortgeschritten ist: Der allmächtige Staat verschwindet ... Die Macht des allmächtigen Staats wird ebenso wunderbar verschwinden, wie ein Kuß den Bann der bösen Fee löst."

Ein Bewußtsein, das sich derart frei von allen praktischen und innerweltlichen Zwängen behauptet, hat tatsächlich eher mit Hexerei als mit Politik zu tun. Natürlich können die Menschen ihr Bewußtsein ändern, wann immer sie wollen. Aber normalerweise wollen sie nicht. Das Bewußtsein ist angepaßt an praktische, innerweltliche Bedingungen. Diese Bedingungen lassen sich nicht in die Welt hinein und aus ihr heraus phantasieren, wie ein Schamane eine dreißig Meter breite Stechmücke erscheinen und wieder verschwinden läßt. Wie schon im Kapitel über das Potlatch gesagt, wird Statusdenken nicht durch Schwingungen aus dem Weltraum erzeugt. Die Menschen eignen sich das wettbewerborientierte Konsumbewußtsein an, weil sie durch ungeheuer machtvolle politische und wirtschaftliche Kräfte dazu gedrängt werden. Diese Kräfte lassen sich nur durch Vorgehensweisen beeinflussen, die auf eine Änderung des Bewußtseins durch Änderung seiner materiellen Bedingungen zielen.

Die frohe Botschaft einer Revolution kraft Bewußtsein, die von der Gegenkultur verkündet wird, ist weder neu noch revolutionär. Das Christentum hat sich 2000 Jahre lang um eine Revolution kraft Bewußtsein bemüht. Wer wollte dem christlichen Bewußtsein bestreiten, daß es die Welt hätte verändern *können*? Statt dessen aber hat die Welt das christliche Bewußtsein verändert. Hätte jedermann eine durch Friedfertigkeit, Liebe, Großmut und Mangel an Konkurrenzdenken ausgezeichneten Lebensweise angenommen, wir hätten etwas Besseres als die Gegenkultur – wir hätten das Reich Gottes.

Politik gemäß den Vorstellungen von Bewußtsein III findet in der Phantasie, nicht in der Wirklichkeit statt. Daß diese Form von Politik für jene, die bereits über Reichtum und Macht verfügen, bequem ist, liegt auf der Hand. Zu dem philosophischen Schluß zu kommen, daß Armut im Grunde nur ein Bewußtseinszustand ist, war für diejenigen, die nicht an Armut leiden, schon immer eine Quelle des Trostes. In dieser Hinsicht übernimmt die Gegenkultur nur in leicht modifizierter Form die Verachtung, die christliche Theoretiker seit jeher gegenüber weltlichem Besitz bekunden. Auch die Versicherung, daß alles gewaltlos vor sich gehen werde, hat Tradition und gehört zum festen Repertoire konservativer Politik. Bewußtsein III zerstört den allmächtigen Staat, „ohne Gewalt anzuwenden, ohne politisch die Macht zu ergreifen, ohne eine bestimmte Bevölkerungsgruppe niederzumachen". Die Gegenkultur kapriziert sich darauf, den Geist anzugreifen, nicht Kapitalprofite oder Ausbeutungsquoten.

Die Gegenkultur ist erklärtermaßen der Lebensstil der gesellschaftlich entfremdeten Mittelschichtjugend mit Collegebildung. Ausgeschlossen von ihr sind insbesondere diejenigen, die „dem Gespenst der proletarischen Revolution nachhängen" und „die jungen militanten Schwarzen". Die Hoffnung, daß die Gegenkultur aus der Gesellschaft etwas machen werde, „worin sich ein Mensch zu Hause fühlen kann", ergibt sich aus dem Mittelschichtcharakter der Bewegung. Gewicht soll der Bewegung die Tatsache verleihen, „daß eine radikale Ablehnung von Wissenschaft und Technik relativ nah am Zentrum der Gesellschaft statt bloß an ihren Rändern auftritt. Es ist die Jugend der Mittelschicht, die diese Bewußtseinspolitik betreibt."

Abgesehen von der Frage, ob eine Politik des reinen Bewußtseins überhaupt Politik genannt und nicht vielmehr als Hexerei oder als eine andere Form von Magie genommen werden sollte, müssen wir zwei dunkle Punkte notieren. Erstens verwirft die Gegenkultur das technische System nicht *in toto*, und zweitens war für unsere Zivilisation schon immer ein gewisses Moment von Wissenschaftsfeindlichkeit zentral.

Die Gegenkultur hat nichts dagegen, die technischen Erzeugnisse der „objektiven" wissenschaftlichen Forschung zu nutzen. Telephone, Relaisstationen, volltransistorisierte Stereoanlagen, billige Flüge, Antibabypillen sowie synthetische Halluzinogene und Gegenmittel sind für das Wohlbefinden von Bewußtsein III unabdingbar.

Hinzu kommt, daß die Gewöhnung an eine Musik mit hoher Phonstärke und großer Klangtreue die populärkünstlerische Ausdrucksform in einem Maß technikabhängig hat werden lassen wie in der Geschichte der darstellenden Künste nie zuvor. Mindestens stillschweigend akzeptiert deshalb die Gegenkultur, daß es Fachleute für die Erforschung der anorganischen und organischen Welt gibt, die für die Aufrechterhaltung der technologischen Infrastruktur sorgen, auf die der gegenkulturelle Lebensstil angewiesen ist.

Die hassenswertesten Wissenschaftsformen aus Sicht von Bewußtsein III sind nicht die experimentellen Disziplinen, sondern jene, die Prinzipien der experimentellen Forschung auf das Studium der Geschichte und der Lebensweisen anzuwenden suchen. Die Abwendung vom

wissenschaftlichen Studium der Lebensweisen und histori-
schen Zusammenhänge wird von der Gegenkultur so dar-
gestellt, als handele es sich um die Loslösung vom einge-
fleischtesten aller Verhaltensmuster. Aber selbst in den sogenannten behavioristischen und sozialempirischen Wis-
senschaften entspricht die herrschende Form des Wissens
gar nicht dem Bild, das die Gegenkultur von ihr entwirft,
und *hat ihm auch noch nie entsprochen*. Wie kann man gegen
ein Zuviel an Wissenschaftlichkeit in der Erforschung von
Lebensweisen aufbegehren, wenn doch die Wissenschaft,
die diese Forschung betreibt, vor der Erklärung der Rätsel,
die in den vorangegangenen Kapiteln dieses Buches untersucht wurden, kapituliert? Die angebliche übertriebene
„Objektivierungstendenz" in der Erforschung von Erscheinungsformen des sozialen Lebens ist nichts als ein Mythos,
den die Traumarbeit der Gegenkultur in die Welt gesetzt
hat. Das vorherrschende Bewußtsein bei der Mehrzahl
derer, die sich von Berufs wegen mit der Erklärung solcher
Erscheinungsformen befassen, ist praktisch ununterscheid-
bar von Bewußtsein III.

Wenn die Wiederkehr der Hexen bedeutete, daß in die
physikalischen, chemischen und biologischen Laboratori-
en solche Leute Einzug halten, die objektive Empirie und
rationale Analyse verachten, hätten wir wenig zu befürchten. Daß in den Laboratorien Glaubensfreiheit praktiziert
würde, bliebe eine vorübergehende Unbequemlichkeit,
die behoben wäre, sobald die verkohlten Überreste der
superbewußten Experimentatoren zusammen mit den
Trümmern, die sie produziert hätten, beseitigt wären. Lei-
der aber neigt der Obskurantismus in Sachen Lebensweise
nicht zur Selbstzerstörung. Lehren, durch die Menschen
davon abgehalten werden, sich über die Bedingungen
ihrer gesellschaftlichen Existenz Klarheit zu verschaffen,
haben hohen Sozialwert. In einer Gesellschaft, in der un-
gerechte Produktions- und Austauschformen herrschen,
sind Betrachtungen der Lebensweise, die den Charakter
des Gesellschaftssystems verdunkeln und entstellt wie-

dergeben, weit häufiger und stehen viel höher im Kurs als die von der Gegenkultur gefürchteten und als Schreckgespenst an die Wand gemalten „objektiven" Untersuchungen. Dem Obskurantismus, der sich auf die Lebensweise wirft, fehlt das technische „Know-how" der Experimentalwissenschaften. Die Falschmünzer, Mystiker und Demagogen fallen nicht der Trümmerbeseitigung zum Opfer; in Wirklichkeit gibt es gar keine Trümmer, weil alles wie gewohnt weitergeht.

In vorangegangenen Kapiteln habe ich gezeigt, daß ein zutiefst verwirrtes Bewußtsein gelegentlich imstande ist, sozialen Protest in wirksame Massenbewegungen umzusetzen. Wir haben gesehen, wie aufeinanderfolgende Formen des Messianismus in Palästina, Europa und Melanesien eine massive revolutionäre Antriebskraft in Richtung auf eine gerechtere Verteilung von Reichtum und Macht entfalteten. Wir haben aber auch gesehen, wie Kirche und Staat in der Renaissance den Hexenwahn einsetzten, um die nach Gütergemeinschaft strebenden Radikalen mit Blindheit zu schlagen und in Verwirrung zu stürzen.

Wo muß man nun die Gegenkultur einordnen? Ist sie eine konservative oder eine radikale Kraft? Im Rahmen ihrer eigenen Traumarbeit identifiziert sich die Gegenkultur mit der Tradition eines Wartens auf den endzeitlichen Umbruch. Theodore Roszak erklärt, das primäre Ziel der Gegenkultur sei es, „einen neuen Himmel und eine neue Erde" zu verkünden. Bewußtsein III führte in seiner Entstehungsphase Scharen protestierender Jugendlicher zu Rockkonzerten und Antikriegsdemonstrationen zusammen. Aber selbst wo sie auf der Höhe ihrer organisatorischen Leistungen ist, fehlen der Gegenkultur die wesentlichen Merkmale eines Messianismus. Sie hat keine charismatischen Führer, und sie hat keine Vision von einer klar umrissenen moralischen Neuordnung. Für Bewußtsein III gehört Führertum zu den Tricks, mit denen der militärisch-industrielle Komplex arbeitet, und ein System klar umrissener moralischer Forderungen, läßt sich, wie bereits ausgeführt, nicht mit dem amoralischen Relativismus in Einklang bringen, dem Schamanen wie Don Juan huldigen.

Die Flucht vor der Objektivität, der amoralische Relativismus und der Glaube an die Allmacht des Gedankens – das alles kündet von Hexerei statt von Erlösungskult. Bewußtsein III weist alle klassischen Symptome einer Traumarbeit auf, deren Ziel es ist, mittels der Lebenweise, der sie das Wort redet, soziales Widerstandspotential aufzulösen und zu zerschlagen. Das müßte aus dem großen Gewicht, das darauf gelegt wird, daß „jeder sein Haus bestelle", eigentlich klar werden. Man kann nicht Revolution machen, wenn jeder sein Haus bestellt. Um Revolution zu machen, müssen alle auf die Straße gehen.

Die Wiederkehr der Hexen ist also nicht Folge eines unergründlichen Spleens. Das Wiederaufleben der Hexerei in unserer Zeit weist unübersehbare Ähnlichkeiten mit dem spätmittelalterlichen Hexenwahn auf. Natürlich gibt es viele wichtige Unterschiede. Die heutige Hexe wird bewundert, während man sich vor der alten fürchtete. Niemand in der Gegenkultur denkt daran, Leute zu verbrennen, weil sie an Hexen glauben oder nicht glauben; Reich und Roszak sind nicht Institoris und Sprenger; die Gegenkultur hat sich zum Glück keinem bestimmten Dogmensystem verschrieben. Aber Tatsache bleibt, daß Inquisition und Gegenkultur in der Frage des Hexenrittes Schulter an Schulter stehen. Im Rahmen der Glaubensfreiheit, die von der Gegenkultur propagiert wird, sind Hexen wieder ebenso glaubhaft wie alles andere. Bei all seiner unschuldigen Verspieltheit leistet dieser Glaube einen eindeutigen Beitrag zur Bekräftigung oder Stabilisierung bestehender Ungleichheiten. Millionen gebildeter Jugendlicher sind allen Ernstes überzeugt davon, daß ein Kuß genüge, um das Dornröschen Gesellschaft vom „bösen Bann" des übermächtigen Staates zu erlösen, und daß dies nicht weniger wirksam oder realistisch sei als jedes andere politische Bewußtsein. Nicht anders als ihre mittelalterliche

Vorgängerin dient auch die moderne Hexenmasche dazu, die Kräfte des gesellschaftlichen Protests dumm zu machen und durcheinanderzubringen. Wie die Gegenkultur insgesamt hintertreibt sie die Ausbildung rationaler Formen des politischen Engagements. Aus diesem Grund erfreut sie sich bei den betuchteren Schichten der Gesellschaft so großer Beliebtheit. Und aus diesem Grund sind die Hexen zurückgekehrt.

Epilog

Wo Hexen auftauchen, kann der Erlöser nicht weit sein.
Norman Cohn hat in seinem Buch *Das Ringen um das tausendjährige Reich* zwischen den messianischen Bewegungen, die der protestantischen Reformation vorausgingen, und den säkularen Erschütterungen des 20. Jahrhunderts eine Parallele herzustellen versucht. Auch wenn ein Lenin, Hitler oder Mussolini die spezifischen Mythen und Legenden des jüdisch-christlichen Messianismus heftig ablehnten, ging ihr lebenspraktisches Bewußtsein doch aus historisch-empirischen Bedingungen hervor, die den Umständen ähnelten, unter denen Erlöser wie Johann von Leiden, Müntzer und auch – wie ich meine – Manahem, Bar Kochba und Yali in Erscheinung traten. Die säkularen und atheistischen kriegerischen Messiasfiguren der Moderne verbindet mit ihren religiösen Vorgängern ein „maßloses, chiliastisches Versprechen", das „mit maßloser, prophetenhafter Sicherheit" gegeben wird. Wie die jüdisch-christlichen Erlöser beanspruchen sie, persönlich abgesandt zu sein, um die Geschichte ihre vorherbestimmte Erfüllung finden zu lassen. Für Hitler war diese Erfüllung das Tausendjährige Reich, das frei von blutsaugerischen Juden und anderen parasitischen Hexen und Teufeln sein würde; für Lenin war es das kommunistische Jerusalem, dessen Motto dem der frühchristlichen Gemeinde glich: „Alle aber, die gläubig waren geworden, waren beieinander und hatten alle Dinge gemeinsam." Oder wie es bei Trotzki heißt: „Mögen doch die Priester aller Bekenntnisse von einem Paradies im Jenseits schwatzen – wir sagen, daß wir den Menschen ein echtes Paradies hier auf Erden aufrichten werden." Den entwurzelten, in Unsicherheit lebenden, an den Rand der Gesellschaft gedrängten, verarmten, verteufelten und verhexten Massen verheißt der säkulare Messias eine Erlösung und

Erfüllung im kosmischen Maßstab. Nicht nur die Chance einer Verbesserung der täglichen Existenz verspricht er, sondern die voll engagierende Mitwirkung an einer Mission von „überwältigender, einmaliger Bedeutung".
Gemessen an den großartigen Visionen des kriegerisch-messianischen Bewußtseins erscheint die Gegenkultur als eine relativ harmlose Attacke auf Sinn und Nutzen jeder Form des politischen Kampfes, egal ob er von rechts, von links oder aus der Mitte heraus geführt wird. Aber geringschätziges Gewährenlassen ist nur kurzfristig eine angemessene Antwort auf Bewußtsein III und nur so lange, wie es keine methodisch ausgebildete Disziplin gibt, die imstande ist, die Kausalität historischer Prozesse zu erklären.
Die Absicht, „die wissenschaftliche Weltanschauung über den Haufen zu werfen", ist nicht deshalb gefährlich, weil sie irgendeinen Teil des technischen Unterbaus unserer Zivilisation wirklich bedrohte. Die Anhänger der Gegenkultur sind vom Hochleistungstransport, von elektronischen Musikanlagen und von der Massenproduktion in der Bekleidungs- und Nahrungsmittelindustrie ebenso abhängig wie wir übrigen; für eine Rückkehr zu primitiveren Formen der Gütererzeugung und des Verkehrs fehlen ihnen gleichermaßen der gute Wille und die erforderlichen Kenntnisse. Sicher ist, daß nichts von Sekten, Klassen oder Völkern zu befürchten steht, die sich dem weiteren Fortschritt auf dem Gebiet der nuklearen, kybernetischen und biophysikalischen Technik verschließen. Gruppen dieser Art werden unausweichlich dasselbe Schicksal erleiden wie die steinzeitlichen Völker, die sich bis in unser Jahrhundert erhalten haben. Wenn sie überleben, dann nur in höchst prekärer Weise und dank der Duldung ihrer unendlich mächtigeren Nachbarn – in Reservaten oder Gemeinschaften, die Schutz genießen, weil sie Touristenattraktionen sind. Auf primitivere Entwicklungsstufen der Technik zurückzufallen oder auch nur auf dem Stand stehenzubleiben, den die Industriemächte heute erreicht

haben, erscheint der Mehrzahl der Menschen als das lächerlichste und verrückteste Unterfangen – jener Mehrzahl, die mit jedem Tag entschlossener ist, das euroamerikanische und japanische Wissenschafts- und Technikmonopol zu brechen, um den eigenen Lebensstandard zu heben. Eine Million psalmodierender Reichs und Roszaks beeinflussen den Fortgang und die Ausbreitung von Wissenschaft und Technik etwa ebensosehr wie das Zirpen einer einsamen, versprengten Grille die Funktion eines automatisierten Hochofens. Die Gefahr, die von der Gegenkultur ausgeht, liegt anderswo.

Die Gurus von Bewußtsein III können den technischen Fortschritt nicht erkennbar verlangsamen oder anhalten; wohl aber können sie die allgemeine Desorientierung im Blick auf das Problem vergrößern, wie sich durch die Technik soziale Ungleichheit und Ausbeutung verringern statt vergrößern läßt und wie man die Technik in den Dienst der Menschheit stellen und für konstruktive Zwecke nutzbar machen kann, statt mit ihr Terror zu verbreiten und Zerstörung anzurichten. Für jeden, der mit der Geschichte unserer Zivilisation vertraut ist, birgt das Syndrom aus wachsender Desorientierung, seelischer Verwirrung und Amoralität, das in der Rückkehr der Hexen seinen sinnenfälligen Ausdruck findet, klar erkennbar die akute Gefahr einer Wiederkehr des Messias. Verachtung für Vernunft, Empirie und Objektivität – das Superbewußtsein und seine traumselige Glaubensfreiheit – berauben systematisch eine ganze Generation der intellektuellen Widerstandskraft gegen den nächsten Aufruf zu einem „letzten, entscheidenden Kampf" um weltweite Erlösung und kosmisches Heil.

Durch Phantasietrips und durch Ausflippen lassen sich die materialen Grundlagen der Ausbeutung und Entfremdung nicht beseitigen. Bewußtsein III ändert an den wesentlichen Bedingungen oder kausalen Faktoren der Struktur des Kapitalismus oder Imperialismus nicht das geringste. Was uns deshalb blüht, ist nicht eine grüne Utopie, sondern irgendeine neue und bösartigere Form des kriegerischen Messianismus, heraufbeschworen durch die Mätzchen einer Mittelschicht, die ihre Kriegstreiber mittels telepathischer Botschaften zu zähmen sucht und die größte kollektive Reichtumskonzentration aller Zeiten dadurch menschlicher machen zu können wähnt, daß sie barfuß geht und sich von nichthomogenisierter Erdnußbutter nährt.

Wie bereits zu Beginn dieses Buches gesagt, ist das verderblichste Ammenmärchen, das im Namen der Glaubensfreiheit verbreitet wird, die Behauptung, wir seien durch ein Übermaß an „objektivierender Einstellung" gegenüber den Ursachen unserer eigenen Lebensweise bedroht. Die Lebensformen von Gruppen wie den Yanomamo und den Maring machen deutlich, wie absolut unsinnig die Annahme ist, wissenschaftliche Objektivierung sei der entscheidende Sündenfall der Menschheit. Allein die europäische Geschichte macht wünschenswert deutlich, daß es schon lange vor dem Aufkommen der modernen Wissenschaft und Technik gang und gäbe war, unschuldige Menschen zu verstümmeln, zu strecken und zu vierteilen, zu rädern, zu hängen, zu ersäufen, zu kreuzigen und auf dem Scheiterhaufen zu verbrennen.

Einige der besonderen Formen, in denen soziale Ungleichheit und Entfremdung ihren Ausdruck finden, sind offensichtlich Produkt der besonderen Instrumente und Techniken, die der Fortschritt der Natur- und Verhaltenswissenschaften zur Verfügung stellt. Aber keine der krankhaften Erscheinungen unseres heutigen Lebens lassen sich einem übermäßigen Objektivismus in bezug auf die Ursachen unserer Lebensformen zur Last legen. Eine wissenschaftlich-objektive Erforschung der grundlegenden Ursachen des Rassismus trägt nicht die Schuld daran, daß sich die ethnischen Gruppen gegenseitig an die Kehle gehen, daß Schulbusse umgestürzt werden und der Bau von Wohnungen für unterprivilegierte Familien verhindert wird. Das Bemühen um wissenschaftliche Objektivität ist nicht schuld daran, daß es männlichen, weiblichen oder homosexuellen Chauvinismus gibt. Keine übermäßige Objektivierungstendenz im Blick auf unsere Lebensformen hat das Mißverhältnis verschuldet, kraft dessen Mondlandungen und Raketen Priorität vor Krankenhäusern und Wohnblocks gegeben wird. Und die Bevölkerungswachstumskrise ist ebenfalls nicht durch eine übermäßige Objektivierungstendenz im Blick auf unsere Lebensformen hervorgerufen worden. Und was hat wissenschaftliche Objektivität mit unersättlichem Konsumdenken, mit demonstrativem Verbrauch und demonstrativer Verschwendung, mit künstlicher Veralterung, mit Geltungssucht, mit kulturzerstörendem Fernsehen und mit all den anderen treibenden Kräften unserer wettbewerbsorientierten kapitalistischen Ökonomie zu tun? War es Mangel an Glaubensfreiheit, was die Ausplünderung unserer Bodenschätze, Wälder und Ackerböden verschuldet und dazu geführt hat, daß die Jauche zum Himmel stinkt und die Ölpest unsere Strände verwüstet? Was war daran überhaupt rational, vernünftig, „objektiv" oder „wissenschaftlich"? Wie läßt sich aus einem angeblichen Zuviel an objektivierendem Blick auf das eigene Leben ein Krieg wie der gegen Vietnam erklären, den drei amerikanische Präsidenten nicht beenden konnten, obwohl sie außerstande waren, ihn rational zu rechtfertigen.

Man könnte geradesogut von der Annahme ausgehen, daß im Deutschen Reich des Jahres 1932 Objektivität die beherrschende Einstellung war und daß die Verklärung der blonden Bestie arischer Herkunft, die Ächtung von Semiten, Zigeunern und Slawen, der Vaterlandskult und die Wagnerschen Sprechchöre, Aufmärsche und Siegheilrufe vor dem „Führer" allesamt Folge einer Verkümmerung der „nicht intellektgebundenen" Fähigkeiten und Gefühlsregungen des deutschen Volkes waren. Desgleichen der Stalinismus mit seinem Personenkult, seinen Kniefällen vor Lenins Sarg, seinen politischen Intrigen, seinen sibirischen Arbeitslagern und seinem Parteilinien-Dogmatismus.

Gewiß, wir haben unsere militärischen Nullsummen-
spiel-Spezialisten à la Dr. Seltsam, unsere Superobjektivie-
rer vom statistischen Dienst, die dem menschlichen Leben
dadurch Objektivität verleihen, daß sie Leichen zählen
und den Tod zum Computerereignis machen. Aber das
moralische Manko dieser Technologen und der Politiker,
die sich ihrer bedienen, besteht in einem Zuwenig an wissenschaftlicher Objektivität bei der Frage nach den Ursachen für Unterschiede zwischen den Lebensweisen, nicht
in einem Zuviel. Schuld an dem moralischen Zusammenbruch, den der Vietnamkrieg darstellte, war schwerlich
ein Übermaß an objektivem Bewußtsein vom eigenen Tun.
Der Zusammenbruch entsprang vielmehr unserer Unfähigkeit, über die Erfüllung instrumenteller Aufgaben
hinaus ein Bewußtsein von der praktischen und banalen
Bedeutung unserer nationalen Ideale und politischen
Ziele zu gewinnen. Wir ließen den Krieg in Vietnam wei-
terlaufen, weil unser Bewußtsein verblendet war von
patriotischer Symbolik, erträumtem Ruhm, unnachgiebi-
gem Stolz und imperialen Visionen. Stimmungsmäßig befanden wir uns in eben der Verfassung, in die uns die
Gegenkultur bringen will. Wir sahen uns von schlitzäugi-
gen Teufeln und nichtwürdigen kleinen gelben Männern
angegriffen; wir putschten uns mit Visionen unserer eigenen unsäglichen Größe auf. Kurz, wir befanden uns im
Vollrausch.

Ich kann nicht einsehen, warum etwas nennenswert
anderes als bislang herauskommen soll, wenn wir weiterhin regressiven, ethnozentrischen, irrationalen und sub-
jektivistischen Bewußtseinsformen huldigen: Wie noch
immer in der Geschichte werden Hexen und Messiasgestalten das Ergebnis sein. Wir brauchen keine geheimnisvollen Vibrationen, keine größeren Psychotropie-Kulte
und verrückteren Psychotrips. Ich erhebe keinen Anspruch darauf, daß uns ein besseres Verständnis der Ursachen von Lebensweisen und ihrer Erscheinungsformen
ins Gelobte Land führen wird. Aber wir haben durchaus

Grund zu der Annahme, daß wir durch Entmystifizierung unseres Alltagsbewußtseins die Aussichten auf Frieden und auf ökonomische und politische Gerechtigkeit verbessern können. Wenn auch nur die kleinste Chance besteht, in dieser Hinsicht eine Veränderung zu unseren Gunsten zu bewirken, ist es, wie ich meine, ein Gebot der Moral, das Prinzip wissenschaftlicher Objektivität auf die Rätselfragen auszudehnen, mit denen uns die menschlichen Lebensweisen konfrontieren. Immerhin ist das die einzige Methode, die noch nie ausprobiert wurde.

Quellen und Verweise

Mutter Kuh

Marvin Harris u. a., „The Cultural Ecology of India's Sacred Cattle". *Current Anthropology* 7, 1966, S. 51-60. * Ford Foundation, *Report on India's Food Problem and Steps to Meet It*. Ministerium für Ernährung und Landwirtschaft, Indische Regierung, Neu Delhi, 1955. * Mohandas K. Gandhi, *How to Serve the Cow: Ahmedabad*. Navajivan Publishing House, 1954. * Alan Heston u. a., „An Approach to the Sacred Cow of India". *Current Anthropology* 12, 1971, S. 191-209. * K. N. Raj, „Investment in Livestock in Agrarian Economies: An Analysis of Some Issues Concerning 'Sacred Cows' and 'Surplus Cattle'". *Indian Economic Review* 4, 1969, S. 1-33. * V. M. Dandekar, „Cow Dung Models". *Economic and Political Weekly* (Bombay), 2. August 1969, S. 1267-1271. * C. H. Hanumantha Rao, „India's 'Surplus' Cattle". *Economic and Political Weekly* 5, 3. Oktober 1970, S. 1649-1651. * K. N. Raj, „India's Sacred Cattle: Theories and Empirical Findings". *Economic and Political Weekly* 6, 27. März 1971, S. 717-722. * Stewart Odend'hal, „Gross Energetic Efficiency of Indian Cattle in Their Environment". *Journal of Human Ecology* 1, 1972, S. 1-27.

Liebhaber und Verächter des Schweins

The Jewish Encyclopedia, 1962. * James Frazer, *The Golden Bough*. Criterion Books, New York 1959. (deutsche gekürzte Ausgabe: *Der Goldene Zweig*, Rowohlt, Hamburg 1989.) * Mary Douglas, *Purity and Danger: An Analysis of Concepts of Pollution and Taboo*. Praeger, New York 1966. * Frederick Zeuner, *Geschichte der Haustiere*. München/Basel/Wien 1967. * E. S. Higgs und M. R. Jarman, „The Origin of Agriculture", in: Morton Fried (Hrsg.), *Explorations in Anthropology*. Thomas Y. Crowell, New York 1973, S. 188-200. * R. Protsch und R. Berger, „The Earliest Radiocarbon Dates for Domesticated Animals". *Science* 179, 1973, S. 235-239. Charles Wayland Towne, *Pigs, from Cave to Corn Belt*. University of Oklahoma Press, Norman 1950. * Lawrence E. Mount, *The Climactic Physiology of the Pig*. Edward Arnold, London 1968. * P. J. Ucko und G. W. Dimbledy (Hrsg.), *The Domestication and Exploitation of Plants and Animals*. Aldine, Chicago 1969. Louise Sweet, „Camel Pastoralism in North Arabia and the Minimal Camping Unit", in: Andrew Vayda (Hrsg.), *Environment and Cultural Behavior*. Natural History Press, Garden City/N.Y. 1969, S. 157-180. * Roy A. Rappaport, *Pigs for the Ancestors: Ritual in the Ecology of a New Guinea People*. Yale University Press, New Haven 1967. * Andrew P. Vayda, „Pig Complex", in: *Encyclopedia of Papua and New Guinea*. * Cherry Loman Vayda, persönliche Mitteilung. * Einige Gedanken dieses Kapitels wurden zuerst in meiner Kolumne in der Zeitschrift *Natural History*, Oktober 1972 und Februar 1973, veröffentlicht.

Krieg bei den Primitiven

Morton Fried, „On Human Aggression", in: Charlotte M. Otten (Hrsg.), *Aggression and Evolution*. Xerox College Publishing, Lexington/Mass. 1973, S. 355-362. * Andrew P. Vayda, „Phases of the Process of War and Peace Among the Marings of New Guinea". *Oceania* 42, 1971, S. 1-24. * „Hypotheses About Function of War", in: M. Fried, M. Harris und R. Murphy (Hrsg.), *War: The Anthropology of Armed Conflict and Aggression*. Doubleday, New York 1968, S. 85-91. * Frank B. Livingstone, „The Effects of Warfare on the Biology of the Human Species", in: Fried, Harris und Murphy (Hrsg.), a.a.O., S. 3-15. * Napoleon Chagnon, *Yanomamo: The Fierce People*. Holt, Rinehart and Winston, New York 1968; „Yanomamo Social Organization and

Warfare", in: Fried, Harris und Murphy (Hrsg.), a.a.O., S. 109-159. * E. Richard Sorenson u.a., „Socio-Ecological Change Among the Fore of New Guinea". *Current Anthropology* 13, 1972, S. 349-384. * H. C. Brookfield und Paula Brown, *Struggle for Land.* Oxford University Press, Melbourne 1963. * William T. Divale, „Systemic Population Control in the Middle and Upper Paleolithic: Inferences Based on Contemporary Hunters and Gatherers". *World Archaeology* 4, 1972, S. 222-243; sowie persönliche Mitteilungen. * William Langer, „Checks on Population Growth: 1750-1850". *Scientific American* 226, Februar 1972, S. 94-99. * Brian Spooner (Hrsg.), *Population Growth: Anthropological Implications.* MIT Press, Cambridge 1972, besonders S. 370 ff. * Einige Gedanken dieses Kapitels wurden zuerst in meiner Kolumne in der Zeitschrift *Natural History*, März 1972, veröffentlicht.

Der wilde Mann

David Schneider und Kathleen Gough, *Matrilineal Kinship.* University of California Press, Berkeley 1961. * Eleanor Burke Leacock, Introduction to Friedrich Engels, *The Origin of the Familiy, Private Property and the State.* International Publishers, New York 1972, S. 7-67. * Marvin Harris, *Culture, Man and Nature: An Introduction to General Anthropology.* Thomas Y. Crowell, New York 1971. * Ian Hogbin, *The Island of Menstruating Men.* Chandler, San Francisco 1970. * Napoleon A. Chagnon, *Yanomamo: The Fierce People.* Holt, Rinehart and Winston, New York 1968. * Johannes Wilbert, *Survivors of Eldorado.* Praeger, New York 1972. Ettore Biocca, *Yanomamo: The Narrative of a White Girl Kidnapped by Amazonian Indians.* Dutton, New York 1970. * Judith Shapiro, *Sex Roles and Social Structure Among the Yanomamo Indians in North Brazil.* Dissertation an der Columbia University, 1971. * Betty J. Meggers, *Amazonia: Man and Culture in a Counterfeit Paradise.* Aldine, Chicago 1971. * Jane Ross und Eric Ross, unveröffentlichte Papiere und persönliche Mitteilungen. * Einige der Gedanken dieses Kapitels wurden bereits im meiner Kolumne in der Zeitschrift *Natural History*, Mai 1972, veröffentlicht.

Potlatch

Thorstein Veblen, *Theorie der feinen Leute*. Köln und Berlin o. J. * Franz Boas, „The Social Organization of the Kwakiutl". *Amercian Anthropologist* 22, 1920, S. 111-126. * Ruth Benedict, *Urformen der Kultur*. Rowohlt, Hamburg 1955. * Douglas Oliver, *A Solomon Islands Society*. Harvard University Press, Cambridge 1955. * Ian Hogbin, *A Guadalcanal Society: The Kaoka Speakers*. Holt, Rinehart and Winston, New York 1964. * „Social Advancement in Guadalcanal", *Oceania* 8, 1938. * Marshall Sahlins, „On the Sociology of Primitive Exchange", in: Michael Banton (Hrsg.), *The Relevance of Models for Social Anthropology*. Assocation of Social Anthropology Monographs 1, 1965, S. 139-236. * Andrew P. Vayda, „A Re-Examination of Northwest Coast Economic Systems". *Transactions of the New York Academy of Sciences*, Series II, 23, 1961, S. 618-624. * Stuart Piddocke, „The Potlatch System of the Southern Kwakiutl: A New Perspective", in: Andrew P. Vayda (Hrsg.), *Environment and Cultural Behavior*. Natural History Press, Garden City/N. J. 1969, S. 130-156. * Ronald P. Rohner und Evelyn C. Rohner, *The Kwakiutl: Indians of British Columbia*. Holt, Rinehart and Winston, New York 1970. Helen Codere, *Fighting with Property: A Study of Kwakiutl Potlatches and Warfare*. Monographs of the American Ethnological Society, 18, 1950. * Robert K. Dentan, *The Semai: A Non-violent People of Malaya*. Holt, Rinehart and Winston, New York 1968. Richard Lee, „Eating Christmas in the Kalahari". *Natural History*, Dezember 1969. S. 14 ff. * Marshall Sahlins, *Tribesmen*. Prentice-Hall, Englewood Cliffs/N. J. 1968. * David Damas, „Central Eskimo Systems of Food Sharing". *Ethnology* II, 1972, S. 220-239. * Richard Lee, „Kung Bushman Subsistence: An Input-Output Analysis", in: Andrew P. Vayda (Hrsg.), a.a.O., 1969, S. 47-79. * Morton Fried, *The Evolution of Political Society.* Random House, New York 1967.

Phantomfracht

Ronald Berndt, „Reaction to Contact in the Eastern Highlands of New Guinea". *Oceania* 23, 1952, S. 190-228, 255-274. * Peter Worsley, *The Trumpet Shall Sound: A Study of „Cargo" Cults in Melanesia.* Schocken Books, New York 1968. * *Pacific Islands Monthly,* Juli 1970-April 1972. * Jean Guiart, „John Frum Movement in Tana". *Oceania* 22, 1951, S. 165-175. * „On a Pacific Island, They Wait for the G.I. Who Became a God". *The New York Times,* 12. April 1970. * Palle Christiansen, *The Melanesian Cargo Cult: Millenarianism as a Factor in Cultural Change.* Akademish Forlag, Kopenhagen 1969. * Peter Lawrence, *Road Belong Cargo.* Manchester University Press, Manchester 1964. * Glyn Cochrane, *Big Men and Cargo Cults.* Clarendon Press, Oxford 1970. * Vittorio Lanternari, *Religiöse Freiheits- und Heilsbewegungen unterdrückter Völker.* Luchterhand, Neuwied und Berlin 1966. * E. J. Hobsbawm, *Sozialrebellen.* Luchterhand, Neuwied und Berlin 1962. * Ronald M. Berndt und Peter Lawrence (Hrsg.), *Politics in Gew Guinea.* University of Western Australia Press, Nedlands 1971. * Sylvia Thrupp (Hrsg.), *Millennial Dreams in Action.* Mouton und Co., Den Haag 1962.

Messiasgestalten

Wilson D. Wallace, *Messiahs: Their Role in Civilization.* American Council on Public Affairs, Washington/D.C.

1943.* *Die Bibel oder die ganze Heilige Schrift des Alten und Neuen Testaments.* Nach der deutschen Übersetzung von Martin Luther. Württembergische Bibelanstalt, Stuttgart 1962. * Salo W. Baron, *A Social and Religious History of the Jews.* Zweite, überarbeitete und erweiterte Auflage. 14 Bde. Columbia University Press, New York. * *The Jewish Encyclopedia.* * Flavius Josephus, *De Bello Judaico – Der jüdische Krieg.* 3 Bde. Hrsg. v. Otto Michel und Otto Bauernfeind. Wissenschaftliche Buchgesellschaft, Darmstadt 1982; *Jüdische Altertümer.* Übers. v. Heinrich Clementz. Melzer, Köln 1959. * Morton Smith, „Zealots and Sicarii: Their Origins and Relations". *Harvard Theological Review* 64, 1971, S. 1-19. * William R. Farmer, *Macabees, Zealots and Josephus.* Columbia University Press, New York 1956. * Robert Grant, *A Historical Introduction to the New Testament.* Harper and Row, New York 1963. * Erich Fromm, *Das Christendogma und andere Essays.* Szczesny, München 1965. * Michail Ivanvic Rostovcev, *Gesellschaft und Wirtschaft im römischen Kaiserreich.* Quelle und Meyer, Leipzig 1931. * Michael E. Stone, „Judaism at the Time of Christ". *Scientific American,* Januar 1973, S. 80-87.

Das Geheimnis des Friedensfürsten

Robert M. Grant, *A Historical Introduction to the New Testament.* Harper and Row, New York 1963; *Religion in Ancient History.* Scribner, New York 1969. * Rudolf Bultmann, *Das Urchristentum im Rahmen der antiken Religionen.* Artemis, Zürich und München 1976. * Albert Schweitzer, *Geschichte der Leben-Jesu-Forschung.* Werke, Bd. 3. Beck, München 1974. * John M. Allegro, *Die Botschaft vom Toten Meer.* Fischer, Frankfurt und Hamburg 1957. * Das Triumphlied wie auch die übrigen Qumran-Zitate sind der Ausgabe *Die Texte aus Qumran,* übers. u. hrsg. v. Eduard Lohse, Kösel, München 1964, entnommen. * Oskar Cullmann, *Der Staat im Neuen Testament.* Mohr, Tübingen 1961; *Jesus und die Revolutionäre.*

Mohr, Tübingen 1970. * S. G. F. Brandon, *Jesus and the Zealots: A Study of the Political Factor in Primitive Christianity.* Scribner, New York 1968; *The Trial of Jesus of Nazareth.* B. T. Batsford, London 1968.* Samuel Sandmel, *The First Christian Century in Judaism and Christianity.* Oxford University Press. New York 1969. * Robert Grant, *Augustus to Constantine: The Thrust of the Christian Movement into the Roman World.* Harper and Row, New York 1970.

Besenstiel und Hexensabbat

H. R. Trevor-Roper, *The European Witch Craze of the Sixteenth and Seventeenth Centuries and Other Essays.* Harper and Row, New York 1969. * Henry C. Lea, *Materials Towards a History of Witchcraft.* 3 Bde. University of Pennsylvania Press, Philadelphia 1939. * H. J. Warner, *The Albigensian Heresy.* Russell and Russell, New York 1967. Jeffrey B. Russell, *Witchcraft in the Middle Ages.* Cornell University Press. Ithaca 1972. * Jakob Sprenger/Heinrich Institoris, *Der Hexenhammer.* Übers. v. J. W. R. Schmidt. dtv, München 1991. * Johann Matthäus Meyfart, *Tuba Novissima, mit ausgewählten Stücken aus Meyfarts Schriften.* Hrsg. v. Erich Trunz. Max Niemeyer, Tübingen 1980. * Michael Harner, „The Role of Hallucinogenic Plants in European Witchcraft", in: Michael Harner (Hrsg.), *Hallucinogens and Shamanism.* Oxford University Press, New York 1972, S. 127-150; *The Jívaro: People of the Sacred Waterfalls.* Doubleday, New York 1972. * Peter Furst, *Flesh of the Gods.* Praeger, New York 1972. * Julio C. Baroja, *The World of the Witches.* University of Chicago Press, Chicago 1964.

Der große Hexenwahn

Norman Cohn, *Das Ringen um das Tausendjährige Reich.* Francke Verlag, Bern und München 1961. * Gordon Leff,

Heresy in the Later Middle Ages. 2 Bde. Barnes & Noble, New York 1967. * George H. Williams, *The Radical Reformation.* 2 Bde. The Westminster Press, Philadelphia 1957. * Thomas Müntzer, *Schriften und Briefe.* Diogenes, Zürich 1989. * John Moorman, *A History of the Franciscan Order.* Clarendon Press, Oxford 1968. * Jeffrey B. Russell, *Witchcraft in the Middle Ages.* Cornell University Press, Ithaca 1972. * H. C. Eric Midelfort, *Witch Hunting in Southwestern Germany.* Stanford University Press. Stanford 1972.

Die Hexerei kehrt wieder

Philip K. Bock, *Modern Cultural Anthropology.* 2. Auflage. Alfred Knopf, New York 1974. * Theodore Roszak, *Gegenkultur: Gedanken über die technokratische Gesellschaft und die Opposition der Jugend.* List, München 1973. * Charles A. Reich, *Die Welt wird jung: Der gewaltlose Aufstand der neuen Generation.* Molden, Wien/München/Zürich 1971. * Kenneth Keniston, *Young Radicals.* Harcourt Brace Jovanovich, New York 1968. * Carlos Castaneda, *Die Lehren des Don Juan: Ein Yaqui-Weg des Wissens.* Fischer, Frankfurt a. M. 1973; *Eine andere Wirklichkeit.* Fischer, Frankfurt a. M. 1988; *Reise nach Ixtlan.* Fischer, Frankfurt a. M. 1988. * Paul Reisman, „The Collaboration of Two Men and a Plant". *The New York Times*, 22. Oktober 1972. * Michael Harner, „The Role of Hallucinogenic Plants in European Witchcraft", in: Michael Harner (Hrsg.), a.a.O., 1972. * „Don Juan and the Sorcerer's Apprentice", *Time*, 5. März 1973, S. 36-45. * Philip Nobile (Hrsg.), *The Con III Controversy: The Critics Look at the Greening of America.* Pocket Books, New York 1971. * Martin Schiff, „Neo-transcendentalism in the New Left Counter-Culture: A Vision of the Future Looking Back". *Comparative Studies in Society and History* 15, 1973, S. 130-142. * Roberta Ash, *Social Movements in America.* Markham, Chicago 1972.